神保町を往く

鉄
KTビル
Stylish BAR
スタイリッシュバー ダブルオー
神田すずらん通り
このすずらん通りは
道幅4.5mの道路です
駐車すると無余地駐車違反
となります
一時停止
放置自転車禁止

矢口書店
矢口書店
映画・演劇・シナリオ・戯曲
演劇・戯曲
映画・シナリオ
矢口書店
映画 演劇 戯曲 シナリオ
路上喫煙禁止
路上駐輪禁止
ALOHA
ビリヤード
3F
@ワンダーJG
JINSEI GEKIJYO
222
古本劇場
音楽CD
店内大量入荷
LPレコード
古本市

小宮山書店
茶房 神田伯剌西爾
Books Tokyodo
Paper Back Cafe

源喜
古書買入
Chemins Croisés
海
美術書
写真集
デザイン
毎週日曜
定休日です
甲冑・刀・刀装具
BOOKS GENKIDO
VISA

小宮山書店
KOMIYAMA TOKYO
KOMIYAMA TOKYO
PHOTO
ART
FASHION
BOOK
小宮山書店
田村書店
2階
洋書
田村書店
1階 日本書 2階 洋書

MOF
みわ書房
梓書房
鳥海書房
夢野書店
高山本店
運命学
易学
原書房
古書買入
南海堂書店
神田
古書センター
キッチン南海
本
BOOKS & MAGAZIN
三省堂書店
BOOKS SANSEIDO
三省堂
書店

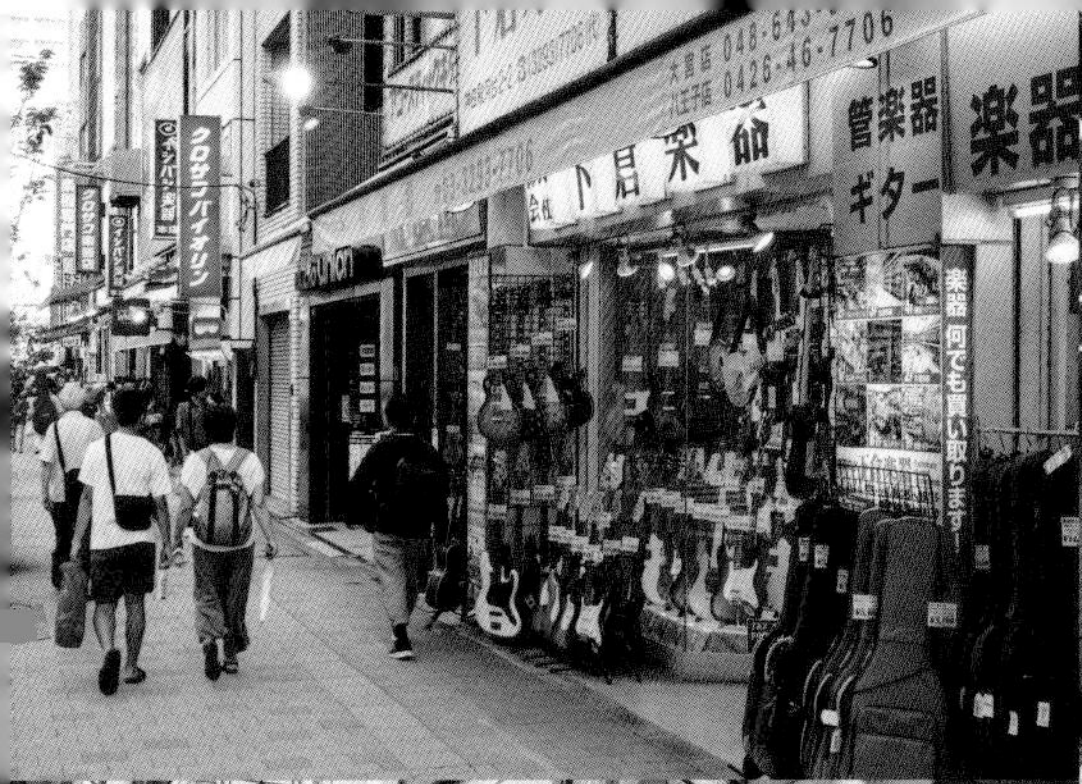

管楽器
ギター
楽器
楽器何でも買い取ります！
エチオピア
カリー・ライス専門店
地下多目的ホールにて
古本市
開催中
東京古書組合
東京古書会館
3F
八木書店
催事場
随時開催
近代古典
肉筆幅物
2F
八木書店
古典文学全般
国語国文複製
1F
八木書店
近代文学全般
全集評論著作
八木書店
東陽堂
東陽堂書店
玉英堂
玉英堂書店

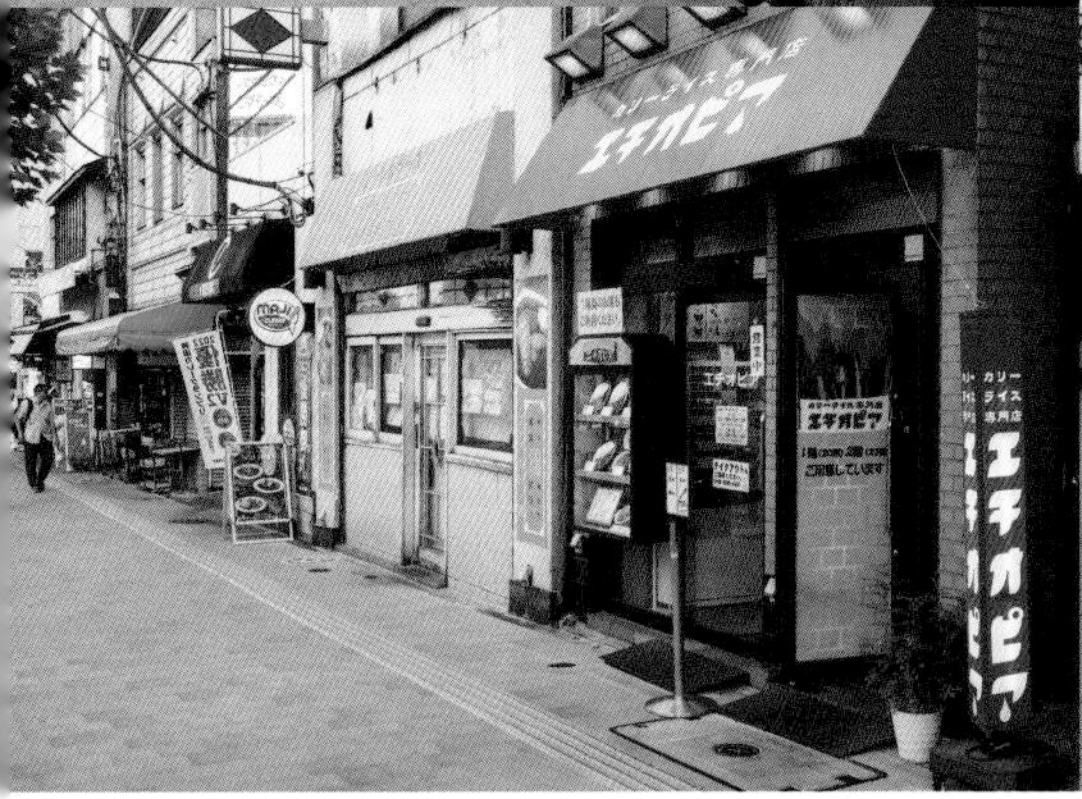

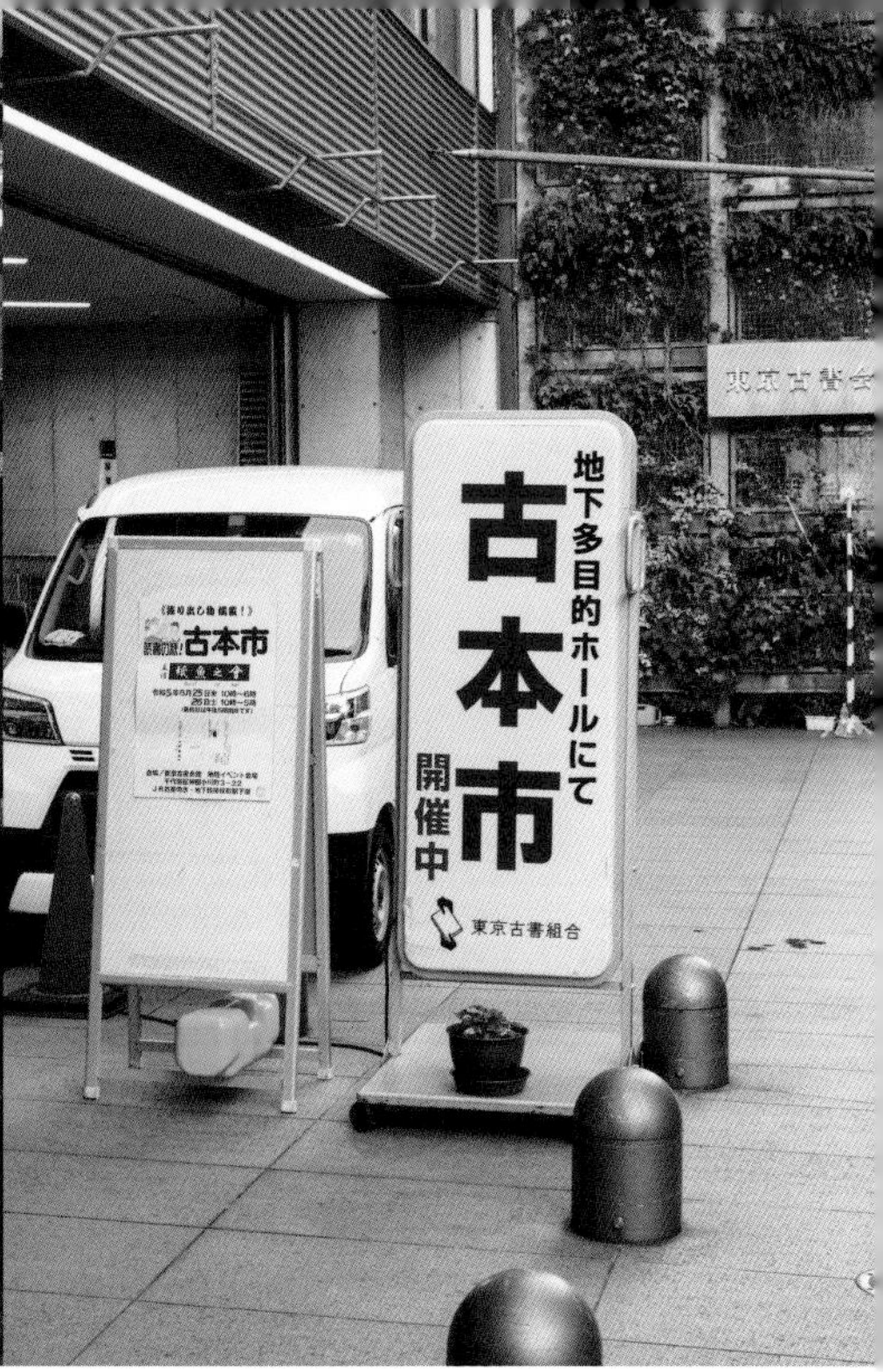

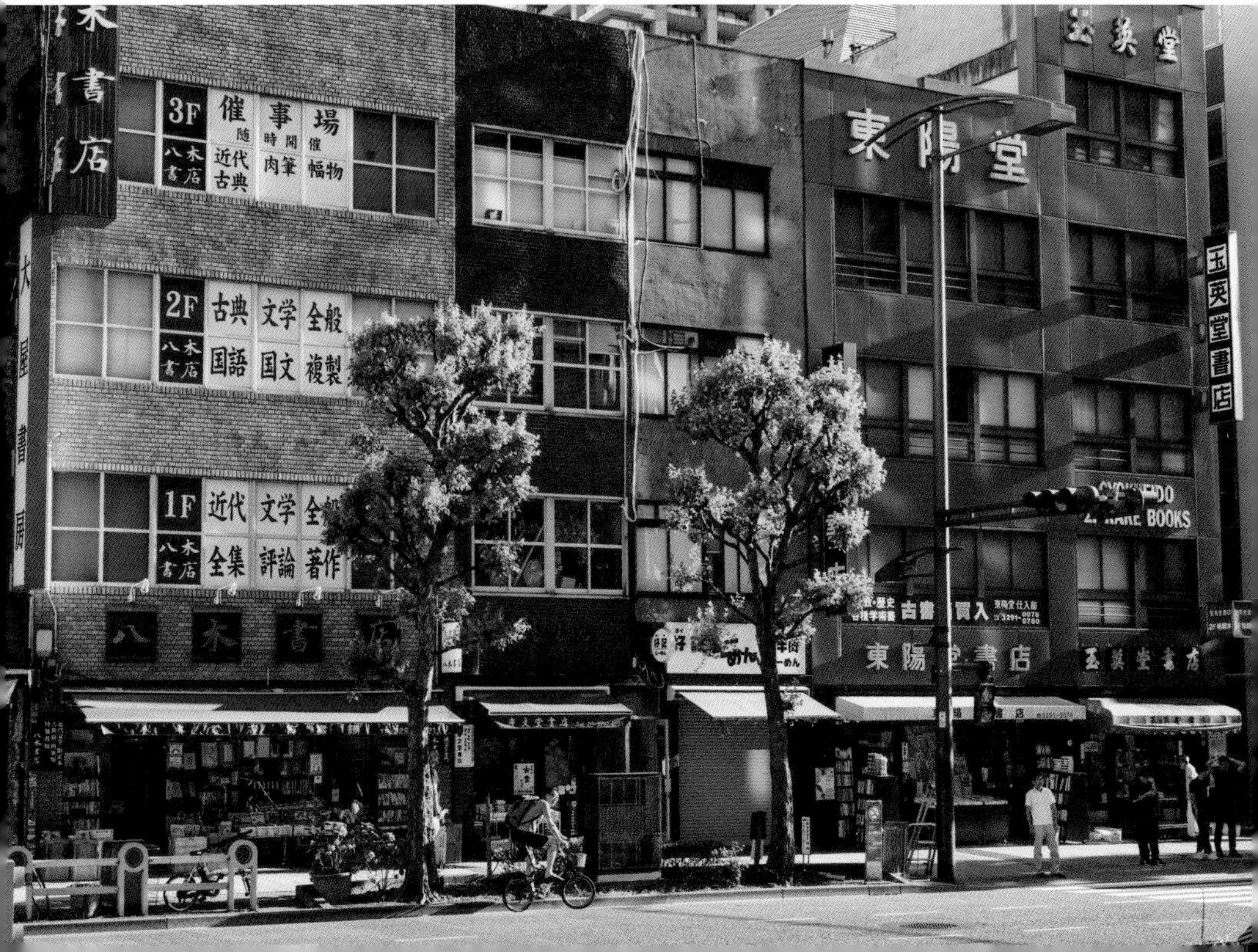

BOOK SHOP
大屋書房
OHYA SHOBO
3291-0062
鉄道
アイドル
magari
サラファン
富士見坂
BAR
神保町駅
Jimbocho Sta.
出入口 A7
この出入口は
海抜
3.9m
PARLOR
さぼうる

神保町
本の雑誌

別冊本の雑誌㉒

本の雑誌編集部編

本の雑誌社

目次

神保町で遊ぼう！

本の街の秘境に挑め！

思い出・神保町

特集／帰ってきたぜ、神保町！

特集／本の街の秘境に挑め！

やっぱり神保町が好き！

特集／やっぱり神保町が好き！

本書掲載の書店、飲食店等の店名、所在地、価格などは初出掲載時のもので、現在は閉店したお店も少なくありません。本文中、店名横に「★」印がついたお店は閉店、「◆」印がついたお店は移転、もしくは業態変更となっています。お気をつけください。

装丁：戸塚泰雄（nu）
本文デザイン：本の雑誌編集部、nu
カバー・表紙・本文イラスト：沢野ひとし
口絵撮影：小原泰広

神保町で遊ぼう！

神保町の古本屋さんを楽しもう！

◉北原尚彦・小山力也

まずは神田古書センターを目指そう

——古書の街神保町と言われて、みなさん期待をして神保町にいらっしゃると思うんですが、初心者にはなかなか敷居が高い気がしまして…。

小山　そういう話はよく聞きますよね。

——そこで今回は神保町の古本屋さんの楽しみ方を初級、中級、上級とわけて、神保町の酸いも甘いも知り尽くされているお二人に教えていただければと思ってます。

北原　神保町の古本屋の魅力を伝えるのに少しでもお役立てできるならうれしいです。

小　そうですね。

——古本屋さんというのが住んでいる街になくて、でもブックオフでは古本を買っていると。そういう人たちは「神保町にはすごい古本屋がある」というイメージから始まると思うんです。だから初級編として、まずはそんな人たちに神保町の古本屋はこんなところなんですよ、こうして利用するといいですよというのを教えてください。

北　神田駅で降りてはいけない（笑）。

小　これは重要ですね。

北　〝神田の古書街〟って言われることもあるので、初心者は神田駅に向かっちゃう可能性がありますよね。

小　あります、あります。

——お二人は間違えて神田駅で降りたりはしなかったですか。

小　それはなかったですね。

北　さすがにね。

小　最初に神保町に来たときは軒を並べている路面店じゃなくて、神田古書センターを目指して来ましたね。

北　それは初級編として正しいですよ。

小　神田古書センターは何軒も古本屋が入っているビルなので、だからまあ入りやすいというか、外が見られるエレベーターもありますし。

北　いろんな古本屋が一度で楽しめる。

小　今は一番下が高山書店で日本の伝統芸能みたいな系統を扱ってるのでちょっと専門的だけど。

北　そこは我々ですらあまり入らないですからね（笑）。

小　昔はその上の階がけっこう雑多な、ミステリーもあれば児童書もあるみたいな感じだった。今ちょっと変わっちゃいましたけど。

北　上から順に降りていっていろんなお店を見てこられるという意味で初心者向けではありますね。

小　わかりやすかったんですよね。

北　いろいろお店ごとに特徴がありましたからね。昔は一番上にはエロ本の芳賀書店が入って、アベノスタンプコインって古銭を扱うお店とか本でないものを売ってるお店もあって、こんな世界もあるのかというのも含めて楽しめた。

小　古書の世界の入り口ですね。

北　生き物関係の本を扱う鳥海書房みたいな普段なら全然入らなさそうなお店も階段を降りながら覗けますし、児童書のみわ書房も面白い。こどもの本ということで自分がかつて読んでいた懐かしい本に出会えたりする。そういう意味ではやっぱり初心者向けではあるかなと思います。私の今の神保町めぐりは、神田古書センターの中は、みわ書房と夢野書店、中野書店の後に入ったマンガがメインのお店ですけど、その二店を定点観測してるかな。

小　今でもメインの靖国通り沿いは学術的な専門店みたいな古本屋さんがずらっと並んでいて、そういうところはちょっと敷居が高くて入りにくいですよね。そのジャンルの本を探しに来たというなら別ですけど。

北　はい。

小　ただそういう専門的なお店でも店頭にワゴンを出しているところとか、あとは文庫本があるところ。そういうお店は入りやすいと思います。

北　私の若い頃なんかは神保町は特に堅い本がメインだったので、我々のようなＳＦ好き、ミステリー好きはとにかく東京泰文社を目指して行ってました。もうなくなっちゃったお店ですけど、そこはＳＦとミステリーをずらっと並べていた。これは神保町に限らずですけど昔の古本屋って、ハヤカワのＳＦシリーズとかポケミス、ＳＦマガジンやミステリマガジンを並べているお店ってなかったんですよ。神田古書センターのさらに先、矢口書店、古賀書店の向こう辺りだったかな。

小　小川図書とかの近くだったと思うんですけど、僕は一度も行ったことないんですよ。間に合わなかったんですね。

北　ああ、それは残念。

小　でもポケミスとかクライム・クラブなんかを今古本で買うと、東京泰文社のラベルがついているということがすごく多いです。

北　神保町の古本屋さんもそうして興味のあるジャンルのところを目指して行くっていうのが

いいと思います。

小　そうですね。

北　理工学書を探すなら明倫館書店とか映画やドラマに興味があるなら矢口書店とか。矢口書店は特に外壁にも本を置いてるから、あれは敷居が低いですよね。

小　あのでっかい棚ね。ちょっと安くはあるんですけどもいわゆる均一棚とは違って値段は各々なんですよね。

北　そういう意味でも古本の世界をちょっと覗くぶんにはちょうどいい。@ワンダーの外壁なんかもやっぱりダーッと並んでいて歩きながら覗けるという意味では敷居が低いですよね。

小　パチンコ人生劇場の跡地に新しく@ワンダーJGもできましたね。

北　広くていいよね。

小　いろんなジャンルの本が揃っているし、初心者にも抵抗感はないんじゃないかな。

北　@ワンダーJGは神保町古本初心者にも楽しめると思います。ただ広すぎて目的のジャンルを探すのはけっこう大変だったりする（笑）。

小　まあそれも楽しみの一つということで（笑）。

北　@ワンダーJGのある靖国通りの北側は陽があたるのでこれまで古本屋は山田書店ぐらいしかなかったんですが。

小　なぜ北側には古本屋が少ないかというと…。

北　これは私なんかが説明しなくても有名な話なのですが、神保町の古本屋は靖国通りの南側に固まってるんですよね。要するに通りの北側、南に面して店を構えると正面から陽があたって、本が日焼けしちゃうから。それで南側に軒を連ねているっていう。

小　神保町の基本の知識ですね（笑）。

北　なので靖国通りの南側を流していくのが一番効率的なんですよね。

――ただそこに並んでいる古本屋さんに入るのは初心者にはちょっと敷居が高いような…。

北　中まで入っていくとそうですね（笑）。なので外を眺めるというのでまず慣れてもらう。

小　壁とか店頭とか均一棚を見て楽しんでもらいましょう。ただ入りにくいといっても昔に比べるとお店のあり方が変わってきてはいるんですよ。今はどこも明るいじゃないですか。ちょっと暗いお店残ってますけど（笑）。

北　ははは（笑）。

小　暗い感じのお店はちょっと入りにくいなっていうのはありますけど、それ以外はペンシルビルの明るいお店が多くなってきたと思います。だから本当に昔よりは入りやすい。

北　靖国通り南側のお店では澤口書店は明るくて入りやすい。中にはいい本、濃ゆい本もあるので初心者向けですね。

小　澤口書店はいわゆる神保町

に並んでいる古書店とは毛色が違っていて、オールマイティ、リサイクル系と言ったら失礼ですけど、それをもっとマニアックにして幅広く品揃えしている。これまで神保町にはなかったタイプのお店なんですよ。

北　「東京古書店」「巌松堂ビル店」「神保町店」と三軒ありますしね。あとは愛書館 中川書房が初級か中級くらいに挙げられますかね。

小　壁がすごいと話した矢口書店の横を入ったところにあるお店です。新書や文庫がいっぱいなので初級ですね。

北　あとはちょっと精算するときの敷居が高いんだけどアムールショップとか？

小　アムールはいいですね。白山通りにあるアダルト系のお店なんですけど（笑）。

北　外に文庫がめちゃくちゃ安く並んでるんですよ。二冊百円なので大変買いやすい。

小　あそこは時々いいのが混じってることがあるので我々も要チェックです。

北　小山さんみたいなマニアックな人たちがいつも朝一でチェックしてるんですよ。私はそんな恐ろしいことしたことないんですけど。

小　あはは（笑）。

――それじゃあ初級の人は午後がいいかもしれない？

北　そうですね。血走った目の人たちに出くわさないように（笑）。

小　あとは明大通り下って靖国通りの真正面にある三茶書房。百円、二百円、三百円、四百円、五百円という店頭のワゴンは見やすくていいですね。ちゃんと面白い本も混じってるし。

北　三茶書房は表が初級で、中が中級で、二階が上級という。

小　今二階は入れなくなってます。

北　あ、もう入れないんだ。初版本とか一冊何万円もするような文芸書が並んでいました。あと靖国通り沿いで初級向けの均一棚があるのは悠久堂書店かな。

小　はい。

北　新しめの文庫や単行本がダーッと並んでいるんで買い損ね

ていた本が安く出ている！みたいな意味ではいいかもしれない。建物自体もきれいになりましたし、中も割と入りやすいと思うので。表で面白い本を見つけたら中に入って、みたいな。

小　隣の村山書店も表は文庫台ですもんね。ちくま文庫とかを並べている。

北　そうやって表で買いたい本を見つけると堂々と中に入れる（笑）。

――入場券みたいな感じですね。

北「私は買いたい物があって来てますから」っていう（笑）。

小　どこの店も買ってみるのは大事ですよね。専門店だろうがなんだろうが一度買うという経験をしてみると次からも行きやすくなる。

北　お店の側からしても均一台って単に放出しているものじゃなくって、それでお客さんを集めている側面もありますから。そうやって入って来てくれるのはお店にとっても歓迎なんですよね。そういえば、入りやすそうなお店でいうと小宮山書店のガレージセール。

小　週末開催していて三冊五百円という。

北　単行本だけでなく、ビジュアル系の本も並んでいる。ただし一冊欲しい本を見つけると五百円にするためにあと二冊探さないといけないという問題はあるんですけど（笑）。

小　それは均一台にありがちな罠ですね（笑）。

北　以前、小宮山書店のガレージセールに日下三蔵さんと一緒にいて、私が欲しい本が一冊あったんですよ。それで「日下さん何か欲しい本ありませんか？」って二冊買わせたことがあります（笑）。後でちゃんと値段分けして、私のほうがちょっと多く出したんですけどね。

小　人と一緒に行くっていうのは初心者にはいいかもしれないですね。そうすると見方もまた違ってくるし、欲しい本も違うから色々なお店に入れたりして。北原さんみたいにシェアできたりするし。

北　お互いに「これ、いい本だよ」って教え合うこともできますしね。

小　一人では入れないお店でも二人連れなら勇気を出して入れる。

北　でも五人十人の団体だとお店に怒られます。

小　それは激怒されますね（笑）。最初に出た神田駅で降りないというのがありますが、一番初めは神保町駅で降りるのがいいと思うんですよね。

北　そうですね。

小　御茶ノ水駅とか水道橋駅からだとちょっと歩くので中級者コースくらい。いわゆるパトロールをするルートになるので。

午前中の即売会に行ってはいけない!?

北　東京古書会館でやっている古書即売会に行く人は、御茶ノ水駅から来て、そのまま駿河台の坂を下りてくるって感じになりますよね。

小　そういえば即売会は初心者にも行きやすいかと思います。

――そうなんですか?!　上級者向けだと思ってたんですけど。

小　ただし午後に行ってください（笑）。午前中に行ってはいけません。

北　午前中の即売会は最上級（笑）。

小　そうです。北原さんみたいに午前中に並ぶような人たちは最上級なので（笑）。

北　いやいやいや（笑）。もしくは土曜日、二日目ですね。即売会をやっているのが金曜と土曜なんです。ただし毎週やっているとは限らないのでネットや配布されているスケジュール表で確認して来てください。

小　神保町は日曜日お休みの店が多いので、日曜に来ちゃうと「なんか寂れてるな」みたいなことになる。なので金曜か土曜がいいと思います。あと十月末の「神田古本まつり」と三月末の「さくらまつり」。この二つも初心者の導入部としてはいいと思いますね。

北　靖国通り沿いの歩道にずらりと古本屋のワゴンが並ぶんだけど、ワゴンを見て、反対側の店舗も見てと。

小　たくさん人が居て、どんどんお店に入っていきますから、いつもよりずっと入りやすい。

北　そうそう。あの向かい側にも面白そうなお店があるみたいな感じで入るのは全然ＯＫだし、お店の方でも祭りだからしゃーねーなみたいな（笑）。

――盛林堂書房さんのワゴンは上級者向けですよね（笑）。

小　あれはもう近寄れないでしょ（笑）。

――朝来たら一箇所だけ黒山の人だかりができていて、なんだろうと思ったら…。

北　始まる前からだからね（笑）。みんな棚をじーっと見て、どこに手を伸ばすか準備している。

――初級編を越えるとその先の中級編はどうなりますか。

北　だんだん自分好みの店を探して自分なりの回遊ルートを作るってところですかね。毎回このお店とあのお店を覗いていくみたいな。やっぱり定点観測ポイントっていうのがそれぞれありますよね。

小　ありますね。そこまでいくと街を楽しむというのとは別に、積極的に欲しい本を探しに来るっていう行為になってくる。だからハンティングの領域に入っていくんですね（笑）。

北　あはは（笑）。

小　そうすると自分の経験に基づいて「あそことあそこではいいのが買えたな」っていうルートを上手く繋いでいって、ほとんどがダメに終わるんですけど、それを繰り返すことで収獲の確率を上げていくという。

北　古本屋を見に行くという分母を上げると、いい本を見つける確率も上がっていくというね。

小　だからもしパトロールしてたいしたものが見つからなくても「つまんないな」ってすぐ帰っちゃうんじゃなくて、やっぱり執念というか、しつこくね（笑）。

北　何軒も回ればそのうち一軒くらいは何か買えるかもしれないと。

小　神保町はこれだけたくさんのお店があるから探すというのがとってもやりやすいエリアなんですよ。

北　入る店入る店全部で本を買ってたら大変なことになりますからね（笑）。入って買うものがなくてもそんなに落ち込むことはない。

小　気にする必要はないですね。次のお店に行けばいいので。

北　ぐるぐる歩いてその中でど

こか、今回はここ、次回はここ、みたいに買うものがあればそれでいいんですよ。

小　でも欲しい本があったらそれは買っておかないと。次に来た時にはないと思ったほうがいい。

北　そうそう！　次にと思って残ってたことなんてまずないですから。

小　本当にそうですからね。自分の欲しい本っていうのはやっぱり他にも欲しい人がいるものなので。

北　よく言われるのは「買わずに後悔するより買って後悔しろ」っていう（笑）。

小　古本の格言ですね。

北　買った後でもっと安く売っているのを見つけたりするのはまだいいんですよ。買わないでいて次行った時にはなかったというのは、二度と手に入らない可能性すらある。

即売会では、棚を一周するだけで満足してはいけない

小　僕、実は神保町だと店内はほとんど入らないんですよ。そういう意味でいうと店頭ばっかりで。

北　へえ。

小　基本的には御茶ノ水駅で降りて三茶書房を見て、隣の光和書房って中文書のお店ですけど店頭に文庫並べてるのでそこを見て、八木書店の店頭、慶文堂書店、そこから一心堂書店の店頭を見て、小宮山書店でガレージセールをやってるときはそっちも見て、田村書店も最近は店頭を見ますね。それで澤口書店のお店を見て、ずーっとまっすぐ行って白山通りを渡って神田古書センターへ行って、みわ書房が店頭売りしてることがあるのでそっちを見て、あとは原書房、ブンケンロックサイド、南海堂書店。あまりこっちは行かないんですよね。時々＠ワンダーと山本書店、これも中文書のお店ですけど中に入ると文庫の棚が一つあってちょっと面白いものを置いているのでそこも見る。それで引き返して白山通りに行くのが基本ルートですね。

――なるほど。

小　水道橋駅から来る場合は白山通りから丸沼書店を見て、残念ながら最近あまり開いてないんですけど有文堂書店を見て日本書房に行く。この日本書房っていうのはすごく面白いお店です。

北　うん。

小　で、神保町タクトとアムー

基本

▶晴れの日に行く。

初級編

▶神田駅で降りない。

▶神保町駅で降りる。

▶「JIMBOCHO古書店MAP」を手に入れる。

▶神田古書センターを目指す。

▶店頭ワゴンや外壁を物色する。

▶表の均一台で欲しい本を一冊見つけてお店の中に入ってみる。

▶即売会は金曜日の午後か土曜日に行く。

中級編

▶自分なりのパトロールコースを編み出す。

▶たくさんのお店を回って分母を上げる。

▶欲しい本を見つけたら必ず買っておく。

▶歩きやすい靴で行く。

上級者

▶即売会では3周する。しかもそれぞれ逆に回る。

▶ビルの上の古本屋に飛び込む。

▶古本まつりの盛林堂書房のワゴンを目指す。

▶アムールの均一に朝一で向かう。

最上級

▶金曜朝10時の即売会に行く。

最最上級

▶神保町に古本屋を開く。

ルを見て、という感じですね。それをパトロール的に繰り返している。

北　私も古書会館の即売会を覗いてから靖国通り沿いの店頭を順に流していって、小宮山のところで曲がってガレージセールを見て、一回本の雑誌社さんに挨拶しに行って（笑）。

小　毎回挨拶に行ってるのもすごいですよね（笑）。

北　ははは。それで戻って澤口は中に入って、あと中に入るお店だと神田古書センターのみわ書房と夢野書店。それからまた表を流して矢口書店の外壁見て、@ワンダーみたいな感じで行くのが基本ルートですね。で、最近行ってないから富士鷹屋を見て行こうかなとか、羊頭書房に行くかなみたいなプラスαを時々加える感じです。

――お二人ともそんなにお店の中をがっつり見るというわけで

はないですね。

小　真剣に買っていくとお金が足りないんですよね。

北　うん。お金も時間もね。

小　節制のために店頭だけ回っているというのもあって（笑）、本当に真剣に探し回っていると時間もあっという間に経ってしまって一日神保町で過ごすことになっちゃう。それは社会人としてマズいじゃないですか。

北　仕事もしなければならない（笑）。

小　即売会も真剣に見ているとすごく時間かかるので。

北　でも即売会は外せない。

小　もちろん古書街を流すのも楽しいんですけど第一の目的は即売会ですかね。

北　即売会はその時その時で違うグループの古本屋が出店しているのでそれぞれに特色もあるから。

小　即売会デビューの前哨戦にデパート展を覗いてみるのもいいかもしれません。

北　そっちのほうが行きやすいですね。最近ちょっと減っちゃいましたけど。

小　各地のデパートで古書展というのがあって、それに似たような感じで毎週のように古書会館や古書組合の建物でもやっているのが即売会です。

北　入り口で荷物を預けないといけないとかお約束はあるんですけどそれは行けばわかる。

小　ただし即売会は、棚を一周するだけで満足してはいけないというのがある。二周目、三周目で見逃していた本を見つけるってことがありますから。

北　ありますよね。一周目は気が急いているせいかやっぱり見逃していることが多い。

小　誰かが確保していた本を戻したりということもありますから。

北　私の裏技ってほどでもないですけど見る方向で目につく本が変わることがあるので、見て回る時には一周目と二周目で逆に回ってます。

小　そう！　ちょっと背文字が隠れてたりとかしますしね。

北　意外と光の反射で見えてなかったり。

小　古書ってけっこう背文字が見えづらいこと多いんですよ。

北　グラシン紙がかけてあったりもしますしね。角度によって見えたり見えなかったりとか、あとは他の本に気を取られていて肝心の本が見えてなかったりすることもあるので。

小　この辺は完全に上級者モードですね。

北　そうそう（笑）。あとは一周目で「あっ」って手に取った本の近くもその本に気を取られていて見えてなかったりするんですよ。

小　即売会はとにかく本当に焦ってる。だからオープン時の午前十時頃はとにかくみんな殺気立ってるんですよ。もう行って、摑んで、端っこのほうで見て、戻して。人垣ができているので棚もよく見られない。押し入ろうと思っても弾かれたりね。金曜日の午前中の即売会は、それはもう最上級編です。ただみんな殺気立ってはいても別に悪気はないんです。本を見てるだけなので。

北　むしろ本しか見えてない（笑）。

小　だから負けずにいくしかない。心が強くないとそれはできないです。北原さんはよくやってますけど（笑）。

北　いやいや、やりませんよ（笑）。

小　ははは。

ビルの上の古本屋は上級者でも敷居が高い

北　期待して神保町に来るとしても注意しなければならないのは、いくらこれだけ古書店があるといっても、「これこれこういう本が欲しい」って一冊だけを探しに来てそれが必ず見つかるわけではないということですね。

小　そうですよね。

北　たとえば「このジャンル」って幅広くとったなかで面白そうな本がないかなって出会いを求めて来てもらうのが一番いいと思うんです。私の持ちネタなんですけど、「欲しい古本を見つける一番の手は、欲しい本を増やすこと」という（笑）。欲しい本が多ければ多いほど見つかる確率が上がるという。これも分母を増やすということですね。

小　どんどん本が好きになって、もっと読みたい、もっと欲しいって思う気持ちがそうさせていくというのはありますよね。

北　特に即売会は「何これ？」っていう、それまでまったく知らなかった本がけっこう出ているので。出会いとか知識を求めていくところがありますね。即売会に行くと勉強させてもらえます。

小　でも、時々、今のお話とは逆なんですけど、「こんなに本があるのに一冊も買う本がないのか」ってことも（笑）。

北　あるある（笑）。

小　そういうときは「オレ、おかしいのかな」ってなりますよね（笑）。

北　二、三周して「こんなに本があるのに、なんで一冊も欲しい本がないのか」ってなる。それも古本あるあるですね。

小　それから上級編としてはビルの上の階にある古本屋に行くというのがありますね。エレベーターに乗って上がるとそこがもうお店で、逃げ場所がないという。

北　階段ならともかくエレベーターですからね。

小　ドアが開いた瞬間に雪隠詰めですよ（笑）。

北　昨日行ったけやき書店はビルの六階で、文学系の新しいサイン本やわりと古い所もあっていい本が揃っています。だけどやっぱり店の形態のせいで敷居が高い（笑）。

小　けやき書店は敷居が高いです（笑）。

北　昨日はそれこそ頼んでいた本があるから堂々と行って、「せっかくなので店内見させてください」ってじっくり見て回って来ましたけど。もちろん買うものがないからって入っちゃいけないわけではない。

小　ビルの上の古本屋さんというのは専門店が多い。だから何か目的がないと入るのは難しい。まあ入ってもいいんですけど、でもその分確実に緊張します。

——そういう専門店の存在はど

うやって知っていったんですか。

小　それはもう『古書店地図帖』で。

北　はじめての人は古本屋の店頭で配っている「JIMBOCHO古書店MAP」を手に入れるといいですね。

小　神保町は路面店以外はやっぱり本当の専門店に近いんですよね。そのジャンルの本をどばっと置いている。

北　豆本専門の呂古書房とか。軍事系専門の軍学堂とか。そういうお店は例えば豆本を見に行くんだっていう絶対的な目的がないと行きにくいですよね。

小　そうですね。

北　古書会館の近くにあるかげろう文庫は、表にちょっとこどもの本があって敷居が高くないように見えて、中に入るとめちゃめちゃ敷居が高い（笑）。

小　あそこは美術書なんかがメインですもんね。

北　それも日本や海外の古いやつとかで、ビクトリア朝時代のいい本を見つけたりして心が動くんですけど、だいたい万単位の値段がついてる（笑）。

小　ヴィンテージブックスと呼ばれるような本ですよね。

北　「おっ、眼福」と思って手に取ってそのまま戻すっていう（笑）。もちろんいい本はすごくあるんですけど。

小　路地裏のお店も上級者向けですかね。細い路地に面したところにある手塚書房みたいなお店とか。

北　高山書店もそうですよね。あとは書肆ひぐらしなんかも。ここはいつ開いてるんだ?みたいな（笑）。

小　ふふふ（笑）。

北　富士鷹屋の近くの水平書館もいつ行っても閉まっていて。

小　そういうビルの中のお店とか路地裏の小さなお店っていうのは一人でやられていることが多いので、市場の仕事とか催事があると閉まってるんですよね。

北　それから喇嘛舎は上級編というか最上級かな。中はマニアックだし階段上らないといけないしすっごい裏路地にあるしで。

小　三大難関度。

北　ただSFやミステリー、それから映像系もあったり。

小　サブカルやアングラ系のいい本がわんさか揃ってます。

北　ボヘミアンズ・ギルドは、表は美術系を中心に買いやすいですが、中はわりとマニアックなのもあるので、初級から中級への入り口ぐらいな感じかな。

小　神保町はある意味で街全体がひとつの古本屋さんで、それぞれのジャンルの本棚が各古本

屋さんっていう風に捉えると、行きやすい、行きたいお店がはっきりしてくるところはありますね。

北　そうですね。

――中級編以降はうろうろするので歩きやすい靴を履いていくと。

小　まあ長く歩くことになるから足元はしっかりしたほうがいいと思います（笑）。あとは雨の日に来ると店頭ワゴンにビニールが掛けてあったり、中にしまってあったりで、ちょっと寂しい感じになりますね。

北　なるべく晴れた日に来るのがいいです。それでも雨が降ってきちゃった場合は、傘の取り扱いには十分注意してください。濡れた傘を店内に持って入っちゃ絶対にダメです。

小　お店の人に怒られるからね。

北　神保町の面白さは、まず第一にハンティングの楽しみですね。あとやっぱり知らないものに出会える面白さ。偉そうに言うと、「知見が広がる」という。

小　今までこれだけ古本を買ってきて、それでも知らない本は尽きないし、欲しい本も尽きない、というところが神保町に足を運ぶ理由ですかね。

北　だいたい何かを一冊買うと欲しい本が三冊くらい増えるんですよね。「この作家はこういう本も書いてるのか！」「この版元は注目した方がいいな」とかってどんどん欲しい本が枝状に広がっていく。昔はSFジャンルで欲しい本を全部買いきっちゃう日が来るのかも、なんてバカなこと考えたんですけど（笑）。

小　その日が来ることにおびえていたんですか（笑）。

北　いつかはそうなるかなってぼやっと思ってたんだけど、逆に欲しい本が増える一方で（笑）。

小　それどころか書庫に収まりきらなくなるという（笑）。

北　お金のことよりも場所のほうが先に問題になるとか想定もしてなかったことが起こっていますね（笑）。

小　ははは。

北　小山さんは本を思い切り良く手放せる分、ガンガン買えるんだと思いますよ。ブログの「古本屋ツアー・イン・ジャパン」を読むたびに、「いいなぁ。自分もあんなにガンガン買ってみたいな」って思ってますもん。それは手放せるという安心感があるから、あれだけ買ってるんだと思う。

小　そうかもしれません（笑）。

北　小山さんや彩古さんは買いたい病の人だよなと思って見てます（笑）。

小　彩古さんは、その結果、古本屋になったんですからね（笑）。

――最最上級編は、神保町で古本屋になるという。

北　そうそう。しかも古本屋なのに売るよりも買う方が絶対に多いという（笑）。

小　事務所ももういっぱいになってるし（笑）。

北　もう誰も入れないというね。

楽器店街
楽器店街
お茶の水
明大通り
錦華公園
書肆ひぐらし
スタイルズケイクス&カンパニー
喇嘛舎
@ワンダーJG
とり瑛
一心堂書店
小宮山書店
田村書店
村山書店
慶文堂書店
八木書店古書部
BRITANNIA TEA
ボヘミアンズ・ギルド
三茶書房
光和書房
東京古書会館
かげろう文庫
悠久堂書店
ミロンガヌォーバ
キッチンきらく
駿河台下
無用之用
手塚書房
羊頭書房
本の雑誌社
千代田通り
眞踏珈琲店
ドース イスピーガ
三燈舎
小川町
三省堂書店神保町本店仮店舗
グレビー
GLITCH COFFEE
& ROASTERS

書 丸沼書店
書 有文堂書店
書 日本書房
水道橋
食 インド富士子／ムンド不二
食 ラミちゃんの台所
カトリック神田教会
水平書館 書
hon.j.tsu 食
食 ひろ屋
書 富士鷹屋
食 コンセール
奥野かるた店
白山通り
凡例
書 古書店
食 飲食店
茶 喫茶店
ス スイーツ
その他
A1～A7
地下鉄「神保町」出口
トルカリ神保町本店 食
タップロボーン神保町店 食
食 memento mori
多幸八 食
食 しゃれこうべ
古書いろどり 書
書 アムールショップ
亀澤堂 ス
けやき書店 書
明倫館書店 書
澤口書店 巌松堂ビル店 書
澤口書店 東京古書店 書
大和屋履物店
A2
A4
A5
A3
神保町
矢口書店 書
南海堂書店 書
九段下
靖国通り
書 山本書店
A1
書 @ワンダー
書 澤口書店神保町店
書 ブンケンロックサイド
書 愛書館 中川書房
書 原書房
書 神田古書センター（1F高山書店・2F夢野書店・5Fみわ書房・らくごカフェ）
A6
A7
さくら通り
すずらん通

コーヒーの街・神保町

変わらぬ老舗と新たな流れ

◉高橋敦史

旅行雑誌の編集者であり、かつ季刊雑誌『珈琲時間』編集長を9年務めた身としては、神保町はもちろん馴染み深い街だ。

私事になるが、最初の版元を飛び出して1年間のアジア放浪に出る際は、三省堂書店やすずらん通りの内山書店を聖地と思って通いつめ、当時アジア本の棚にあった新刊はほとんどすべて買ったほど。

そして神保町の老舗喫茶店も、ご存知の通り大半がそれと同じ一画にある。

今回改めてこの街を「老舗からサードウェーブまで」というテーマで綴るにあたって調べたところ、その印象は、

「老舗はさておき、サードウェーブの波は神保町に来てたかな。恐らくあの1軒のことだろうけど……」という感じ。

とはいえ、何しろ今はあの三省堂書店が建て替えで小川町の仮店舗に移る時代。コロナ禍も挟んでいろいろなものが変化した。僕のアジア放浪記を10年にわたって置いてくれた三省堂書店の棚も今はない。

そんな神保町の変遷を体現したような店が、2023年2月に移転した「ミロンガ・ヌォーバ」。1953年(昭和28)創業の老舗タンゴ喫茶だ。

旧店舗ビルの老朽化で移転が決まったときは、あの名店がどうなってしまうのかと心配になった。が、偶然にもそのタイミングで書籍に掲載することになり、店長の浅見加代子さんに電話をすると、

「大丈夫です。徒歩15秒のところに移るだけで、雰囲気も変わらないはずです」

という答え。そして後の結果もその通り、ガラス窓が広くて以前より明るく入りやすい雰囲気になったほかは「あの名店」そのままだ。机や椅子、照明、スピーカー、壁のレリーフもすべて旧店舗から持ってきた。少し手狭な分、かつての大テーブルは半分に切り、壁際に長いカウンター席を設えた。時代に即して電源も備わっている。

煉瓦の壁も年季が入っている。これも旧店舗からですか？と尋ねると、

「実は大昔のラドリオの壁なんです」

このミロンガ・ヌォーバは、同じ界隈で4年早い1949年（昭和24）に創業した

移転後も往時の雰囲気はそのまま

ミロンガ・ヌォーバ
TEL：03-3295-1716
東京都千代田区神田神保町1-3-3
11:30～22:30(22:00L.O.)。
土・日曜、祝日は～19:00(18:30L.O.)、水曜休

ラドリオの姉妹店。浅見さん自身も、もとはラドリオで働いていたそうだ。

今の新店舗の場所は、そのラドリオが大昔にあった場所。最近まで貸しスペースになっていたが化粧パネルを剥がし、往時の煉瓦の壁を蘇らせた。つまり、一周回って喫茶店に戻ったわけだ。

時代の変遷を見るほどに店は長くある。そもそもタンゴ人気で開いた店だが、いつしかタンゴは下火になって「普通の喫茶店」としての利用が増えた。それでも店内にはタンゴの曲が変わらず流れ、現在に至る。

「タンゴ喫茶というのは、もう東京ではウチだけみたいですね」

そう言って、浅見さんは曲が終わったLPを掛け換えに行き、新たな盤に針を落とした。僕の目の前にあるミロンガブレンド（650円）は、昔ながらの炭火焙煎の深煎り。飽きずに毎日飲めるのがいい。

変わりゆくけど変わらない。そんな神保町をこの一軒が代表しているかのようで、なんとも心安らぐひとときだった。

毎日飲みたい定番のミロンガブレンド

店内にはアルゼンチンタンゴのLPが掛かる

さて、こうした老舗は数あって、向かいの「神田伯剌西爾（ブラジル）」や「さぼうる」、靖国通りの北側「カフェ・トロワバグ」もお馴染みだ。しかしそこで冒頭の、サードウェーブってそんなにあったっけ？だ。

小川町の個性的で洒落てる「眞踏珈琲店」は確か青山にあった「蔦珈琲店」のお弟子さんで、豆も同じサントスNo.2しか使わない老舗喫茶の流れ。神保町の北側や専大方面にはいくつかあるが、いかにもと思いつくのは、今から挙げる1軒のみ。

神保町三井ビルの南東側のはす向かいにある「グリッチ コーヒー&ロースターズ」だ。シングルオリジン（単一品種・単一農園）の浅煎りしか扱わず、上品なワインを飲み比べるかのようにコーヒーの風味を味

シングルオリジンかつ浅煎りのみの、マニアックな名店

GLITCH COFFEE & ROASTERS
TEL：03-5244-5458
東京都千代田区神田錦町3-16 香村ビル1F
8:00〜19:00（土・日曜は9:00〜）、無休

華やかな香りが魅力のエチオピアのタミル・タデッセ（８００円）

香りを極力飛ばさず淹れられる特殊なドリップスタンドを使用

わえる、今の時代のトップランナー。

「最初こそお客さんが来なくて大変でしたが、今は世界中から目指してくれて。8割が外国からのお客さんです」

と、オーナーバリスタの鈴木清和さん。名店「ポール・バセット」に長らく勤めた後、自身の理想を実現させる店を開いた。昨今コーヒータウンとして賑わう清澄白河や蔵前でなく、敢えて神保町というのも面白い。なぜかと聞くと、答えは「流行り廃りに流されない街だと思うから」。

「昔から古書店やスポーツ用品店があって変わらないカッコよさがあり、皇居などにも近くて歴史に根ざした街だと思います」

今ではSNSなどの口コミで噂が世界に広まって、バリスタの世界チャンピオンも来店するし、使って欲しいと各国の農園からサンプルの豆が届いたりもする。

そんな鈴木さん自身、神保町の老舗喫茶店をリスペクトしていて、「豊かなコーヒー文化を日本から世界に発信したい」という思いで店を開いたという。

ちなみにサードウェーブとは、アメリカ西海岸のカフェが日本の純喫茶のハンドドリップに触発されて生まれた流れ。日本には元からあったもので、今のブームは逆輸入とも言える。だから日本発世界行きのこの店をそこに分類すべきかは少々迷う。

店内はいつも外国からの客で賑わっている

スタイリッシュなカウンターで淹れる鈴木さんの前には、幾多の焙煎豆が並んでいた。常時40〜50種類はあるそうで、目前に並ぶのは17〜18種類。トラディショナル（一般的な精選）、イノベーション（嫌気性発酵など新たな精選）、ハード・トゥ・ファインド（珍しい品種）、コンペティション（競技やオークションロットの豆）の４つにカテゴライズされ、値段も1杯８００円から、上は実に６０００円程度まで。

「これだけ並ぶと、コーヒーにもいろいろな産地や品種、精製方法があると分かります。ワインの世界のような奥深さを楽しんで欲しいと思っています」

いい豆だけを使った浅煎りは、技術が格段に進んだ今ならではのコーヒーの味。フルーティーで華やかなその一杯が、新たな気づきをくれるだろう。

神保町カレー戦線2023

●小林圭司（白水社カレー部）

「カレーの街」としての神保町の認知度は、どんどん上がり続けているような気がする。仕事で初対面の人と名刺交換したときに、「カレーですね！」と話題をふられる。うっかり所属を「カレー部」にしていただろうかと慌てるが、一応「営業部」と書いてあるので、会社の所在地で判断してくれたのだろう。

確かに勤務先から徒歩三十秒の小川広場で開催される「神田カレーグランプリ」決定戦は、コロナ前は四万人超、入場規制のあった昨年も三万人超を集客する大人気イベントで、この近辺も一種の聖地となっているのかもしれない。今年はレストランではなく書店であるはずの書泉グランデがカレーグランプリに参加している。そういえば三省堂書店ではカレーをあしらったブックカバーを配布していたこともあったし、この界隈の人たちはどんだけカレーが好きなんだ、と自分のことを棚に上げて思う。

しかし、神保町に特徴的なカレーってどんなのだろうと考えると、いろいろ種類がありすぎて、もはやよくわからない。なんでもありなのがカレーらしさであり、神保町らしさなのかもしれない。かつて明治から昭和初期に多くの中国人留学生を受け入れたというこの土地の進取の気性は、揚子江菜館や漢陽楼といった今なお残る老舗中国料理店に見てとることができるではないか。

そして神保町といえど、昨今のカレートレンドと無縁ではいられない。流行りのガチ中華ならぬ「ガチカレー」と言えそうな、現地からそのまま運ばれてきたようなカレー料理は、南インド料理の稲田俊輔やネパール料理の本田遼ら気鋭の料理家たちの理論的バックアップを得て、日本中を席巻しつつある。

無駄な前置きが長くなってしまった。三十年も神保町界隈に勤めていると、誰もが立派なカレーオタクになってしまう。これから「今、神保町で食べておくべきカレー」として激推しするお店も、万人向けではないので、老舗のカレーや欧風カレーを期待される方には読み飛ばされてしまうだろう。

だとしても私は、専大前交差点から北東側の神田神保町二丁目にある「トルカリ神保町本店」の「ボルタ・バジ・キチュリ」を一番におすすめしたい。なんだかよくわからないと思うので、カレーというよりはなにかの呪文のような名前のこのベンガル料理メニューについて、少し詳しくご説明する。

要は三つの料理名が羅列されているだけ

神保町二丁目のトルカリ神保町本店

ランチメニューも
豊富にそろう

イチ推しの
ボルタ・バジ・キチュリ

で、まずボルタというのは野菜や小魚をマッシュした料理で、見た目は金山寺味噌のような形状をしている。それが三種類付いてくる。バジは野菜の炒めもの。それらをキチュリというレンズ豆の炊き込みご飯と混ぜながら食べる。白米に金山寺味噌と野菜のおかずを載せて食べるような感覚に近いかもしれない。それがなんとも美味しい。さらにチキンカレーと豆スープも付いているので、いろいろ混ぜて食べる。ひとつひとつ丁寧に作られた、素朴なようでいて洗練されている料理が合体して、予想しなかったような美味しさが展開される。騙されたと思って一度体験してみていただきたい。

毎日でもこのお店に通いたいところだが、百メートルしか離れていないところには「タップロボーン神保町店」もあるから悩ましい。アーユルヴェーダに則った滋味深い料理をいただける。おすすめはワンプレートのスリランカカレー。一皿に二種類のカレー、二種類の野菜おかずが載っている。特徴的なのはポルサンボールという鰹節ふりかけで、これだけでもライスが進む。付け合わせのスープを含め、身も心も癒やされる優しい味で、仕事に疲れたときに自然と足が向く。緊急事態宣言のときは、ランプライスというバナナの葉で包んだお弁当がテイクアウトできるのが嬉しくて、食べてて涙が出た。

スリランカカレーがおすすめのタップロボーン神保町店

こうなったら現在のブームを牽引しているネパール料理メニュー、ダルバートの美味しいお店もご紹介したい。駿河台下交差点の南東側、神田小川町三丁目の「グレビー」のチキンダルバートは、チキンカレー、豆スープ、野菜炒め、青菜炒めに各種漬物という基本構成に、小さいタンドリーチキンまで付くのが嬉しい。全体にリッチな味付けで、充実感がある。

ところで神保町でカレーというとランチのイメージが強いが、それだけではもったいない。カレーで一杯いかがでしょうか?

ダルバートが美味しいグレビー

先日勇退した我らがカレー部・前部長（現名誉顧問）は、乾杯前の挨拶で必ずこう言っていた。「カレーにはウコン（ターメリック）が入っているから、カレーを食べながら飲めば二日酔いにならない。大いに飲みましょう！」。

その真偽の程はともかく、夜カレーのおすすめをご紹介したい。水道橋駅に近い神田猿楽町に、同じマスターが、昼はカレー店の「インド富士子」、夜は飲み屋の「ムンド不二」と名乗って営業しているお店がある。黒板に手書きされた日替わりのスパイス料理はどれも魅力的だが、まずはバリエーション豊富な前菜を盛り合わせで注文してスタートするといいだろう。店名を冠したインド富士サワーは各種スパイスが入っていて（もちろんターメリックも！）、いくら飲んでも二日酔いにならないような気がする。インドに限定されない、まさにムンド（世界）の料理はどれも味もセンスも間違いなく、シメはあえてカレーではなくパスタを選んでもよいかもと思ってしまう。

押しも押されもせぬ人気店となった南インド料理の「三燈舎」も、夜に訪れたいお店だ。ある食通の神保町の編集者さんに「カレーとワインが合うことに開眼した」と言わしめたほどで、名物のバナナの葉に包まれた海老カレーをインドワインで楽しみたい。ランチは行列するが、ディナーは予約できるのも安心だ。

もう少し居酒屋っぽいお店がいいという方には、こちらも水道橋駅に近い神田三崎町の「ラミちゃんの台所」はどうだろう。ネパールのスパイシーな鶏肉料理チョイラはビールにうってつけだが、辛くない普通の唐揚げもあるし、枝豆や冷奴などの居酒屋メニューで気分転換することもできる。

最近は各地で「間借りカレー」も話題で、神保町とて例外ではない。神保町交差点の北西方向、ワイン焼酎２０８という欧風酒場でランチ時間のみ営業している「ｍｅｍｅｎｔｏ　ｍｏｒｉ」は、スリランカ風カレーのお店。美味しくヘルシーなカレーに加え、ドリンクもスパイスティーなどが用意されており、こだわりが感じられる。

残念ながらよい話題だけではなく、過酷な時代の変化は神保町にも押し寄せている。今年は「桃の実」「ディラン」「カーマ」といった名店が惜しまれながら閉店した。さらに、駿河台下交差点の北西側、神田小川町三丁目の三角地帯では、地上二十二階の高層ビル建設計画が進行している。この一角には飲食店が集中しており、カレー店だけでも「ヒナタ屋」「スパイスキッチン」「エチオピア」「鴻（オオドリー）」「ＭＡＪＩＣＵＲＲＹ」「べっぴん舎」「ばんび」といったお店が軒を連ねていて、今後が心配される。高層ビルが建てば、三省堂書店の新本店ビルと並んで、この地の景観を大きく変えることになるだろう。ぜひ今すぐ、神保町にお越しください。そして、あなたの好きなカレー店を応援してください。

神保町で古典芸能を

◉和田尚久

素人の遊びとして二十五年ほど謡曲を稽古している。

謡曲と言って通じるだろうか。能のセリフおよび物語を進める地の部分を「謡」と言って、よく知られているのは『高砂』の「高砂やこの浦舟に帆をあげて」とか『道成寺』の「花のほかには松ばかり」などというフレーズだろう。

落語の『二番煎じ』では黒川老人という謡の先生が町内の火の廻りに謡ふうのフシをつけて「火の用心〜火の廻り〜」などと歩いているギャグがある。

能そのものは舞を中心とした芸だが、謡だけを稽古する場合、先生の前に正座し、謡本（台本）を見ながら、フシや言葉遣いをレッスンすることになる。

そのために、数ヶ月に一回のペースで神田古書センター一階の「高山本店」に足を運ぶ。この店はセンター一階を占有しているが、店に入って右半分に大量の謡本が積まれていて、そこで次に稽古する曲の本を買うのだ。

謡本は流儀にもよるが、新しい本を買うと二千円前後。高山本店では古本が一冊、七百円から千円ちょっとで売られている。

能のシテ方（舞をまう中心的役割）の流儀は五つあって、高山本店でも流派ごとに謡本が山になっている。面白いのは流儀の趨勢がそのまま在庫に反映されていることで、観世流がいちばん多く、つぎに宝生流。そのつぎが私の稽古している喜多流で、店の右奥のブロックにかたまっている。金剛流と金春流の本はほとんど目にしない。

近々、稽古したい曲を古謡本のなかから探すのだが、店の人に「〇〇の本はありますか」と訊いても「さあ、ご自分で見てください」とのことなので、山を崩して、捜索をすることになる。いつも山から本を抜いたり、また戻したり、おさわがせしてスミマセン。

この古書センターの五階にあるのが「らくごカフェ」だ。二〇〇八年にオープンした高座併設のカフェで、落語会や講談会が月に三〇回以上開かれている。会のないとき（おもに昼間の時間帯）はコーヒーや紅茶を数百円で飲める。オーナーは青木伸広さんといって、たしか國學院の落研出身で、さだまさしの後輩になるらしい。

店の暖簾をくぐって右手に高さ四尺ほどの高座があり、客席数は四十ほど。

たまに三遊亭萬橘や桂夏丸の落語を聴きに来るが、不思議なもので、らくごカフェには客がほどよく来るのだ。もっと大きな会場を満員にする演者でも、ここの会はちょうど満席になるくらいの入りで、窮屈になることがない。ぜいたくな空間である。

もうひとつ、この店のよいところは都内で催される落語会、演芸会のチラシがたくさん置かれていること。ネットで情報はあるものの、やはり紙のチラシはいい。映画ファンにおける国立映画アーカイブやユーロスペースのチラシ置き場みたいな場所なのである。

古書センターを出て九段下方面に進む

と、専大通りの交差点の角に「大和屋履物店」がある。以前は昭和の下駄屋さん、という構えであったが数年前にスタイリッシュな店舗に改装された。この店の娘さんが小倉充子さんといって、東京藝大を出て、浴衣や手ぬぐいなどの染物のデザインをしている。作風はモダン版画というべきか、ざっくりとした線で、江戸の意匠を大胆に構成する。落語家や浪曲師の手拭いも多くデザインして、私は数年前に文化放送の落語会で使う後ろ幕（高座の背景として吊る幕）を作ってもらった。芝の浜辺と東京タワーが間口四間に見事に配置されていて、まことに見事。お店では小倉さんの鼻緒を選んで下駄の誂えもできるし、ぜひ覗いてみてください。

　さて、神保町のやや水道橋より、神保町交差点から白山通りを三分ほど北上した左側にあるのが「奥野かるた店」である。

　もともとは一九二一年（大正十年）に創業したカルタの製造メーカーで、七〇年代に入って一般売りもはじめたという老舗。さまざまのカルタを見るだけでも楽しいが、数年前から二階のスペースで月一回「浪曲かるた亭」という催しが開かれている。

　主催者は演芸作家の土居陽児さん。もともとは読売新聞の記者で、定年後、浪曲や講談の作者として活躍をしている。

「浪曲かるた亭」が開催される奥野かるた店

「浪曲かるた亭」は土居さんがチョイスしたおもに若手の浪曲師が登場する九十分ほどの会で、三十分の高座が三席聴ける。

　じつは、最近の演芸会ムーブメントとして、落語、講談（これは伯山ひとりが牽引した）につづいて、浪花節が来つつある。

　これは大衆の好みが、落語のような極度な散文演芸から、感情（エモさ）に訴える韻文芸能に回帰しつつあることの証左で、それはいまの暗い時代とも関係があるのだが、ここではこれ以上の御託はよそう。

　私がいま注目をしているのは富士綾那という若手で、地声の延長線上に芸の声があり、本人と芸の内容がつながっているところがいい。

　天中軒すみれは茅ヶ崎出身、藝大（彼女もだ）を出て天中軒雲月に入門した。おそらくはまず音楽として浪曲を捉えている人で、まえにＳＰレコードから古い型の「山内一豊の妻」を復刻して聴かせたが、梅が枝の手水鉢の説話を取り込んだ、ちょっと浄瑠璃的な脚色を楽しく聴かせた。

　男性の若手では広沢菊春がいる。沢勇人と名乗っていたが、昨年、大師匠の名跡を三代目として襲名した。夫人が曲師の広沢美舟である。先代の芸を意識しないわけにはいかないので、まだ方向性の定まりきらないところはあるけれど、小細工をしない大きさに可能性を感じさせる。もちろん美舟のアシストが欠かせない。

「浪曲かるた亭」は部屋の音の響きもよく、こうした若手たちを聴くのにうってつけだ。

　六時半に開始、八時に終演。それからランチョンに廻ってビールを飲むのも楽しみだ。

お茶の水の歩き方、ギターの買い方

◉井戸沼尚也

「今度、一緒にお茶の水に行ってもらえませんか。ギターの買い方がわからないんです」と相談されたことがある。相手は、行動力も決断力もある、働き盛りの四十代男性だ。最初は何を言っているのか、よくわからなかった。

私は１００万円持っていれば１００万円の、1万円しかない時には1万円のギターを買って生きてきた。紙幣とはギターの引換券であり、結局はギターと交換するのだから、大きくても小さくてもあまり変わりはない。そういう考えで過ごしてきたのだ。お茶の水に行って、一人で好きなギターを買う。何が問題なのだ？　ただただ、最高ではないか？

彼の言い分はこうだ。曰く、楽器店が多すぎる。ギターも店員さんも多すぎる。ネットで調べてみても情報が多すぎて、結局どうすれば良いのかわからなくなる。うーん。私もぼんやりした気持ちのまま大きな書店に入ってしまい、何を買うべきかわからなくなった経験があるので、それと似た感じかと推測した。そして彼に「よし、わかった。一緒に行こう」と請け負ってから、放置したままだ。すまない。気まずい。もう連絡できない。ここに贖罪の気持ちを込めて「お茶の水の歩き方、ギターの買い方」という記事をまとめるから、遠いどこかで見てくれよな。

駅前交差点に顎を引いて立つ

世界有数の楽器店街・お茶の水には散策の仕方というか、回遊ルートがある。神保町起点、小川町起点などいくつかのルートがあるが、慣れない人にはＪＲ御茶ノ水駅を起点とするルートをお勧めしたい。理由は、御茶ノ水駅近辺には比較的、入店難易度が低い店舗が集中しているからだ。御茶ノ水駅から離れた場所には、コアというかマニアックというか、ちょっとギター購入に慣れた人向けのショップが潜んでいるため、まずは御茶ノ水駅前で身体を慣らしてからディープなところにチャレンジした方がよかろう。また、御茶ノ水駅前は店舗がやたら密集していて、回遊の最初から「あぁ、楽器街を散策している！」という充実感を得やすいのもよい。

ＪＲ御茶ノ水駅・お茶の水橋口の改札を出て、目の前の交差点に南を向いて立つ。背筋を伸ばし、顎を引き、両手は軽く握っておきたい。少し視線を上げると、明大通りを挟んで左右に楽器店が密集しているのがわかるだろう。ここから１２０ｍ先にある「名代富士そば　お茶の水店」までのわずかな間が、楽器街の中心部だ。

勝負が早ければ、このエリアだけで決着がつくこともある。たちまち良いギターを手に入れてホクホクで帰途につくこともあれば、あっという間に雰囲気に呑まれ駄ギターを掴んでしまうこともある。ここは魔都で、ゴングはもう鳴っているのだ。気づかない者に、勝ち目はない。

楽器店に入ってから己を見失わないためにも、交差点に立ったところで次の点ははっきりさせておきたい。

予算

「予算は、うーん、まぁ5万円くらいで収まればいいかな」などという甘っちょろいあなたは、7万円使うことになるだろう。この一線を超えてはならない、場合によっては撤収も辞さないという強い意志と具体的な金額を、明確にしておきたい。

好みの色

地味に大事なのだ。「店員さんの説明を聞いていたら、だんだん欲しくなってきた。欲しかった色とは違うけど、これで良いと思う」というギターは、全く良くない。結局、あまり触らなくなってしまうか、買い替えたくなる。ルックス面で譲れないポイント、特に妥協しがちでかつ後悔しがちな色については、交差点で気を引き締めつつ、確認しておくべし！

心を鎮めて名店を回る

落ち着いたら、楽器店巡りを開始しよう。この狭いエリアだけで楽器店が10店以上あるので、なんとなく回るのは避けたい。自分が探しているのは、アコースティック・ギターなのかエレクトリック・ギターなのか。新品か中古か、こうしたことで回るべき店が変わってくる。以下、私がエレクトリック・ギターを買うならここを回るという店をピックアップして紹介しよう。

「クロサワ楽器　お茶の水駅前店」

エレキギター&デジタル館には、1階から4階まで、数えきれないほどのギターが展示されている（5階はシンセ系）。ギブソン、フェンダーなど海外のメジャー・ブランドの製品は専用フロアが設けられていて、見て回りやすい。1階の国産ギターも取り扱いブランドが多く見応えがあり、中古ギター・コーナーには古い国産の良品がポロッと出ていたりするので、素通りするには惜しい。ちなみにクロサワ楽器は青がブランド・カラー。それを目印に探すと、すぐに見つかる。

「イシバシ楽器　御茶ノ水本店」

イシバシ・カラーの赤が目印なので、迷うことなく見つけられるだろう。入門モデルからハイエンドまで、なんでも揃っている。アコギや中古楽器を買うときにも必ず寄るべきだ。フェンダー・フロアは路面から中が見えて、非常に入りやすいのもポイントが高い。

「シモクラセカンドハンズｐａｒｔ２」

黄色が目印の下倉楽器の中古専門店。このエリアだけで下倉中古専門店が2店あるが、明大近くにある広い方がこのｐａｒｔ2だ。ここには常に面白い中古ギターがあり、比較的手が届きやすいライトなヴィンテージ・ギターもあるので見逃せない。新品狙いの人も、数年前の同系モデルがお手頃価格であるかもしれず、立ち寄って損はない。

「ギタープラネット　エレキ本館&中古館」

お勧めはB館3階の、セミアコ、フルアコ専門フロア。いわゆる「箱物」と呼ばれる、ジャズやブルースでよく使われるボディが空洞になったエレキギターの専門フロアで、楽器の街・お茶の水でも珍しい存在だ。ここでしかお目にかかれないようなレアなブランドも在庫している。ジャズ好き、ブルース好きにはぜひ寄ってもらいたい店だ。

「BIGBOSSお茶の水駅前店」

駅前交差点を西に渡ってすぐにある、大手エレクトリック・ギター・メーカーESPの直営店だ。ヘヴィ・メタル系のギターやギタリストのシグネチャー・モデルに強く、その辺りを探している人にはたまらない店。新製品だけでなく、貴重なヴィンテージ・ギターも取り揃え、エフェクターやアンプも充実しているので、見落とすことのないようにしたい。

こうした店に入った時には、ギターに勝手に手を触れないように。海外では自由に触れる楽器店も少なくないようだが、国内ではほとんどNGだ。気になるギターがあれば、店員さんに声をかけてみよう。

ビルの上に木を削る人がいる

駅前のこのエリアには、通りを歩くだけではわからない、楽器関係の面白いスポットもある。例えば、ESPお茶の水ビルの4階にある「ESPギタークラフトアカデミー東京校」。ギター・メーカーのESPが展開するギター製作学校で、多くの卒業生がギター工房、楽器店、リペア・ショップなどで活躍している。最近では、社会人向けの働きながら学べるコースも大盛況だとか。脱サラして、あるいは定年後に、好きなギターを作る仕事をしてみたいと考える人が多いようだ。こんな街中に木工や塗装の設備があり、ビルの上にはこの瞬間にも木を削っている人達がいると思うと、ちょっと不思議な気がする。

OCCビルの地下にある「御茶ノ水RITTOR BASE」は、ギター・マガジンやデジマートでお馴染みのリットーミュージックが運営する多目的スペース。ここでは多彩なアーティストによるライヴやイベントが随時行われているので、楽器店巡りをしていて思わぬアーティストに出逢っ

たら、ここの出演者かもしれない。

カツ丼を食べて外海へ

さて、ここまでの楽器店や注目スポットは、すべて「内海」にある。駅前エリアの入店しやすい店作り、手が届きやすい価格、フレンドリーな接客などは、まるで浅くて水温が高い、海流も穏やかな「内海」のようだ。それが明大通りの坂を降りていくと海が深くなるようにマニアックな品揃えの店が増えて、「外海」の様相を呈してくる。

ちょうど「内海」と「外海」の境目に位置するのが、楽器店巡りのランドマーク「名代富士そば　お茶の水店」だ。散策する人を優しく導く灯台のような店である。この界隈には美味しい飲食店が山ほどあるが、個人的には楽器好きがここで食べないのはどうかと思う。いつも世話になっているんだし。それにおそらく、駅前から出発した楽器店巡りもここまでで慣れた者で1時間半、不慣れな者なら2～3時間は経過しているはず。「外海」に出る前に、腹ごしらえする必要がある。ここでカツ丼でも頼み、旨いの不味いの言わずに食べ、付いてくる謎スープの正体に思いを巡らせることは、楽器店でヒートアップした脳を沈静化する効果がある（と思う）から、試してみてほしい。

さあ、ここからは富士そばの先、「外海」だ。マニアックな店全てを詳しく紹介すると単行本一冊の分量になってしまうので、フットワーク軽く紹介していこう。まず「御茶ノ水楽器センター」。ゼマイティス・ブランドのギターが欲しいなら、行くべき店はここしかない。日本一。「G-CLUB TOKYO」。ギブソン在庫日本一と謳う大型店。ギブソン・カスタムショップの弾き比べをして、良い個体を入手できる贅沢な店。「WOODMAN」ヴィンテージを探すならここ！　エレキ以上にアコギの品揃えが凄まじく、震える。「宮地楽器　神田店」。マニアックなギターに加え、プロフェッショナルなレコーディング機器も揃う。小川町駅の近くだが、もちろん行く価値あり！　「ESPテクニカルハウス」。1975年にオープンした歴史のある店。オーダーメイドのギターを作るなら、絶対にここだ。店はコンパクトだがESP新東京工場に豊富な材をストックしており、素晴らしい良材でオーダーが可能。

「外海」の店の一部を駆け足で紹介してき

たが、面白い店が多いとわかっていただけただろうか？　ＪＲ御茶ノ水駅からは少し離れるが、訪れてほしい店ばかりだ。

楽器をめぐる問題と変わる景色

お茶の水界隈はギターを買うだけでなく、売りたい時にも都合がいい。ギターを持って歩いてその場で査定をしてもらい、納得がいかなければ隣の店で査定を頼む。専門店が密集しているから、楽なのだ。エリアをぐるっと回ると、買取金額が大幅に上がることも少なくない。

　楽器店はどこも買い取りを強化しているのだが、それには理由がある。今は、ギターを手放すときにオークション・サイトやフリマアプリを使う人が増えた。中古を扱う楽器店は仕入れが難しくなり、買い取りを強化せざるを得ない。消費者には便利だが、中古楽器店には大問題なのだ。

　楽器店を取り巻く問題は、他にもある。温暖化や森林の減少など、複合的な要因でギター作りに欠かせない良質な木材の確保が難しくなってきている。塗装ひとつとっても、環境問題との絡みで昔と同じようにはできない。ギター作りが難しくなることは、楽器店にとっても問題だ。そもそも少子高齢化が進み、ギターを弾く人が減っているし、楽器店に人材が集まらない。世の中で起きているさまざまな問題がすべて、楽器店も襲っているのだ。

　楽しいはずのお茶の水楽器店巡りが、少し暗い気持ちになる。だが、悪いことばかりではない。以前にはなかった光景も、見られるようになったのだ。

　昔は、楽器店でギターを試奏しているのはほぼ全員男性。その横で、女性がつまらなそうに待っているという構図をよく見かけた。そういう時に限って、男は練習中のテクニカルなフレーズを自慢げに弾いたりして。アホか。ところが、最近はお茶の水で女性が試奏し、男性が手持ち無沙汰で待っているのを見かけることがある。わはは！　いいぞ！　街を歩くと、ギターケースを手にした女性を見かけることも、珍しくなくなった。

　良くも悪くも時代が変わり、お茶の水も変わってきているのだ。今の姿を目に焼き付けに、今度の休みはお茶の水に出かけてみよう。その時は、冒頭の「買えない彼」にも連絡してみようか。

神保町スイーツとわたし

◉うちだかずみ

30年前、書店のアルバイトを始めた私は、都心から電車で1時間半ほどかかる田舎の短大生でした。初めて1人で入った喫茶店は『古瀬戸珈琲店』。現在のようにスタバやドトールなどのチェーン店が主流ではなく、おじさんが喫煙するために存在する喫茶店が当たり前の時代、女子学生が1人で喫茶店に足を踏み入れるのは大変な勇気が必要でした。今回、神保町のスイーツ記事のご依頼を受け、現在のスイーツを体感し、ご紹介します。どうぞお付き合いください。

ドース イスピーガ

2017年オープンのポルトガル菓子専門店。「カバッカス」「リス川のそよ風」「天国のベーコン」など、品名からは味の想像がつかないお菓子が並びます。私は味に保守的なので見た目からも想像がつく一品という理由でたまごプリンをチョイス。重さずっしり固さもしっかり。最近の甘さ控え め傾向のスイーツに慣れた舌には、かなり甘く感じられますがなぜかクセになる味。季節でラインナップも変わり、スタッフの方も気持ち良い接客で丁寧に商品紹介をして下さいます。

スタイルズケイクス&カンパニー

人気店のため、夕方に行くと売り切れクローズのことが多く、平日のみこちらのケーキを頂けると聞いて、すずらん通りの『文房堂カフェ』に行ってきました。3種類あるうちのお目当てのフルーツタルトが品切れだったので、まだ時間が早めだったこともあり、久しぶりに店舗へ。お店近くからすでにバターの甘い香りが漂い、買わずに帰る選択肢は一ミリもなし。一つ持ってみるとずっしり重く、新鮮なフルーツ、サクサクのタルト生地が美味しいのはもち

ろん、層になったスポンジ生地も珈琲のお味でそれぞれ主張がありながら一緒に食べると、味の調和も取れており単調ではない深みが感じられます。大きくボリューム感がありますが、もう一つ食べたいと思えるような幸福感に満たされます。

亀澤堂

神保町の和菓子といえば、言わずと知れた『ささま』や『文銭堂』ですが、こちらも外せません。可愛い造形物という点で、ずっと気になっていた「もなかめ」と、名物の「どら焼き」は季節のフレーバーも豊富。変わり種の焼き芋味を選んでみました。どちらもまず、皮がとてもおいしい。最中の皮が歯の裏につく経験はどなたにもあるはずですが、それが気にならないしっとりした軽さ。断然粒あん派の私も満足の中身のあんは、あっさりしつこくなく、二択だと洋菓子派の私にもシンプルに和菓子の美味しさを訴えかけてくるような奇を衒わない味。価格は少しお高めかな？　と思ったのですが、期待以上の味に頬が緩みっぱなし。

BRITANNIA TEA

現在工事中の三省堂書店本社ビルの並びに昨年オープンしたばかり。紅茶専門店といえば界隈では『ティーハウスタカノ』が有名ですが、こちらのお店ではインスタ映えを意識した4色のカラフルなイリゼケーキがまず最初に目に留まります。味は全て同じとのこと。暑い日で持ち帰りも心配なので、今日は炭酸が弾け見た目も涼やかなサイダーベースのラメールゼリーをイートインスペースでいただきます。京都の『ソワレ』で供される見目麗しいゼリーポンチを思わせるビジュアル。可愛いキレイは美味しくないという法則は当てはまらず硬め食感のゼリーは爽やかな清涼感。コワーキングスペースもあり、女子力を上げつつ仕事環境も確保出来るとは一石二鳥。

キッチンきらく

ナントカ焼きと言うと神保町では老舗の「大丸焼き」が有名ですが、新名物になり

そうなものがあると聞き、行ってみることに。キッチンと名のつく通り、ラーメンやカレーも出しているお店ですが、同じくイートインで食べられるかき氷や、店頭のショーケースでは細長い今川焼きのような嬉楽焼きや、ファーブルトンという焼き菓子スイーツを販売しています。きらく焼きはあんこやクリームなどの定番の甘いものだけでなく、神保町らしいカレー味が数種類あり、スイーツ取材ということを忘れ好奇心からマサラを購入してしまいました。（生地は甘いはずという自分勝手なマイルールに則り、スイーツジャンルでOKということに。）食べてビックリ！　ペーストが入っているだけかと思ったら生地そのものがカレー味、そしてしっかり辛味があり、ナンとなくではなく本格的なカレー味！　スパイスのプチプチした食感も意外性があり、良い意味で期待を裏切られたと感じました。もう1種類は甘いものを。「蟠桃ファーブルトン」は見た目からさっくりしたタルト生地かと思いきや、ムッチリした柔らか食感でした。フルーツの中でも無類の桃好きな私ですが、初めて食べる蟠桃という丸く平たい見た目。こちらを煮詰めたものが乗っています。旬のフルーツをスイーツとして頂くのは＋αの喜び。季節を変えて訪れるのが楽しみなお店をまた一つ見つけました。

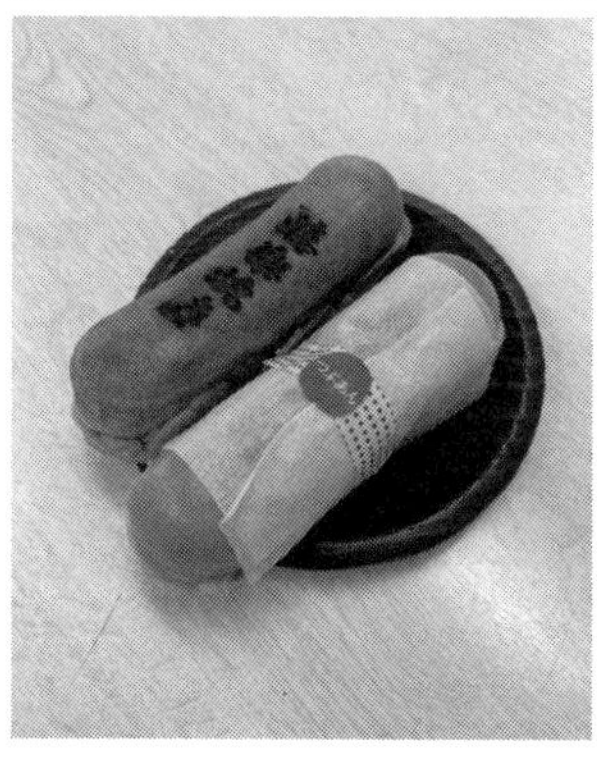

きらく焼きはキーマカレー味もおすすめ

神保町スイーツに歴史を刻むであろう素敵なお店はまだまだあります。クラシックプリンやオレンジ入り珈琲ゼリーが絶品の『オトナリ珈琲』は、路地裏の古いお店を改装した隠れ家カフェ。そのすぐ近くに位置するフレッシュフルーツをシフォンケーキでサンドしたスイーツが看板商品の『maru.』、小学館コラボメニューが楽しい『Cafe Lish』のお値打ちモカソフト、週一営業のナチュラル焼き菓子の『きのね堂』など街歩きが楽しくなるお店は他にもたくさん。

令和時代に昭和レトロが流行り、たくさんの若い世代の方が「エモい」「映え」を目当てに神保町を訪れているのを目にする一方、私のような世代にとっては大きく変貌する街に寂しさを感じながら、綿々と受け継がれる歴史が刻まれた下町とも都会とも分類出来ない魅力に溢れた街なのだと改めて思い入りました。これからも通い続けたいお店、行ってみたいお店にも気づくことが出来て大満足。とてもスイートなひとときでした。

神保町七夜
～夜の神保町を楽しむ～

◉神保町動静

私は日々、神田神保町の街の動き／文化／飲食店／新刊・古書店の情報等をＳＮＳのＸ（旧Twitter）／Instagram／Threadsで「神保町動静」というアカウントを運営しています。

神保町に通い始めたのが30年前、ここ十数年は神保町に住み日々、神保町Ｌｉｆｅを楽しんでいます。

文京区生まれの私は子供の頃から谷根千や上野、秋葉原と並んで神田神保町を遊び場として育ってきました。中でも神保町は学生時代、参考書を買う歳頃から通う機会も増えて、古書店で未知の本を買いあさり、予備校サボって喫茶店をハシゴ、お腹がすけば食事、時間を持て余せばゲームセンターに入り浸り…いつしか生活の中心が神保町になっていました。会社に勤務し始めた後も終業後は、何はともあれ〝神保町へ戻って〟さぼうる等で酒と会話を楽しむ日々を送ってきました。

〝神保町好き〟という本に囲まれる生活だった影響もあり〝本を作る〟ことに憧れて２００１年頃には主に神保町に勤める人を集めてフリーペーパーも作成したこともありました。数号で廃刊となりましたが今では良い思い出です。

私が通い始めた頃の神保町の景色は今、大きく変わっています。日々、移ろう神保町の動きを記録するべく、元々はFacebookへアップロードしていましたが、広域に情報を発信するため令和元年に配信プラットホームをＸ（旧Twitter）へ移行。この時に新聞の首相動静（首相の1日の動きを伝える記事）に着想を得て「神保町動静」（神保町の日々の動き）と名付けたのが始まりです。

日中の本と親しむ神保町も好きですが、〝酒好き〟の私は夜の神保町もとても魅力的だと思っています。

私は30年以上日記を書いていますが、今回は「神保町の夜」というテーマをいただいたので、日記帳の中から〝1週間の夜〟という切り口で整理しなおした形で、私の良く立ち寄るお店を紹介してみたいと思います。

夜の神保町を楽しむ参考に

月曜日

週初め。外部で仕事の打ち合わせと会食の後、2軒目として神保町へ誘う。今宵はビジネスの余韻もあるのでオーセンティックＢａｒ「Concert（コンセール）」へ。銀座で修行を積んだマスターの茜さんの作るフルーツカクテルが心地よいデザートとなり、その後はモルトを楽しみつつ、ビジネスモードからお互いの趣味の話などにクールダウンしていく。音響のレコードプレーヤーからそっと僕が持ち込んだレコードを呑んでいる間合いで流してくれるのも心地よい。

火曜日

今日は早めに仕事を片付けなくてはならない。町内で通う焼き鳥屋「とり瑛」の予約があるからだ。開店当初は気が向いた日に飛び込めば気軽に楽しめたが、今では予約必須の人気店になってしまった。私の場合、決まって焼き場の目の前で焼き鳥が焼けるのを見ながら呑む。料理長の英さんが毎日仕入れる珍しい鮮魚もチョイスが絶妙で、刺身から焼き鳥まで、季節毎の豊富な種類の地酒の杯数制御がままならず毎回、酩酊気味で退店することになる。

とり瑛では毎回、酩酊気味になる

水曜日

今日は少々残業。この解放感から今日は1人でゆるい感じで酒を呑みたい。そんな日は「しゃれこうべ」に足を運ぶ。昔、お世話になっていた紳士に最初にこの店に連れていかれたのは20年以上前のこと。煤けた店内に初代のマスターが迎えてくれたが、当時23歳程の〝小僧〟だった私はほとんど相手にされない。酒を勉強中だった私が〝大人のＢａｒ〟を知るきっかけになった店の1つ。現在は3代目店長の真衣さんになり、私も四十路後半を迎え、近所のお友達やカウンターで隣同士になった方と緩く、賑やかにリラックスして夜を楽しんでいる。

1人で呑むなら「しゃれこうべ」だ

木曜日

今日は呑む予定もなかったが…なんとなく呑みたい気分…、21：00を過ぎてから「hon.j.tsu（ホンジツ）」へ。今までの神保町にはない独特の空気感と白山通りを見下ろせる景色を楽しみながら、ハーパーソーダと少々のツマミをいただく。

金曜日

終業後、すずらん通りにある「無用之用」のカウンターへ。この店は書店にカウンターが併設されており、販売されている書籍をカウンターでお茶を飲みながら読んだり、ビール等のアルコールを飲む事もできる。書籍も独自のセンスによる新刊と古書を織り交ぜた品揃えで新たな発見がある。店主の片山夫妻とは今年一番仲良くしてもらっているのではないだろうか。週の半分以上は顔を合わせている気がする。ここにも様々な常連客の皆さんが集い、つい遅くまで呑んでしまう。町内に居住していると〝終電〟という感覚がないので困る。

土曜日

今週も終わり。今日は友人を神保町へ呼んで酒を呑む。〝気さくな居酒屋のような店〟というリクエストなので今宵は「多幸八」日和ではないだろうか。地元の人々の間でも人気店にて、早めに入店しないと座れない。鮮度際立つ刺身に旬の地酒が体に染みる。年中〝すっぽん鍋〟を気軽に楽しめたり、日によっては都内では珍しい〝くさや〟と共に一盞挙げることもできる。確かな腕の大将の旨い肴と日本酒で、今日もつい呑み過ぎてしまう。

日曜日

日曜日に営業している酒場は少ない。夜にふらりと昨年オープンのＢａｒ「ひろ屋」の席に着けば町内外から、なんとなしにやってくる1人呑み客と何気ない会話で週末を締めくくる。マスターの寛子さんの巧みなる〝オジサン捌き〟の技の妙であろうか。

実際は毎日、呑み歩くわけではありませんが、一週間に凝縮すると上記のような感じで酒席を楽しむことが多いです。最近の私は夜の酒席は大半が神保町内で完結することが多いです。

神保町は昼の街のイメージが強く、飲食店だとカレーやラーメン、喫茶店等がピックアップされがちですが、夜長を語り合える良質なＢａｒも沢山あります。本の街ならではのディープな情報を、たまたま居合わせたカウンター越しのお客さんから得る事ができたりするのも神保町ならではです。Ｂａｒは隠れ家的な路地にあることも多いので、探しづらいかもしれませんが、是非、神保町へ遊びに来た際は、新たな扉を開いて〝夜の神保町〟の楽しさを開拓してみることもお勧めしたいです。

夜のすずらん通りもまた楽しい

今、神保町を「読む」
～神保町ブックガイド～

◉内田剛

個人的な話題で大変恐縮であるが、この文章を書いている僕はコロナ禍の直前まで約30年にわたって書店に勤務していた。その本社所在地は「東京都千代田区神田神保町1－1」、1881年創業の三省堂書店である。現在は新社屋の建設中ではあるが、いまはなき旧社屋の記憶を留める作品として蒼月海里『幻想古書店で珈琲を』（ハルキ文庫）のシリーズ7作がある。覆面作家である著者は当時神保町本店勤務で僕と「戦友」でもあった。本作品もファンタジーではあるが舞台は神保町本店。随所に在りし日の空気が再現されている。ただ取材したのとは違う体温や匂いまでも感じとれるはずだ。

活字好きに愛されている場所、神保町という街を知りたければ真っ先に鹿島茂『神田神保町書肆街考』（ちくま文庫）を読むべきだ。なぜ神保町が世界に冠たる本の街となったのか、その謂われから変遷、そして現在に至るまでが詳細に綴られていて、路地を隈なく巡り歩いたような感覚に陥る。脇村義太郎『東西書肆街考』（岩波新書）も古典的名著であるが、本書は神保町に特化したもの。2017年2月の単行本刊行から、約5年半後に増補されて文庫となったことは非常に嬉しいニュース。索引も含めたら約800ページにも及ぶ高密度の大作が本体2000円とはコスパも最高だ。「字が小さすぎて読めない！」という声もちらほら聞かれるが、これを読むためならば視力矯正をするべきバイブル的な価値がある。

やはり神保町だけあって古本屋をテーマにした書籍も数多存在する。『三千円の使いかた』が大ベストセラーとなり、いまをときめく原田ひ香『古本食堂』（ハルキ文庫）もその一冊。神保町の絶品グルメに人情を絡めた群像劇で、脚本家としての実績もある筆づかいも見事で映像化にも期待したい。コミックならば冬目景『百木田家の古書暮らし』（集英社）が抜群に面白い。ひょんなことから神保町の老舗古本屋を受け継いだ三姉妹。それぞれの恋模様に怪しい隣人が絡んだとある本探しを巡る展開もミステリアスで目が離せない。神保町の景色を織り込んだ繊細なタッチも秀逸。「神田古書店連盟全面協力」も伊達ではない。ちなみにこのシリーズ、2023年秋に第4巻が発売予定。まとめて買っても300

0円でおつりがくる。いま最も有効な「三千円の使いかた」かもしれない。

この他にも小説ならば、街の歴史と古本屋稼業の裏側も巧みに見せる門井慶喜『定価のない本』（創元推理文庫）、欲望の果ての男女の奇妙な道行きを描いた桜庭一樹『ばらばら死体の夜』（集英社文庫）、高級ギター盗難事件から始まり生まれも育ちも神保町である教授の推理が鮮やかな堂場瞬一『夏の雷音』（小学館文庫）、漱石を始めとする文学愛もスパイスに登場人物のキャラクターが際立つ柳瀬みちる『神保町・喫茶ソウセキ文豪カレーの謎解きレシピ』（宝島社文庫）、映画化でも話題となったハートウォーミングストーリーである八木沢里志『森崎書店の日々』（小学館文庫）と枚挙にいとまがない。エッセイに目を移せば森岡督行『荒野の古本屋』（小学館文庫）のインパクトが絶大。読書と散歩ばかりしていた青年が老舗中の老舗古本屋、一誠堂書店に就職。修行の日々からの「学び」がとりわけ熱く印象に残っている。

神保町は「カレー」の味だけでなく「加齢」の姿もよく似合う。2011年11月刊行のなかむらるみ『おじさん図鑑』（小学館）は三省堂書店神保町本店で仕掛け販売をして大反響。日本一の売上をたたき出した。さまざまな個性のおじさんたちを観察したエッセイ集だが、もしや自分が載っているのでは、と気になった同世代の方々がこぞって買った模様。薄手ながらも情報量が豊富で立ち読みできなかった事もプラスに作用したようだ。著者・なかむらるみ氏は「神保町古書店MAP」の表紙イラストでも活躍しており、古本好きの皆さんであればよくご存知であろう。

もはや個性しか感じないカウンター居酒

屋の本である柴山雅都『兵六』（新評論）、行列ができる店の筆頭株「さぼうる」が絵本となった難波里奈『なないろのクリームソーダ』（ケンエレブックス）など老舗人気店の健在ぶりを本から知ることができるが、古い店がなくなれば新しい店ができる。店の盛衰をたどれば街は生きものであることが実感できるだろう。

　神保町の名店たちも後継者問題などで歯が抜けるように消滅し、その後にはチェーン展開をする店が増えている。忘れがたき店たちの記憶をページに焼きつけた活字の力も貴重である。例えば取引先へのお遣い物といえばかつては「柏水堂」の洋菓子であれば間違いがなかった。向田和子『向田邦子の恋文』（新潮文庫）にも登場するし、難波里奈『純喫茶コレクション』（河出文庫）にもその店名と名物の「プードルケーキ」を見つけ嬉しくなる。

　２０１４年の刊行であるから少し古くなってしまうが伊藤ハムスター／小野員裕著『うますぎ！東京カレー』（メディアファクトリー）にも注目。東京都内のカレーの名店30軒が紹介されているが、当然カレーの街・神保町からも5店舗がエントリー。Ｐ１３４〜の「新世界菜館」のパートには、神保町本店時代の僕もイラストで登場。なぜかカレーのルーの海で泳いでいる姿なども掲載。この本、たぶん品切れと思われるのでぜひ神保町の古本屋にて探し出していただきたい。

「神保町」という地名の響きも魅力的だ。吉田篤弘『神様のいる街』（夏葉社）を読むとジワジワとこの街の「特別さ」が伝わってくる。本書は著者の自伝エッセイを軸にした一冊だ。神戸と神保町、ふたつの街に共通する「神」に凄みを感じるシーンがいい。「神」という文字、その音にも特別な意味がある。苦しい時の「紙」頼み。神保町には八百万の「紙」が宿っている。古内一絵『百年の子』（小学館）では学年誌１００年の歴史をひも解きながら、新たな子ども文化を創り上げ、死に物狂いで守り抜いた出版人たちの矜持が描かれている。この先、神保町からいったい何が発信されていくのか「しんぼう」強く見守っていこう。たぶん千年後には街中に野生の神鹿が闊歩しているに違いない。

神保町で遊ぼう！

めしだ めしだ めしだ

☆本誌が神保町に越してはや４か月。昼飯を食いに行けば量が多すぎと腹を押さえ、散歩と言っては何時間も帰ってこないのは誰だ!?　本誌スタッフを虜にする愛と満腹の神保町の楽しみ方を徹底検証する超特集なのだあ！

三十五年、いや半世紀　神保町逍遥

◉坪内祐三

神保町デビューは一九七三年だが、神保町に足繁く通いはじめたのは一九七七年、つまりもう三十五年間神保町に通い続けている。

一九七七（昭和五十二）年の私は浪人生で予備校がお茶の水にあったから毎日のように神保町に立ち寄ったのだが、翌一九七八年四月に早稲田大学に入学してから神保町が少し遠くなった。

というのは当時はまだ都営新宿線も営団半蔵門線も九段下・神保町間が未開通だったからだ（半蔵門線に至っては私が『東京人』の編集者時代つまり昭和の終わりまで九段下・神保町間だけが未通だった――その土地の地下の権利すなわち地下権の問題――一株株主ならぬ一坪権利者たち――ゆえだと聞いた）。

つまり早稲田から東西線で九段下に出て、そこから歩いて神保町に向う。

その頃の早稲田大学の一限（たいていは必修）の授業開始は早く、午前八時二十分で、十時前に終了してしまう。次の必修授業が四限だと皆は二限や三限に選択授業を詰め込むのだが、私はそうはせず、その時間を利用して神保町に通った。

大学一、二年の時は週に二回ぐらいそのような日があったけれど、その殆どを神保町行きに使った（時には友人たちを誘って）。

当時は、九段下から神保町に向う通り（靖国通り）沿いにも古本屋がポツンポツンと数軒あって、占い本や仏教書の専門店であったりしたが、それはそれで楽しかった（それらの店の一軒で磯田光一が何かを〝掘り出した〟とあるエッセイで読んだ気がする）。

それにしてもよく飽きなかったものだ。

『東京人』の編集者時代（一九八七年－一九九〇年）も職場が九段下の近くだったからよく神保町に通った。それは単なる趣味ではなく仕事上の資料やネタ探しも兼ねていた（だから校了翌日に皆で昼食をとったのち神保町に向おうとする私に、ツボちゃんはこんな日にも仕事熱心で偉いなぁ、と声をかけてくれた上司がいた）。

しかし、神保町通いは相い変らずだが、いつの間にか神保町の古本屋は、数軒を除いて、覗かなくなっている。

理由は幾つかあるが、最大の理由は、『東京人』をやめた頃から、（当時は主に山口昌男さんと一緒に）神保町は神保町でも古書会館で毎週のように開かれる古書展に熱心に通うようになったからだ（古書会館がある場所は正式には小川町で二十年ぐらい前にある作家が神保町の古書会館と書いていたのをある作家がその揚げ足を取り、神保町でなくて小川町の古書会館なのにデタラメなやつですねと言い私を驚かせたことがある——ちなみに二人の作家共に古本好きで知られる——でも逢坂剛さんじゃないよ出久根達郎さんでもないよ）。

古書会館の古書展を覗くと平気で一時間は会場にいる（二時間近いこともしばしばだ）。

だからそのあと神保町の古書店を巡回する気力も体力もない。

それに神保町の古書店よりも古書展の方が面白い本がたくさん並らんでいる。

古書会館で古書展が開かれるのは金曜日と土曜日で、私は、〝神保町のガイキチ〟いや〝神保町の魔神〟たちが跳梁跋扈する金曜日午前中は近づかない（朝イチなんて想像するだに恐しい）。

だからたいてい金曜日の午後三時以降だ。

閉展直前の土曜日四時頃でもそれなりの掘り出し物に出会える。

例えば今月号の「読書日記」でも紹介した八月四日土曜日に見つけた雑誌『月刊東京』（七洋社）。

『東京人』という雑誌の編集者だったから（いやその前から私は東京関係の本や雑誌に強い関心を持っている。

その種の本の蔵書もかなり充実している（例えば東京の「味」や「食べある記」や「グルメ」の本に関して戦前のものを含めて百冊以上持っている）。

そんな私であってもこの『月刊東京』は初めて見た（『東京』という名の雑誌は数多く出ていてこの『月刊東京』も一冊ぐらい既に入手しているかもしれないがその事を私は憶えていないし、いずれにせよ七冊まとめて目にしたのは初めてだ）。

もちろん実は最初は三十冊ぐらい並らんでいて、その内で売れ残った七冊だったのかもしれないがそれでも私は大満足だ。

なぜなら内容が充実しているから。

例えば「東京あの町この街」や「東京喫茶店の移り変り」や「渋谷界隈昨今」や「五反田繁華街ぶらつ記」や「あの頃の本郷」や「東京案内書物誌」といった記事や「江戸から東京への研究」といった連載が載っている。

中で神保町の食べ物屋については今月の「読書日記」で触れたけれど、古書展と並らんで私が相い変らず神保町好きなのは食べ物屋や喫茶店が充実していることだ。

それも古い店がけっこう残っている。

新宿や銀座などよりも残っている。

「読書日記」でも紹介した柏水堂★（数年前に火事になりそれを機に閉店かと心配したが見事に続いている）、ちよだゝ（ちょん）寿司（二十一世紀まで生きのびた）。

七〜八年前にやはり金曜日夕方か土曜日の午後に古書会館の古書展で見つけた『週刊娯楽案内』別冊の『東京あまから

案内』という古雑誌がある。
最後の数頁が失なわれているから昭和何年何月に発行されたものかはわからないけれど「味の紳士録」というアンケートに力道山が答えているから昭和三十八年以前に出たものだ。その『東京あまから案内』で神保町の店も多く紹介されている。
まずは兵六（今でもある）。

神保町富山房裏に店を開いて数年。鹿児島から直送の焼酎（正一合五〇円）が表看板である。
主人は良い意味での九州男児のホネを持った人で、マンボ学生だの、なまじ紳士気取りで一席ぶったりする酔客だのは、頭から怒鳴りつけられる。そしてはオヤジは「もうこの商売がいやになって来ましたよ」と嘆く。だから集る客は本当に彼を理解する者ばかりだ。

十数年前までは私も兵六に時々（年に一回か二回）立ち寄っていたのだが、お客さん（特に若いお客さん）の気取りがちょっと鼻につくようになって足が遠のき、今では恐くて近づけない。
それから出雲そば。

神田神保町にあるこの店の初代は、出雲の国の産で現在が六代目。お江戸進出この方、割子そば、釜揚そばを看板に親しまれている。

「お得意さんは大臣から芸能人まで様々」であったというこの出雲そば、今の『本の雑誌』の編集部の近くにあって、再開発によって大きなビルが建ったのちも頑張っていたのに、数年前、突然消えた。
私に嬉しいのは、「庶民的な鳥料理の店」と見出しのついたこの店だ。

神田日活から向って二筋目の小路を入って行くと「八羽」という店がある。外見は小さいが、カウンターのほかに差向い用の小部屋から宴会用のお座敷（二階）まで揃っていて、焼鳥八〇円、唐揚一七〇円、水たき一五〇円などの鳥料理は、充分食道楽を満足させてくれるし〝ハッパ〟をかけられずにゆっくり飲めるところがよい。

神保町の味と言えば今やカレーが有名だが（その神保町カレーブームの火つけ役となった店エチオピアは私が『東京人』の編集者だった時カレーもうまい喫茶店として知られ――冷静に考えればエチオピアはコーヒー豆のことでエチオピアにカレーがあるわけない――よく打ち合わせで使った――当時の私のごひいきのカレー屋はさぼうるや徳萬殿のある通りにあった高岡商会――付け合わせのキャベツの酢漬けもおいしかった）、当時人気だったのは菊三という店だ。

★はみだし神保町情報・丸香の前の通りを竹中直人がよく歩いているらしい。

うまいカレー・ライスを食べさせる所は沢山あるだろうが、値段が五〇円でとなるとそうザラにはない。

神保町の交叉点を水道橋の方へ一寸行った右側の「菊三」がそれだ。外見はレストランというより喫茶店といった感じだが、印度カレー専門店。SBカレー宣伝店という文字が眼につく。店に入ると「東京名物という訳は論より証拠都内有名ライスカレー専門店と比較下さい」という貼り紙が出ている。自信の程が伺える。

神保町はまた古くからの喫茶店も残っている。

神保町都電停留所前の広文館書店（この本屋さんもまだ続いている——引用者注）の裏側に「ジャマイカ」とか「さぼうる」があり、後者ではラジオのヒットソングをテープにとって聴かせるし、マッチのレッテルが面白い。また「ラドリオ」は作家・編集者の集まるところ。

最近（というかここ数年）の神保町で私を驚かせているのはさぼうるに行列が出来ていることだ（行列と言えば、雑誌『日本古書通信』で神保町に事務所を構えるある人が最近の神保町はラーメン屋に若者たちの行列が出来ていると皮肉ぽく書いていたけれど私の印象では確かに神保町にラーメン屋は増えているけれど店の入れ替りが激しく例えばキッチン南海やさぼうるのような行列は目につかない——靖国通りの古本屋街と反対側にある店で目にすることはあるものの——でもそれは最近始まったわけじゃない）。ナポリタンブームが続いているのだろうか。それともテレビをはじめとするメディアの影響か？

私が『東京人』の編集者だった頃、さぼうるはいつ行っても入れる店だったから打ち合わせで時々使った。

夜のさぼうるはもっと頻繁に通った。

当時はバブルの時代だ。

カフェバー風の店に入るとありきたりの酒が一杯千円以上した。

私は大酒飲みだ。酒はボトルで飲みたい。しかしそんな飲み方をしたら一万円以上かかってしまう。

その時私はさぼうるのチンザノのボトル（三千円もしなかったはずだ）を見つけた。

そしてよくさぼうるでミニホットドッグをつまみにチンザノのロックをガバガバ飲んだ。帰りがけにもらうバナナやみかんなどのフルーツも楽しみだった。

ところで神保町の喫茶店で忘れられないのは錦華通り沿いにあったハトヤだ。

とても広い喫茶店だった。

そのハトヤの奥で、金曜日の午後、〝神保町の魔神〟たち（彼らは一日三回ぐらい古書会館に出没する）が戦利品（？）について語り合っている姿をよく目撃した。

●あこがれの古本者デビュー！

北原さんと古書展に行こう！

　神保町に越して以来、大盛りだメガ盛りだ、腹が苦しいメタボきたあ、などと食い物ネタばかりで盛り上がっている本誌編集部だが、どっこい、神保町といえば世界に冠たる本の街。新刊書店以外に古書店がわんさか並ぶ古本の街が真の姿なのだ。おお、そうだった。いつまでもキッチン南海の行列に並んでいる場合ではない！　そろそろ古本の街の総本山に登頂してみるべきだろう。

　というわけで、古書会館の即売会に行ってみることにしたのである。古書会館は正式名称を「東京古書会館」という地上八階地下一階の近代的なビルで、三階から上では毎日古書のセリ（交換会）が開かれている。このセリは古書店主以外は入場できないが、地下一階でほぼ毎週、金曜日と土曜日に古書即売会が開かれていて、一般客も買い求めることができるのだ。もっとも一般客といっても、古書店主ではない、といったレベルで、やってくるのは歴戦の古本者ばかり（らしい）。素人には敷居が高すぎるので、助っ人を呼ぶことにした。ご存じ古本漫遊男・北原尚彦氏である。

　さっそく相談すると、助っ人曰く「即売会なら、あきつさんの出てる『書窓展』がいいでしょう」とのこと。なんでも即売会といっても「愛書会」「趣味展」「和洋会」など週によって名称が変わるそうで、出品者（店）がそれぞれ違うんだという。あきつさんこと「あきつ書店」は古い小説本を中心に扱っている神保町の古書店だが、目録販売が主で店売りは基本的になし。三か月に一度開かれる書窓展に掘り出し物をごそっと出す店としてつとに有名で、書窓展は朝からあきつ狙いのマニアでごったがえすらしい。

　おお。なおさら助っ人なしでは恐くて行けません。というわけで、八月二十四日金曜日。本誌浜本と松村、そして北原氏の三人は東京古書会館に午前九時半に集合。書窓展は十時開場だが、すでに二十九人が並んでいる。

浜　女性が松村以外ひとりもいませんね。

北　昔は石井古本女王という人が必ずいたんですけどね（笑）。でも、最近は昔に比べれば女性も増えてます。

松　あ、車が……。

　黒のメルセデスベンツSクラスが我々の並ぶ列の横に静かに止まったかと思うと、後部ドアから恰幅のいい禿頭の老紳士が出てきて、最後尾についた。助手席から出てきた女性があわてて日傘をさしかけている。いったい何者？

北　あの人は不動産業をやってるらしく、社長さんと呼ばれています。

開場前から長蛇の列が

浜　へえ。社長自ら並ぶんですね。隣の女性は秘書かな。

北　そう。秘書と二手に分かれて探すんですよ。

松　なるほど。秘書も探究書のリストをいよいよ入場。あきつ書店棚に猛者たちが押し寄せる！

持ってるんですね。

ふと振り返ると、列は五十人ほどに増えている。秘書以外は男性ばかりで、四十～五十代が中心で、最年長は社長さんで七十代半ばだろう。列の前方から「早く開けてって言ってよ」という声が聞こえる。なにせ暑いのである。北原氏は熱中症対策にクエン酸を溶かした水を半分凍らせて水筒に入れてきているという。扇子とサングラスも必須アイテムだ。松村が暑くて倒れそうと汗を拭いていると、一階の入口がゆっくりと開いた。

九時四十五分。この後は地下のホールで開場を待つらしい。列を保ったまま整然と階段を下りていく古本者たち。中は冷房が利いていて涼しい。荷物を預け、順番に会場入口の前に列を作る。入口上に会場内の見取り図が貼ってあり、どこにどの店が出品しているかがわかる。あきつ書店は左奥突き当たりの一角だ。警備員が巡回しています、という注意書きも。ちなみに洋古書の神様・森英俊氏は足を痛めたいまでこそ、ゆっくり来館するようになったらしいが、かつては常に最前列に並び、入口からオペラグラスを使ってどの棚に何があるかアタリをつけていたという。長身の森氏ならではのエピソードといえるだろう。時計を見ると、開場まであと三分。振り返ると階段の上のほうまで人がいる。北原氏によると、前にいる人たちは明らかにあきつ狙いだそう。

北　この時間がいちばん緊張するんだよなあ。

浜　すごいですよね。闘いの前の緊張感のようなものがビシビシ伝わってくる。

北　どこまで行けるか、あきつに突入してみましょう。

覚悟ができたようだ。そうこうしてるうちに開場！「お気をつけて～」の声がかかる。え、そんなに危険なのか。と思った途端、全員が左に折れて走り出した。気がついたら隣にいたはずの北原氏も走っている。目指すはあきつ書店の棚だ！しかし殺到する人の群れが恐くて恐くて、松村も浜本もうかつに近寄れない。開場からわずか数十秒。だが、早くもひとり三冊四冊と抜いている。邪魔にならないよう脇にずれ、遠巻きにする素人二人組。北原氏は前のほうで人に押されながら、本を探している模様。

松　北原さんはぜんぜん負けてませんね。

浜　体力勝負だな。朝のパチンコ屋よりすごいんじゃない？　やばい、押されてる。危険だから、ちょっと下がろう。

押し合いへし合いという言葉を生まれて初めて実感。まるで「サザエさん」のバーゲン会場シーンだ。危険なのでしばらく松村とも別れ、単独で行動する

雑誌や紙ものも並ぶ。『甲蟲殺人事件』は七百円

この日北原さんが買った七冊

『少女小説 心の迷ひ』（富士屋書店／大正十年）四百円
『少女小説 仲違ひ』（富士屋書店／大正十年）四百円
『印度仏教戯曲 龍王の喜び』（世界文庫刊行会・世界文庫／大正十二年）二百円×2
『世界怪奇探偵事実物語集』（改造社・世界大衆文学全集／昭和四年）三百円
『怪談 ドリアン、グレー』（文藝社・世界文藝叢書／昭和四年）二百円
『破られたる旋律』Ｅ・Ｔ・Ａ・ホフマン（郁文堂・独和対訳小品集／大正十五年）二百円

ダブってしまった『龍王の喜び』（世界文庫）

ことに。杉波書林の棚の前で文庫サイズの本を四、五冊抱えた北原氏と遭遇。ヴァン・ダインの『甲蟲殺人事件』（森下雨村訳）を棚から抜いて、値段を見て戻している。たまたますれ違った古書いろどりの彩古氏に声をかけ、「微妙な値段」と二人で頷きあっているのだ。戦前の新潮文庫だが、古書価七百円は微妙らしい。

北　もっと高い値段をつけてるところもあるんですけどね。訳書じゃなくて森下雨村の著書だったら、この値段じゃ買えないんですが。

浜　なるほど。ヴァン・ダインじゃなくて雨村で買うんだ。

松　ルソーの『孤独な散歩者の夢想』も定価三十円が七百円。微妙な値段ですね（笑）。

浜本が人のまばらな右端の棚でフランクル『夜と霧』の箱入りを発見。三百円と大変安いが、箱にシミが……別の棚で見つけた『北条民雄全集』は箱入り一巻本の全集がたったの三百円！　ゲームだのLPレコードだのがあったと思ったら、絵葉書だの紙ものもいっぱい。気がつけば、立ち止まっちゃって、また人の邪魔になっている。

あきつ書店の棚をうかがいに行くと、二十分ですでにがたがた。これでは、たしかに午後から来たんじゃ、いい本を引く可能性は少なそう。北原氏によると、朝イチで突入する人は二、三十分からもうちょっと粘るくらいの感じらしい。プロの人は午後にもう一度来て、あきつ書店の棚を見ていくそうだ。

北　あの状況では、背の見えないやつを一冊一冊取り出したりはできないですから。

浜　止まってられないですもんね。立ち止まって本を見ようとしても、おじいさんがどけよ、みたいな感じで（笑）。

北　あの人たちは傍若無人ですから。ぐいぐい来たら、よけてあげるしかない。

松　あ、社長さんが会計中。

浜　へえ。「山崎正和著作集」と探偵少年探検物語……？

北　我々とジャンルがダブるんですよね。大衆系児童書系を買ってるライバルのひとり。

ちなみに本日の北原氏の収穫は七冊で、お代は千九百円。すべてあきつ書店で購入だ。今日は満足、とほくほくしながら袋から取り出したのだが、なんと「これはたぶんインドのファンタジー童話」という『龍王の喜び』がダブっている！

北　あれ、これ上下じゃなかったのか。同じもの？　ああ、またネタをつかんでしまった。

浜　大正十二年の初版。どっちも同じですね。

北　まあ、二百円だからいいか（笑）。あの状態だとこういう失敗もやらかすんですよ。

松　いい話を聞きましたね。

裏も表もあった神保町の物語

●今尾恵介

神保町の地名が江戸時代の旗本・神保氏の屋敷に由来するという話は、その筋ではよく知られている。しかし「神保町」になったのは昭和9年（1934）で、それ以前は北神保町・南神保町・表神保町・通神保町の4つに分かれていた。エリアも現在よりだいぶ狭い。このうち通神保町は大正11年（1922）まで裏神保町と称し、表神保町とペアだったのだが、やはり「裏」が嫌われたのだろうか。

表と裏の境界は、靖国通りの南側に並行する現「すずらん通り」で、その南側が表神保町であった。江戸城に近いからだろうか。裏神保町はすずらん通りと現在の靖国通りにはさまれた細長い一角。通りの北側も今は神保町エリアだが、当時は表猿楽町だった。ちなみに裏猿楽町は駿河台の西の崖下である。

神保町交差点の北西側、現在の神田神保町二丁目も中猿楽町だった。北神保町はそこから少し西へ行った靖国通りの北側で、その南側の現「さくら通り」との間の狭いエリアが南神保町。しかし専修大学前の交差点の手前からは今川小路二丁目に入るので、神保町エリアはだいぶ狭かったことがわかる。今川小路の由来は今川氏邸にちなむ地名で、専修大学も神田区今川小路二丁目8番地（現神田神保町三丁目8）に明治18年（1885）に移って以来ずっとここにある。明治大学が駿河台に来る前年のことだ。

今は「大通り」然とした靖国通りも江戸期は裏道で、幕末の切絵図によれば駿河台下交差点近くから西へ向かって専大前交差点付近で行き止まりの道は「裏神保小路」。現在は裏道的な立場に甘んじているすずらん通り、さくら通りの方が「表神保小路」だったのである。どこの大都市でも明治・大正に入って市電が敷設される際、比較的地価の安い裏通りを拡張することはよくあり、京都でも当時のメインストリート・三条通を避けて四条通に市電を敷いたため現在ではそちらが「表」の雰囲気だ。

ちなみに現在の靖国通りには明治37年（1904）に電車の線路が通って拡幅されてはいたが、両国から新宿に至る大通りとなったのは昭和初期の震災復興事業後の話である（当初は大正通と称した）。

北・南・表・通の4種類の神保町は昭和9年（1934）に統合され、正式に「神保町」が誕生した。この統合は関東大震災の後に行われた震災復興事業に伴う町名地番整理の一環で、中央区（当時は京橋区）の銀座もこの時に四丁目までだった町域を南に大きく伸ばして八丁目までとした。その際に出雲町とか尾張町、八官町、南鍋町などの由緒ある地名はことごとく失われている。

東京で「地名破壊」が始まったのは、悪名高い戦後の住居表示法（昭和37年）からの話ではなく、実はすでにこの頃から着々と進んでいた。むしろ都心部の町名についてはこの時の破壊の方が大規模で、数十の町名をひとつにまとめることが平気で行われていたのである。銀座が生き残ったのは、すでに当時から商業地の「ブランド地名」として全国的に知られていたからだ。あまりに銀座リクエストが多かったからか、銀座西という町名も作られている（昭和43年にはここも銀座に編入）。地名を破壊するのは役所だけではなく、ブランドを欲しがる住民も「共犯」なのである。

神保町については、町名地番整理の際に4つの神保町を統合しただけでなく、その領域も広がった。表猿楽町、中猿楽町、今川小路などの一部を編入する一方で、駿河台下交差点の現在の明大通り以東の部分は小川町三丁目へ移している。神保町三丁目など今川小路一丁目～三丁目がほぼそのままなので、これもブランド地名「古書の街・神保町」を欲しがったのだろうか。「今川小路の専修大学」が今でも残っていたら格好いいのに。

ついでながら神保町が統合される前年の昭和8年（1933）には、駿河台を冠する各町が駿河台一丁目～四丁目に統合された。明治大学のあった駿河台南甲賀町、現在アテネ・フランセのある一帯の駿河台鈴木町、中央線御茶ノ水の南側でニコライ堂のある駿河台東紅梅町、袋小路にちなむ駿河台袋町などもこの時に消えている。

さてさて、神保町で最も厄介なのが番地の並び方である。震災復興の町名地番整理が行われたこの一帯では、町域を貫く大きな通りを境に南北や東西で奇数地番と偶数地番を分けている。具体的に言えば、たとえば神保町一丁目の1番、3番、5番……は靖国通りの南側、2番、4番、6番……は北側にある。このため、たとえば神保町一丁目41番を探して42番のプレートにたどり着いたとしても、隣にあるはずの41番地は絶望的に存在しない。靖国通りのずっと南に450メートルもワープしなければならないことを猛暑日に告げられでもしたら、汗だくの営業マンはその場で泡を吹いて卒倒するだろう。

かつては銀座や京橋も中央通りの東が奇数、西が偶数であった。震災復興の町名地番整理で導入されたのが「ブロック地番」で、これは道路で囲まれた街区に1つずつ地番を付ける方式である（ハウスナンバーは枝番号）。おそらく欧米の方式を参照したものだろう。あちらでは通りの左右で奇数・偶数を分けていることが多い。しかし線状に伸びる「通り」ではなく、広い町域にそれを当てはめてしまったのが決定的な設計ミスだったのは明白だ。だから住所をもとに神保町を訪ねる人は、必ず靖国通りの北か南かを確認してからにしよう。

余談だが神保町の古書店の大半が靖国通りの南側に、つまり北向きに店を構えている理由をご存知だろうか。これは南からの日差しを浴びて本が日焼けしないようにとの配慮だそうだ。だから神保町の古書店には奇数地番が多いのである。

★はみだし神保町情報・東京堂のカレーは格安で美味いと評判。

神保町古本屋開業顛末記

◎彩古

むかしから本は好きだった。それも新刊よりは古本の世界が好きだったということなのだろう。これまで、古本者としての人生を歩み、暇があれば、古本屋を廻り、古書展に通ってきた。

趣味を本業にすることを決意したのは、今年の2月末頃のこと。

身の周りの本を処分するところから始めてみようかと思っていた。本を収納するために倉庫を2つ借りている。自宅も本で満杯だ。5年前ぐらいまでは人が遊びに来ることができる状態だったが、いまはとても無理。おそらく全部で5万冊以上ある本を2万冊以下には減らしたい。古本屋になるからには、コレクターは廃業。とはいえ、残したい本もあり、そのラインの見極めが難しい。

3月中旬に警察に古物商免許の書類申請に行くが、身分証明書が不備のため、受理されず、がっかり。身分証明書は運転免許証を持っていけばいいのかと思っていたら、本籍地の市区町村が発行する「禁治産者（被後見人）、準禁治産者（被保佐人）、破産者でない」ことを証明する書類だとのこと。そんな書類があったのか。というわけで、実際に提出できたのは、3月23日。

どうせ古本屋を開業するからには神保町に店舗か事務所を持ちたいという野望はあった。4月に入ってから事務所の物件を探し始める。最初に見た物件はとても安いのだが、4階でエレベーターなしなのがキツいので保留。次に内見した物件3つは、どれも神保町駅から近く、立地は素晴らしかった。ただし、事務所使用のみで店舗営業はNGとのこと。それでも、直感的にこれらのどれかには決めたいと思った。値段交渉の上、坪千円引いてもらって交渉が成立。4月27日に事務所の契約となった。家賃は5月から発生。

絵：吾妻ひでお

この頃、屋号を決定する。〝古書いろどり〟。他にも理由はあるのだが、基本的にはハンドルネームから取ることになった。

店の特色としては、やはり、長年蒐めてきたミステリ・SFをメインにマンガ・映画なども扱っていきたいと思っている。いろどりなんだからいろいろあって、いいんじゃない。

5月3日、阿佐ヶ谷で吾妻ひでお先生のトークイベントが開催されたときに、先生に〝古書いろどり〟のマークをお願いした。いろどり＝カラフル・バード、という意を込めて、架空の鳥を描いていただけないかと。吾妻先生は昔からの知り合いであったこともあり、快諾していただけたのは嬉しかった。

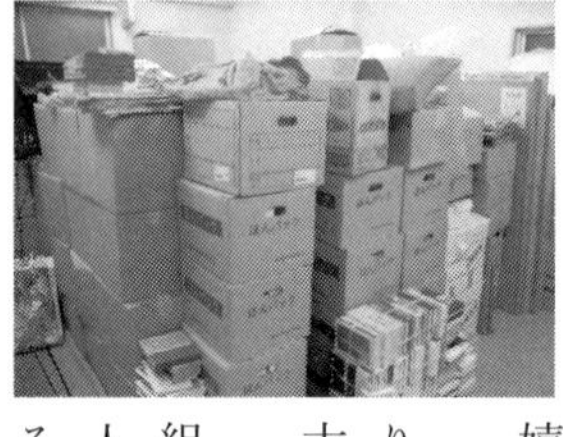

まだ整理中の段ボール箱

5月7日に警察署より連絡があり、翌日、古物商免許を取得。

次にすべき事は古書組合への入会だ。保証人は東京に在住している人間で、尚且つ、古書組合に入っている人間がよりベターだとのこと。相談のうえ、保証人は文芸系の古書店さんにお願いすることになった。5月30日に書類提出とともに、神田支部の面接を受ける。さらに、東京組合の理事会の面接を受けたのが6月1日だった。入会受理の知らせは3週間ほどかかるという。だが、これまで断られた例はないようだし、ほぼ大丈夫だろうとのことだった。

税務署に開業届を出したのが6月15日。19日、吾妻先生からマーク用イラストを受領。22日、入会が認められたとの連絡が組合からあり、25日に組合の入会金を納入し、27日に組合の市場に初参加した。古書組合に入会した日をもって、〝古書いろどり〟は正式に船出した。ここまで来るのに3か月かかったことになる。

仕入れた本と家からの本が混在

現在、本部（神田）の市場は月曜日から金曜日まで毎日開催されている。曜日によって、場の雰囲気は異なるが、基本的に昼の12時ぐらいには入札ができるように荷物が整理されて、開札の始まる13時半までに入札をしに行く。16時頃までには落札できたかどうかがネットで判るので、夕方に引き取りに行くというのが日常生活になった。基本的に10時〜18時の時間は神保町におり、市場にいない時間帯は事務所で古書登録と発送作業をしているということになる。

市場は面白い。1冊だけピンで出品される本もあるが、基本的に数十冊、数百冊単位で出品される書籍に値段を付けていく。二千円以上一万円未満は2枚札。一万円以上なら3枚を、十万円以上なら4枚札を入れることができる。

山のなかに1冊だけほしい本があっても、他が使えないような本ばかりであれば入札を断念することもあるし、ぎりぎりまで値段を落として入札することもある。これは、と思う山は、やはり競合も入るもので、とても太刀打ちできない価格で落札されてしまう。

2か月市場に出入りして、ようやく、相場の勘が摑めてきたようでもあり、まだまだ、と感じる場面もまだあるという感じ。

さて、古本屋を開いたとはいっても、基本は事務所営業なので、メインはネット販売ということになる。当初は、判りやすく出品も手軽だということもあって、アマゾン・マーケットプレイス出品を行った。千冊以上登録したあたりから、売り上げはようやく安定してきた。次なる手段としてヤフー・オークション出品を行っている。ヤフオクはアマゾンで扱っていない商品をメインに出品。古書の類とパンフや企画書など。ホームページhttp://kosho-irodori.netはまだ案内ページのみで、これから手をいれていくつもり。

そして9月からは三省堂裏にある古書モール★で一棚を借りている。古書モールは店頭販売を委託できるのでとても便利。月々固定の棚代だけがかかる仕組みだ。

さて、2か月が過ぎて本が減ったかというと、確かに自宅からは数千冊の本を運び込んだ。だが、市場で買っている量を考えると、本が劇的に減っているとは言い難い。むしろ増えてる？　全然、駄目じゃん。減らないよ。

●逢坂剛インタビュー

神保町のことは剛爺に聞け！

構成／吉田伸子

神保町といえば、なんといっても作家の逢坂剛さん。97年に博報堂を退社された直後から神保町に仕事場を構えて以来十五年になるが、そもそも逢坂さんと神保町との付き合いは、それよりさらに遡る。

初めて神保町を訪れたのは、挿絵画家である父君・中一弥氏に連れて来られた十歳の頃。開成中・高時代はもちろん、当時駿河台にあった中大時代、卒業後在籍した博報堂でのサラリーマン時代、と逢坂さんは人生の大半を神保町とともに過ごして来たと言っても過言ではない。ご自身は笑って否定するが、神保町から離れたくないがために、田町に移転した（当時）博報堂を退社したのではという説が、まことしやかに囁かれているほど。神保町のことは剛爺に聞け！　なのである。食通でも知られる逢坂さんに、神保町の食事情を中心に語っていただいた。開口一番、逢坂さんの口から出たのは、「神保町へようこそ！」だった。

逢坂　いつ越してこられたんでしたっけ？

浜本　六月の四日から、神保町で営業開始しました。今日は神保町の新参者として、教えを乞いに来ました。

逢坂　物件探しは大変だったでしょう。

浜本　それが、うちくらいの小さい規模のスペースだと、結構空きがあるみたいなんです。ただ、年季が入っていて、うちが入ったビルは築四十年なので、地震があると、震度一でも相当揺れます（笑）。

逢坂　揺れるといえば、私が最初に借りた仕事場は、一階がビル駐車場になっていたので、車の振動で揺れましたねぇ。その分、賃料が安かった。七坪ほどの小体な仕事場で、当時の神保町は坪一万五千円から二万というのが相場だったんですが、そこは坪一万で借りられました。大家が「ここはビルも古いし、時々揺れますから」と。「でも、（揺れには）一週間で慣れますよ」と。その言葉どおりで、そのうち、地震の揺れなのか、車の振動なのかの区別までつくようになりました（笑）。

浜本　その時々揺れる仕事場はどの辺りだったんですか。

逢坂　すずらん通りのセブン－イレブンがあるでしょ。あそこですよ。九七年に博報堂を辞めて、二〇〇五年までいました。

浜本　「◆キッチン南海」の並びですね。

逢坂　そうそう。「キッチン南海」といえば、昼どきはいつも大行列。並ぶのが嫌いなので、めったに行かないけど。

浜本　「南海」は量もすごいですよね。そういえば、神保町に越して来て吃驚したのは、食べ物の量。ラーメンひとつとっても、具がたっぷり載っていて、食べても食べても麺が出て来ない（笑）。

逢坂　「美味い、安い、量がある」という、この三大条件をクリアしないと、神保町では飯屋は続かないんです。神保町、食の三原則です。まぁ、原則といっても、私の経験からなんですが（笑）。

浜本　安くて美味いだけでも、美味くて量があるだけでも駄目だと。

逢坂　どの店を美味いというかは、個人で違うと思うんですが、どこも標準レベルは遥かにクリアしていると思いますね。あと神保町は昔から学生が多い町なので、安くて量が多いというのが、その店が流行る必要条件だった。美味いというのは、十分条件だったんだけど、学生の数が減って、サラリーマンが増えた結果、「美味い、安い、量がある」の三つが必要十分条件になったわけです。

浜本　確かに、学生は減ってますね。でも、飯の量は変わらない（笑）。

逢坂　私なんか、神保町で慣れちゃっているので、それ以外のところだとちょっと物足りない。神保町は中華屋が多いんですよ。昔から中国人の留学生が多かったこともあって、都内でも有数だと思うんですが、総じてレベルが高い。中でも、神保町の四大中華といえば、「新世界菜館」「揚子江菜館」、それから「三幸園」と「漢陽楼」、この四軒ですね。「漢陽楼」というのは、周恩来が来ていたことでも有名です。以前は「揚子江菜館」の近くに「蘆山」という、これまた名店があって贔屓にしていたんだけど、大分前に廃業してしまいました。かつての博報堂のそばにあった「大雅楼」も名店だった。中華屋というよりはもっと大衆的な餃子屋さん、「神田餃子屋」という有名店もあって、この店は再開発で靖国通りの向こう河岸に移っちゃいましたけどね。あと、サラリーマン時代、麻雀をやってる時に、必ず出前をとってた「禮華楼」とか「康楽」とかね。「禮華楼」には、もの凄い美人のお婆さんがいたの。

浜本　お婆さんなんですか。

逢坂　これがもう、見るからに若い頃は絶世の美女と思わせるお婆さんでね。東京堂の並びにあった店なんですが、その美人のお婆さんを目当てに通う中高年のオヤジが多かった。かく言う私もその一人だったんですが（笑）。店が無くなった時は、みんな寂しがってました。

浜本　神保町小町ですね。

逢坂　小町というか大町というか（笑）。さぞかし名のあるお屋敷の息女だったんじゃないかと思わせるような気品に満ちてた。私はそのお婆さんをモデルに、岡坂神策シリーズで一編書いた覚えがあります。

神保町には中華屋と並んでカレーも名店が多い。逢坂さんが行くのは「ボンディ」と「マンダラ」。とりわけ「ボンディ」は開店一週間後から通っているという、馴染み中の馴染み。数年前からはその「ボンディ」の親父さんが新しく開いた「神房」というステーキ屋さんも馴染みの店に加わった。親父さん亡き後は、二人の息子が二軒の店を支えているという。

★はみだし神保町情報・本誌・松村は神保町交差点から歩いて三分の本の雑誌社に戻ろうとしたが道に迷い、水道橋御茶ノ水経由で一時間かけて帰社。

★はみだし神保町情報・木村弁護士が会長を務める将棋ペンクラブの会合はツボちゃんも馴染みの「魚百」で開催！

逢坂　カレーといえば未だに忘れられないカレーが一つだけあってね。ロシア料理の「バラライカ」のカレー。店のステーキで使う松阪牛の切り落としを

使ってあって、二十年前で二千八百円もしたんだけど、これがもう絶品でした。再開発で一時移転というはずだったのが、そのまま閉店になってしまったので、今では幻のカレーです。そうそう、元東洋キネマがあったところに、住友不動産のビルが建ったんですが、その一階にある「クラフトビアマーケット」という地ビールの店。そこのビールで煮たカレーというのが結構美味い。地ビールを一杯飲りながら、カレーが来るのを待つ、というのがいいんですよ。

浜本　他にお勧めはありますか。

逢坂　私は、店によって食べるものをきめているんです。基本一人で食べる時はカレーか中華なんですが、それ以外だと「はせ部」で鯖の味噌煮、同じ鯖でも、塩焼きは「★近江や」で。鮨屋の「ひげ勘」では鯵のタタキ定食。とんかつは「★とんかつ駿河」。ここは私が学生の頃からあった店で、神保町で私が唯一行くとんかつ屋です。今でも「ロースカツ定食」が七百円と、滅法安い。実はあまりに安いのが不安だったので（笑）行き始めたのは去年くらいからなんですが。でも、この値段であの味なら間違いない。

ランチの後は古本屋、が逢坂さんの定番。神保町には百五十軒以上の古本屋さんがあるが、最近は、探している本を置いていそうな店を選んで行くため、行く店は限られてきたという。古本屋ではないが、東京堂書店は足繁く通う書店だ。「東京堂の平台を見ると、今、どんな本が売れているのか、大体分かるからね」と逢坂さん。東京堂から三省堂を経由して、古本屋へ。八木書店から始まり、慶文堂、一心堂を覗いた後は、小宮山書店のガレージセールをチェック、その後は田村書店というのがメインのルートだ。田村書店には学生の頃から通い始め、蔵書のうちのドイツ文学の文献の殆どは田村書店で購入したものだという。「確かに、愛想のいい親父じゃないけどね。きちんと教えを乞えば、ちゃんと応えてくれます」

逢坂　バブルの頃、地上げ屋が一時期暗躍してたことがあってね。それこそ札束で頬をひっぱたくような真似をして、土地を買い漁ったんだけど、古本屋さんはみんなで結束して立ち退かなかった。それは誠に多とすべきことでね。勿論、事情があって何軒かは出て行った店もあるらしいんだけど、それ以外は、残ったんだよね。もしあの時、札束に目が眩んで立ち退いていたら、この辺りの町の様相は全く別のものになっていたと思いますし、そしたら私も神保町にはいなかったかもしれません。今日は食べ物屋の話が多くなってしまいましたが、この町は、今までも、これからも、古本屋が守っている町、古本屋が作っている町なんです。

ひみつの神保町！

カフェ 私のオススメ

●遠藤諭

私のいちばん好きな神保町に関するエピソードは、久保田二郎の『手のうちはいつもフルハウス』（話の特集社）の中に出てくる。九一ページ「お医者さんごっこ騒動記」というくだりで、三省堂本店に『ニュー・ホライズン中学二年生用』を買いに行くあたりだ。この本の発行日は、昭和五四年二月一日だから三省堂の建物もいまのビルの前の赤茶けた古めかしいビル。ついでながら発行者は『話の特集』の編集長で、私が週刊アスキーの企画で一緒に仕事している矢崎飛鳥くんのお父さんの矢崎泰久氏である。

久保田二郎は、三省堂にやってきて三十年ほど前にこのビルで起きたできごとをフラッシュ・バックさせる。三省堂は、同じ神保町周辺の書店でも一種独特、学生のデパートを標榜していた。当時も、黒一色の学生服を着た学生さんたちでいっぱいだったそうだ。そこへ、神田の与太もんに追っかけられた久保田二郎氏の友達が、逃げ場に困って飛び込んでくる。ところが、追っかけてきた与太もん、三省堂のあまりのアカデミックな静謐（せいひつ）の雰囲気にケおされてしまって、スゴスゴと退散したというのだ。

「旅」をテーマにしたカフェフルーク

近代日本の知識社会を支え続けた神田神保町の面目躍如というべきか。「たしかにあのビルにはそんな空気があった」と、六十年前（いまから三十年前の三十年前）のようすを知らない私が言えるのは、いまの裏口あたりにあった「三省堂喫茶部」を知っているからだ。天井が高くいかにも日本の由緒正しきカフェそのものといえる格調の高さだったのを、ご記憶の方もおられるでしょう（いまの三省堂といったら二階に★「UCCカフェコンフォート」なんてのが入っていたりしますけどねぇ）。

そんな神保町のカフェ文化だが、毎週歩き回っている私のオススメは、HINATA－YA、★カフェフルーク、サクラカフェあたりだろう。HINATA－YAは、いまどき香港の場末のビルでも珍しくなった手動レバーで乗り込むエレベーターで有名。カフェフルークは、旅行がテーマでドイツ風のやわらかい「プレッツェル」が絶品。サクラカフェは、本郷の鳳明館にかわってバックパッカー外国人ご用達となったサクラホテルの一階、ネットが使い放題だ。ちなみに、世の中には「ブックカフェ」という概念があるらしいが、神保町にそんなウソっぽいものはいらない。そういえば、家賃十万円で年金生活の主人がやっている「ブック・ダイバー★」でも、ポットからジョボジョボとお湯をそそいで無料でインスタントコーヒーが飲めたりする。

CD ジャニスへの誘い

●雪 武史

レンタルCDショップ「ジャニス★」は御茶ノ水通りを南下、駿河台下交差点に程近いスポーツ用品店の9階、正式な住所は神田神保町ではなく神田小川町にある。

今年の3月、会社が神田神保町に移転した。仕事では何度も訪れたエリアだが、平日の大部分を過ごすにはあまりに情報不足。そんな穴を埋めるべくあれこれと情報収集に精を出したものだが、この「ジャニス」もTwitterのタイムラインから見つけたものだった。フォロワー曰く、「無いCDは無い。」とのことだが、相当広範な音楽趣味、例えば洋楽なら70年代以降のロックが付く物はほぼすべて、ソウルやジャズ、邦楽ならGSから始まり果ては現在のアイドルに至るまでを網羅する自分が満足できる品揃えかと疑心暗鬼だった記憶しかない。

そんな5月の末日、入手不可能な1枚「中原めいこ——ロートスの果実」を探

二郎 ジロリアンの主張

●矢田部勝行

まずは、数ある神保町グルメの名店の中から「ラーメン二郎」についての寄稿を掲載する英断を下されました「本の雑誌」編集部に敬意を表したいと思います。

「ラーメン二郎」は昭和40年代後半に三田に移転してから、学生を中心に根強いファン層を獲得したラーメン店で、その後も修行者たちが暖簾分けでラーメン二郎の店舗数を増やしていっています。特に数年前のドカ盛りブーム以降は店舗数も増え、インスパイア系と呼ばれるラーメン二郎を模倣したラーメン店も数えきれないほど誕生しています。ラーメン二郎の看板を掲げていても、所謂チェーン店ではなく、あくまでも暖簾分けの形なので、各店の店主の意向によってアレンジされたラーメン二郎が提供されています。この点もまた二郎愛好者（中毒者）＝ジロリアン

し求めて、思い出したように店の扉を叩いてみた。予め、店のサイトで概要は把握していたが、エレベータが開いた瞬間、目に入る天井まで届くCDの壁。噂通りではあるが、意外に小さいというのが、第一印象。在庫8万枚のコピーにもあまりピンとは来ない。しかし、実際に自分の1枚を探す段になり、ふと我に返る。この壁のどこにあるのだ。サイトで、万人には理解不能な細かいジャンル分類がなされており、一筋縄ではいかない予感はあったが、自分のジャンル感覚と、店の分類が同期不能なのだ。まるで読者の感性に闘いを挑む棚造りのプロがいる書店とも通じる訴求手段。この時点で私は全面降伏、店内に配備された検索機で探すという常套手段で店との迎合を果たした。具体的にはその後も「The Jam」はPUNKではなくUK-ROCK、「大貫妙子」は邦楽ではなく細野晴臣とその仲間たちなどという場面に遭遇する羽目になった。当日は5枚借りる予定が4枚ヒット（LAメタルの「Lion――Dangerous Attraction」日本のストリートロックの草分「Friction――Live1980」など）、ヒット率8割。この数値は現在も維持されている。以降、10ジャンル、約40枚を借りた計算となる。料金はチェーン店と比べると、少々高いイメージだが、金券半額バックの日もあり、更に廉価版などはご丁寧に「仕入安50円引。」など良心的だと思う。

音楽業界では、新譜のライフサイクルが短縮化する反面、入手困難な旧譜の需要は中古、配信やレンタルが埋めているのではないかと思う。そんな中、聴き手の探究心を満たすため、「ジャニス」のような存在は必要不可欠であり、又新譜販売を含む業界全体への需要の喚起にも直結していると思う。是非、近くのレンタル店の品揃えに飽き足らないならば、サイトで自分の守備範囲のジャンルがあるかを確認した上で、「音の図書館・ジャニス」の扉を叩いてみる事をお奨めする。

たちのマニア心をくすぐる要因になっています。濃い味の豚骨醤油スープ、特太で独特の食感がある大量の麺、子供の拳骨のような豚（チャーシューではなく豚です！）、そして山盛りの野菜（もやしが主成分）。とかく量の多さだけが好奇の目を含んで語られることが多いのですが、その味も禁断症状が出るほどに嵌ってしまう代物だと言うことは声を大にして主張しておきます。

既に記しました通り、ラーメン二郎は店舗による味の違いがあります。豚骨の割合が高いスープ（乳化したスープ）の店もあれば、ほぼ醤油ラーメンと言ってもいいくらいのスープを出す店も。その中でも正統派二郎（筆者が命名した、三田本店に比較的近い味の二郎）の最高峰なのがラーメン二郎神田神保町店です。

ほど良くからく（味が濃く）、豚骨微乳化の汁（スープ）！　二郎の中でも量は多めで、汁との絡みが抜群の極太自家製麺！　やや脂身あるも、量も柔らかさも最適な豚！　そしてデフォルトでもかなりの量が盛られるシャキシャキ野菜！　もうたまりません!!　二郎を〝キワモノ〟として敬遠されている方もいらっしゃるかと思います。是非とも、一度……いや三回食してみてください。魔法の粉に魅了されて、あなたもジロリアンの仲間入り間違いなし！　麺の量は「少なめ」や「半分」もできますし、「ヤサイアブラマシマシニンニクカラメ」でお馴染みの⁉呪文も「そのままで」と言えば問題なし。神保町散策時にはラーメン二郎でランチ。もうこれで決まりですね！

カレー

辛さをおすすめ

●白水社カレー部

　会社の所在地こそ小川町であって神保町ではありませんが、神田界隈で長年活動している白水社カレー部が、当地を代表するグルメとして名高い「カレー」をご紹介いたします。昨年は近所の広場で第一回・神田カレーグランプリも開催され、「カレーの街」としての認知度は高

神田村

颯爽たる職人たち

●畠中理恵子

　神保町といえば、「神田村」です。言わずと知れた、世界でも有数の本の街神保町の、本の街たる由縁。「神田村」とは、中小の本の取次が多い神保町のある地域のこと。人力できめ細かい迅速な対応や専門性の高い品揃えがウリの中小取次が集まる場所です。古書店、新刊書店、出版社、そして、本の取次（問屋。書店向けに卸しをする）が犇（ひし）めく「本を生業とする街」が神保町なのです。

　すずらん通りとJシティ（神保町三井ビルディング、東京パークタワー、神保町101ビル）に挟まれた、中小の取次が軒を連ねる一角。戦後50年以上の歴史を持ち中小取次店が集まり、児童書はここ、新聞社系はここ、一ツ橋系（小学館集英社グループ）音羽系（講談社グループ）は、地図は、

というふうにそれぞれ強い専門分野を持つ、仕入れに来る書店にとっては大変便利な心強いところです。配本が頼りの品揃えには限界があり、所謂個人経営の中小書店にとっては客注品や新刊を手に入れるのに欠かせない場所なのです。「神田村」という愛称で親しまれるこのムラ。20年以上前、私が神保町で働き始めた頃はバックパッカーみたいな姿の書店のおじさん（もちろん女性も若者もいましたが少数派でした）が、注文短冊片手にビュンビュン闊歩されていました。或いは自転車、或いはバイクで。取次の方も客の書店さんも迫力あったなあ、「職人」といった風情があって。本を直接手にとって仕入れることのできる「店売」はありがたい存在です。

　でも、「昔ながら」も厳しい現実に直面しています。時代とともに30近くあった取次店もなくなったり移転したり、さびしいかな、現在は20軒弱になっています。個人

まりつづけていますが、欧風カレー、カツカレー、ホワイトカレー……などなどバリエーションもさまざま、まさに百花繚乱です。

そんな中でわれわれカレー部がおすすめしたいのは「辛い」カレーであります。鼻孔を刺激し舌を痺れさせる、神保町に来たからにはスパイスをふんだんに使ったカレーを食べて、汗と涙を流していただきたいのです。

そんなカレーの代表格が「エチオピア」（駿河台下交差点近く・定休なし）。定番のビーフやチキンもよいですが、後発メニューである野菜豆カリー（九八〇円）の辛さと独特な苦味の調和は、カレーの奥深さを見せてくれます。付け合せのじゃがいも（おかわり無料！）が別皿で出てくるのも「神保町スタイル」ですね。

「カーマ」★（お茶の水小学校近く・日祝休）だったら、一押しは鮮やかなオレンジ色のチキンカレー（八五〇円）。鶏、じゃがいもがこれ以上ないバランスで配置された美しい盛り付けのカレーは、ストレートな辛味と爽やかなスパイス使いの、味覚においてもまた鮮やかな絶品で、この店が最高と推す声も。ここからさらに水道橋方面へ進んだ半地下には、個性的な「パンチマハル」（日祝休・土は昼のみ）が。出来上がりを待つ間は、音楽好きなマスターの選んだBGMと所狭しと置かれた雑貨（主にパンダ）をお楽しみください。やさいスープカレー（八五〇円）は具だくさんな野菜の甘みを出しながらも辛い、中毒性の高い味です。

神保町なんだから食事のついでにゆっくり読書もしたいという方は、ジャズ喫茶でありながらカレーが美味な「ジャズ オリ

経営の書店で賑わってきた神田村ですが、高齢化と不況で書店は減っていく一方。「店売」を維持するのは難しい…。この「村」でたくさんの「町の本屋さん」にお会いしました。ご主人から地元の話をお伺いする度、その町と店の佇まいを想像し、機会があると訪ねてみたり。どの店も町の歴史を背景に営まれていて、何というか勇気を頂いたな。店っていいな、本屋って面白いな、と。神田村の生き字引、藤岡の初心堂書店の故Fさん。戦争中疎開してきた伊藤整ら文学者のために神田村や神保町古書店街で資料を集められたといいます。本をお客さんに手渡しで、と誠実な商いをされているSさんは無店舗の宅配書店さん。そのユニークな存在は『荻窪さかえだ書店の本を愉しむ人々』（本の森）が出版されるほど。「さかえだ書店の本を愉しむ」というのが書店目線でうれしいですよね。代々木のMさんに神田村の近況をお伺いすると「本を揃えるのが大変になってきたかなあ」とおっしゃってました。「【神田村】書店員の取次情報交換スレ」を拝見。勉強になります。取次界も大激震が続いているし…神保町の新住人『本の雑誌』にはぜひ「現在の神田村」を伝えて欲しいです。希望！

ンパス！」（小川広場向かい・日祝第一三土休）はいかがでしょう。赤いチキンカレー（ランチタイムは飲み物とセットで千円）は、シンプルながら鶏の旨みがジワリ。また古いビルの四階にあるカフェ「ヒナタ屋」（駿河台下交差点近く・日祝月休）へ蛇腹式の手動扉エレベーターで上がっていくと、びっくりするくらい本格的なチキンカレー（ランチタイムは飲み物を付けると九五〇円）を食べることができます。

ぜひ神保町でお気に入りのカレーを見つけてください。なんならカレー部がガイドしますよー。

ICI石井スポーツ

山の本でストレス解消

●坂本克彦

雑誌、一般書籍の売り上げ不振から、十年前に山の本専門店に転身して営業を続けてきた店を、昨年の七月で閉めた。

そして現在は仕事場を御茶の水駿河台から水道橋三崎町に移し、本の小売りと並行して行なっていた山の本の出版だけを続けている。

事務所移転当初は、荷物の整理などに追われ気が付かずにいたストレスを、整理が一段落した九月頃から強く感じるようになってきた。

そのストレスは、山の本の顔が見られない欲求不満から起こったものだった。

長年山の本に囲まれて仕事をしてきた。その本たちを、この新しい仕事場では見ることも、触ることもできない。既に頭の中に入っている既刊本は兎も角、新刊本に直ぐに出逢えなくなったことが辛かった。

この私のストレスを解消させてくれたのが、神保町のＩＣＩ石井スポーツ登山本店であった。

山好きには知られたこの店は、街でのウォーキングからヒマラヤの高所登山に至るまで、必要な用具は何でも揃う山用品の専門店である。

そしてこの店、山用品だけでなく、山の本の品揃えも素晴しい。地図、ガイドは勿論、古典の田部重治『新編 山と渓谷』（岩波文庫）から、新刊の羽根田治『ドキュメント単独行遭難』（山と溪谷社）まで読物も充実しており、この棚が私を救ってくれた。

この書籍売場を担当するM氏は、書店経験があり、その豊かな商品知識が常に棚に溢れ、何時行っても新しい発見があり、ついつい長居してしまう。

神保町には多くの個性的な新刊書店、古書店が並んでいるが、山の本好きな貴方、一度この店を覗いてみては如何でしょう。きっと満足しますよ。それは、山の本屋の親父だった私が保証します。

パチンコ J店の夢

●茶木則雄

休日はすずらん通りの古書店をあまねく渉猟し、三省堂、書泉グランデ、東京堂と新刊本屋を覗(のぞ)いて、近くのジャズ喫茶に入る。そして買ったばかりの本を片手に、タバコを燻(くゆ)らしながら珈琲を飲み、活字を愉しむ。これはなかなかに優雅な、休日の過ごし方だ。名物のカレーを食し、食後の腹ごなしにパチンコを打つも、また一興だろう。かつてはそれが、最高の贅沢だった。

しかし中小のパチンコ店は、長引く不況の波に押され、どんどん潰れている。神保町界隈も例外ではない。もともと大型店は存在しない地域で、いまでも生き残って営業しているのは、尾崎士郎の名作を店名に冠した★J店くらいだろう。

エヴァンゲリオンや必殺仕事人、北斗の拳といった人気台を凌ぐ新機種が誕生しないのも、客離れの要因かもしれない。が、最も大きいのは、社会情勢の変化だろう。

かつてパチンコファンは、身内や恋人から、ギャンブル馬鹿のろくでなし、と罵られるだけで済んでいた。ところがいまや、パチンカーはネットで公然と、非国民呼ばわりされる始末である。半島との関連、嫌韓運動の広がり、震災後の逼迫した電力事情など、理由はいろいろあるだろう。ここでは多くを語らない。

確かなのは、パチンコはいまや、（釘が）回らない、（滅多に）当たらない、（当たっても）続かない、の三ない状態だ、ということだ。私なんぞはここ最近、打っても打っても当たりがこない。金をじゃぶじゃぶ捨てる一方だ。時間もとられる。生産性がないことこの上ない。我ながらよくやるよ、と猛省する今日この頃である。

自分でも馬鹿だな、とは思う。パチンカーはネット民の言うように、なるほど世の中のクズだ、とも思う。

しかしパチンコ店には、時にこんな僥倖も落ちている。J店でのお話である。

この店には比較的古い台も置いてあり、いまは懐かしい「北斗の拳 百裂」も、五台ほど用意されている。適当に座ったそのうちの一台が、先日ものの見事に炸裂してみせた。朝から大連チャンが止まらず、積み上げたドル箱はなんと三十五箱。約五万発の出玉であった。狂ったように当たりまくるので、そのうち店内の玉が無くなるのではないかと、不安になったほどだ。たった五時間で十五万の臨時収入——笑いが止まらなかった。

読者にはこんな作り話もあるということを、ぜひ知っていただきたい。

『人生劇場 夢幻篇』でしたとさ。

●温故知新インタビュー番外編

「幻影城」島崎博さんと神保町で一日遊ぼう！

＝新保博久

☆日本のミステリーの草創期を支えた名編集者にシンポ教授がぐわわんと迫る不定期シリーズが早くも一回休みか？の特別番外編。幻の探偵小説誌「幻影城」の編集長を台湾から迎え、本の街・神田神保町で本を買うツアーを敢行したのだ！

二〇〇八年九月十六日、火曜日、午前十一時。朝から降っていた雨は、うまい具合に上がりそうな空模様だ。

目覚めの遅い、ここ東京千代田区は神田神保町の古書街。神保町駅に怪しげな一団が集結した。もっとも、場所がら異様な集団は珍しくもなく、怪しさも中くらいなり神保町。

予算三万円で、島崎博さんがどのように古本を買うか、ウオッチングしようという企画がこれから始まる。随行するのは、報告者である新保のほか、オブザーバーとして古書コレクターの間で女王様と崇められる石井春生さん、本日の歩くお財布である本誌浜本発行人、そしてこの企画を聞きつけて「そんな面白いことをオレ抜きでやられてたまるか」と飛び入りで荷物持ちを買って出た北原尚彦氏。どこがそんなに面白いことなのか、解せないという読者には、まず島崎博氏のことを知ってもらわなければならない。

Who is 島崎博？

半世紀のむかし一九五五年、台湾から日本に留学した島崎博（島崎姓は日本で結婚した相手の名字）氏は、かねてより日本文学（とくに探偵小説）に親しんでいた。『幻影城の時代』（二〇〇六年、私家版。二〇〇八年末に講談社より増補再刊予定）掲載のインタビューによると、来日したその日から探偵雑誌『宝石』を古本で買ったという。

卒業後も日本に居ついて、一九七四年末に創刊された探偵小説専門誌『幻影城』（月号では七五年二月号）の編集長に請われて就任する。請うたのは、ポルノ研究誌として名高い『えろちか』を発行していた三崎書房の林宗宏社長。だが創刊当時の『幻影城』は、三

崎書房でなく、林夫人を発行人名義にした紘映社発行になっている。当初はアンコール雑誌だった『幻影城』もほどなく新人賞を募集するようになり、泡坂妻夫や連城三紀彦といった作家を送り出してゆくのだが、出発時に誌面を埋めていた再録小説の供給源となったのが、来日以来二十年間に買い集められた島崎コレクションだった。その蔵書は、日本でそれまでに発行された探偵小説の単行本と雑誌に関しては、ないものはないといわれた（及びカストリ雑誌も）。

『幻影城』は創刊一年ほどで紘映社と袂を分かち、株式会社幻影城となって島崎編集長が発行人も兼務するようになった。だが御多分に洩れず専門誌は苦闘を強いられ、一九七九年七月号を最後に落城し、雑誌も休刊を余儀なくされたのである。同時に島崎氏も消息を

二十九年ぶりの神保町探訪だ！

絶ち、そのまま残された島崎コレクションは債権者の好餌となり、コレクターたちに分け取りされるに任された。だからすでに存在しないのだが、それゆえに蜃気楼のように、関心をもつ者を惹きつけ続けて止まない。

じつは島崎氏は〝無一本〟となって台湾へ帰っていた。詳しい事情は今なお語られることがないが、中国からの台湾独立運動に関わっていたため、妻子や旧友に迷惑がかからないよう、連絡も憚られていたという。しかし政治情勢が落ち着くころ、氏は台湾で日本ミステリの翻訳紹介に現地の雑誌や叢書で関わっていた。そのおかげで消息が日本にも伝わり始めた。幻のコレクションを所有し、幻の雑誌を編集し、ついには自身が幻の存在になりかけていた島崎氏は、四半世紀以上を経て姿を現したのだ。

二〇〇八年秋、二十九年ぶりに来日が果され、本格ミステリ作家クラブが斯界の貢献者を称える本格ミステリ大賞特別賞もこれを機に贈賞が決まった。日本で行きたい場所は、島崎氏も土蔵にまでは入ったことがないという江戸川乱歩旧邸、旧友の権田萬治氏が館長を務めるミステリー文学資料館、同じく紀田順一郎氏が館長の神奈川近代文学館など、そして古本屋である。かくして、二週間弱の滞日の忙しいスケジュールの半日を割いてもらって、神田神保町の一角に怪しげな一団が集結したわけである。

《さぼうる》への長い道

新宿のホテルに泊まっていた島崎氏、三日前に歓迎の宴が開かれた夜に今日の打合せをしたさい、神保町へ行くのに「水道橋駅から歩くよ。いつもそうしていたんだ」。

いいえ、今は地下鉄が神保町駅まで通っているので、ぜひそちらの御利用を。スタート前から歩きすぎて、途中で歩き疲れられても困るので。

株式会社幻影城の所在地が神保町だったこともあり、ここは島崎氏にとって自分の庭みたいなものだったはずだ。しかし再開発の波に洗われて、残っている店は残っていても、氏が三十年ぶりに歩く街は大幅に様変わりしている。今や過去からタイムスリップして来た浦島崎……はたして玉手箱から何が出てくるか。

十一時、スタート地点に決めた神保町駅改札に一同が顔を揃えると、初めて乗った都営地下鉄新宿線での所要時間が分からないので早めに出てきたという島崎氏、三十分も早く着いたからと、すでに《@ワンダー》の外壁

《山本書店》で本日最初の本を購入

の店頭本をチェックしてきたという。《@ワンダー》は近年、神保町を訪れるミステリ・ファンなら素通りできないポイントだが、手の届かないほど高価な本は少ない一方、総体的に安くもない。保存状態が悪ければ比較的廉価なので、読めればいいという読者はそちらが狙い目の店だ。高い本は買わないという島崎氏（そう、島崎コレクションが築かれたころ、国産探偵小説の古書価は現在ほど騰貴していなかった）。しかし本はキレイでなければいけないらしい。

「安くて汚い本と、高くてキレイな本と、どちらがいいですか」

「安くてキレイな本がいい」（島崎博語録）

至言。しかし《@ワンダー》にいきなり入ってしまうと、ここだけで三万円、遣ってしまいかねない。最後に予算が余ったら遣いきりに来るゴール地点として後回し。だが、こちらが御案内するつもりの店は正午にならないと開かないので、時間つぶしに神田古書センター・ビル三階の《中野書店》や、《けやき書店》、《玉英堂書店》など、探偵本に強いオーソドックスな老舗に寄ろうというと、

「高いから見てもしょうがない」（よく御記憶）

「ミステリー文学資料館だと思えばいいんです。見るだけ。売り物ではないと」

と説得するが、島崎氏は中国関係の一般書のほうが関心あるといって、その専門の《山本書店》へずんずん入ってゆく。こちらの予定には入ってなかった店。この調子で、計画どおりに行くのだろうか。

本日最初のお買い上げ（って、集合前に素早くいくらか仕入れられているのだが）。

・『台湾文学この百年』藤井省三　東方書店（98年）定価1600円→売値800円

・『西遊記の秘密』中野美代子　福武書店（84年）定価1800円→売値1000円

《日本特価書籍》も要チェックだ。三一書房が再建資金を作るのにストックを放出したらしいのがまだ残っていたのか、海野十三全集、香山滋全集などが安い。私、みんな定価で買ったんだけどなぁ。しかし城主（以下こう呼ぶことにする）が取り上げた三一本は、

・『涙香外伝』伊藤秀雄　三一書房（95年）2500円→1000円

のみ。全集を揃いで買っても、台湾へ送るのに送料がかかるだけか。日本の新本格推理や、宮部みゆき、東野圭吾らが持て囃される台湾では、海野、香山は訳しても売れ行きはどんなものだろう。

・『大江戸浮世絵の春』福田和彦編著　ベストセラーズ（89年）3900円→1350円

「こんなの、なんでお

《山陽堂書店》店頭本に挑む三人組

買いになるんですか？」

「僕は浮世絵、好きだもん」

意外な一面に触れる。

同店でのその他のお買い上げ。

・『ブックス&マガジンズ』常盤新平　サイマル出版会（81年）1300円→450円

・『推理小説の誤訳』古賀正義　サイマル出版会（83年）1900円→450円（日経ビジネス人文庫版で買う約三分の一）

・『小栗虫太郎ワンダーランド』紀田順一郎編　沖積舎（90年）1200円→470円

ここまでで5520円。

★《山陽堂書店》にも入る。ここも予定外の店で、計画はどんどん遅れてゆく。

・『探偵小説の社会学』内田隆三　岩波書店（01年）2400円→1600円

買う前に「この本はどう？」と聞かれる。

「よく分からない本でした」

パラパラとやって、なるほど難しそうだと、しかし、「分からない本はとりあえず買うんだよ」。

・『北米探偵小説論』野崎六助　インスクリプト（98年）5800円→3000円（「増補版か。元版持ってるんだけど半額ならまあいいか」）

・『反中vs.親中の台湾』近藤伸二　光文社新書（08年）740円→400円（「出たばかりの本だ、これは安い」）

・『中国笑話集』村山吉廣訳編　現代教養文庫（72年）520円→300円→0円

最初の三冊でちょうど五千円だからと、あと一冊は店主がおまけしてくれた。

演劇専門の《矢口書店》は店内に入らず、外壁の店頭本をざっと見る。

・『文学の輪郭』中島梓　講談社（78年）880円→250円

初版、美本、オビつきなのに棚ざらし。専門外の商品だからか。

「かわいそうだから、早く拾って帰ってあげなきゃ」と城主。

路上の無料本もすかさずチェック

いうまでもなく、幻影城新人賞に「都筑道夫の生活と推理」で佳作入選した栗本薫の別名で、同時期に群像新人文学賞を受賞した評論だ。幻影城新人のなかでも、城主の最もお気に入りの作家が栗本氏であった。

ところで千代田区は路上喫煙禁止で、罰金は二万円である。ヘビースモーカーの城主はニコチンが切れてきた。強化剤が切れるとエイトマンも走れなくなる（←五十歳以上の読者にしか通じない）。

「では、《さぼうる》（喫茶店）へ行きましょう」

それでも、《原書房》前に置かれていた無料本のカゴは覗かずにはいられない。

・『中国名言・故事　歴史篇』田川純三　日本放送出版協会（90年）700円→0円

古書センター・ビルには入らないが、一階ピロティの店頭本に城主は引き寄せられる。早く強化剤を摂らなくていいのか。

・現代日本文学全集　別巻1『現代日本文学史』中村光夫・臼井吉見・平野謙　筑摩書房（59年）？円→310円

・『オール讀物』89年7月臨時増刊号「鬼平犯科帳の世界」600円→310円

・『B29の行方』花木深　文藝春秋（92年）1300円→310円

・『作家の肖像』中島梓・栗本薫　講談社（86年）1100円→520円

・『奇っ怪紳士録』荒俣宏　平凡社（88年）1400円→420円

いずれも児童書専門の「みわ書房」の放出品。

幻影城は今いずこ

ようやく白山通りを越えた。《さぼうる》の薄暗い店内で戦利品をチェックする。ここまでで12640円。

「じつは日本へ来たら、松坂慶子のヌード写真集が欲しいと思っていた」

一同のけぞる。城主のレパートリーは広い。現代の浮世絵というところか。

「それなら《荒魂書店》へ行きましょう」

と、なぜそんなに詳しい、北原氏？

というわけで、すずらん通りへ。《荒魂》のような店に女性客はめったに来ないので、石井女王の来店に居心地悪そうな常連の客たち。ミステリもあるが高い。それよりも、週刊誌から岩崎宏美の水着グラビアを外しただけのが×千円というのに浜本発行人が仰天する。安ければ欲しかったのだろうか。

結局お目当ての松坂慶子写真集はなかった。午後一時を過ぎたので昼食には頃合いだ。ラーメンでもいいという城主の仰せだが、これからまだ強行軍に備えて、《揚子江菜館》でしっかり定食を各自食べる。買い込んだ本がいいかげん重くなっていたから、南神保町郵便局から台湾へ送付。送料が本の値段の半分近くかかるとあっては、この企画、城主のためになったやらどうやら。

そのまま、すずらん通りを東へ向って、中国もの専門の《内山書店》も当然見逃さないが、ここではお買い上げナシ。途中、松坂慶子の写真集を発見したが15000円。残り予算を一気につぎ込んじゃいますかと水を向けると、

「そんなに高いなら要らない。僕は高い本は買わないの」

日本に居たころからそうなのだという。だが同人誌など、その機会を外すと二度とめぐり遇えないようなものは、どんなに高くとも言い値で買ったそうだ。

「ここまで来たんだから、昔の幻影城跡を訪ねましょう」と提案する。

絃映社時代以来、発行元も住所は何度か変わっているが、城主にとって幻影城とは神田神保町一－五七（当時の地番）にほかならない。出版物を直接購入したいという読者のためなのか、往時の『幻影城』に地図が載っていたりするが、版元の地図入りの雑誌は珍しかろう。しかしこの地図を頼りに行っても、どうもそれらしい場所に出ないのだ。近所で聞くと、道筋そのものが変わってしまっているという。幻影城のあった角のビルは、東京パークタワーのまんなかへんになっているようだ。恐るべし、三十年の歳月。

かつて幻影城のあった地は今…

最後の暴れ買い

すずらん通りへ戻ると、城主は《ボヘミアンズ・ギルド》がすっかりお気に召した模様。

・『夢の痕跡』荒俣宏　講談社（95年）3000円→1680円
・『図像観光』荒俣宏　朝日新聞社（86年）3500円→2100円
・『雑誌の死に方』浜崎廣　出版ニュース社（98年）2200円→1200円
・『物語世界の書籍出版社』出川沙美雄　日本エディタースクール出版部（82年）1800円→900円

ここまでで18520円。予算残金114

80円。

《三省堂書店》前の喫煙コーナーは濛々と煙が立ち込めている。今や神保町では煙草喫みの数少ないオアシスなのだ。最近禁煙した浜本発行人は久々の匂いを懐かしがる。城主が再び強化剤を補給したあと、隣のビルの五階にある《古書モール》★へ。野村宏平著『ミステリーファンのための古書店ガイド』(光文社文庫)が出たのと同じ二〇〇五年一月にオープンしたので、すでに「ミス古書」の異名をとる同書にも紹介されていない。《古書かんたんむ》が呼びかけて二十店舗に棚を貸して活性化しようとした試みで、ミステリに無類に強い《芳林文庫》★なども参加していて、へたなデパート古書市よりも見ごたえあり。それだけに買いだしたら止まらない(表参照)。《ボヘミアンズ・ギルド》で900円で買った『物語世界の書籍出版社』が700円で売っていたと口惜しがる。城主も木から落ちる。計15200円。GAME OVER。

予算三万円を突破してしまった。だからお買い上げは無効で、全部返却していただきますって、オリエンタルがっちり買いまショウか(↑やはり五十歳以上限定ギャグ)。だいたい、前半に買った分はもう台湾へ送ってしまったではないか。

《@ワンダー》で残り予算を消化するどころではない。目串をさしておいた店のうち一軒だけ、《書肆ひぐらし》に寄る。連城三紀彦『夕萩心中』『瓦斯灯』の美本のほか、幻影城以降の泡坂本が大量に均一棚に出ていたのだ。ここからは城主の自前だが、

「ええい、全部買ってしまおう」

すでに五時を過ぎて、郵便局からはもう送れない。《ひぐらし》の御主人が親切にも送ってくれるというので、5000円を預けてお願いする。もう、高輪の《ギャラリーオキュルス》の「幻影城の時代展」オープニングパーティに出なければならない刻限だ。とりあえず《ランチョン》のビールで乾杯してお開き。城主の、日本で古本買いたい熱も収まったに違いない……

(数日後、ホテルを引き払って、帰台まで所沢の子息の家で寛いでいた城主の姿を、同地のブックオフで見かけたという目撃情報が入った。信頼すべき消息によると、さらに三箱、台湾へ送られたという)

●《古書モール》で一気買い！

『量書狂読』井家上隆幸　三一書房(92年)2900円→500円
『探偵小説論』津井手郁輝　幻影城(77年)1900円→1500円
『コラムの饗宴』紀田順一郎　実業之日本社(80年)1500円→300円
『事典の小百科』紀田順一郎・千野栄一編　大修館書店(88年)2800円→1800円
『11枚のとらんぷ』泡坂妻夫　幻影城(76年)1000円→300円
『湖底のまつり』泡坂妻夫　幻影城(78年)1000円→500円
(泡坂妻夫の初期長篇三作のなかでは『乱れからくり』もあったが、1000円は高い！と却下)
『奇想天外』(第二次)　77年2月、78年6月、10月、81年10月　各300円×4冊
『別冊太陽』「探偵・怪奇のモダニズム」平凡社(86年)2400円→2000円
『官能博覧会！』官能倶楽部編　朝日ソノラマ(97年)1700円→800円
『別冊本の雑誌』「恋愛小説読本」本の雑誌社(83年)1000円→700円
『雑誌大研究』斎藤精一　日本工業新聞社(79年)1200円→300円
『時代小説礼讃』秋山駿　日本文芸社(90年)1550円→500円
『チャップ・ブック：近代イギリスの大衆文化』小林章夫　駸々堂出版(88年)2300円→1000円
『偽書百選』垣芝折多　文藝春秋(94年)1800円→300円
『魔法のファンタジー』ファンタジー研究会編　てらいんく(03年)2200円→500円
『日本SF論争史』巽孝之　勁草書房(00年)5000円→3000円

チョモランマ高橋、メガ盛り御三家に挑む！

神保町に移転して何に一番驚いたかというとそのご飯の量だった。神保町生活初日、弁当を買いに行った浜本は隣のビルの中華料理屋「新味園★」の前で売られていた八宝菜弁当を手に持って、一瞬よろめいた。「ささ家」のしゃけ弁当と重さが違うのだ。あわてて会社に戻り、蓋を開けてみるとご飯がぎゅうぎゅうに詰められており、しかも八宝菜は山盛りのうえ唐揚げに餃子がついている。さらにスープと杏仁豆腐のおまけまで。これで五五〇円!? 喜び勇んだのも束の間、食べきれないのであった。

同じ頃、ふらりと昼食をとりに出た炎の営業・杉江は、創業明治四十五年のラーメン屋萬楽飯店ののれんをくぐった。野菜も食べないとなとタンメンを頼んだが、目の前に置かれたタンメンに驚いた。麺の上に盛られた野菜があふれんばかりで、いくら食べても麺にたどり着かないのだった。

それから四カ月、本の雑誌社社員一同は、神保町の様々なお店に入って昼飯をとってきたが、これがもうどこに行っても出てくるのは大盛りで、もしや新参者の私たちだけサービスされているのではないかと勘ぐってしまったが、他のテーブルに並ぶ料理もやはり大盛りであった。おかげで浜本は五キロも太り、杉江にいたっては「もう神保町でメシは食わない」と撤退宣言をしてしまったほどだ。恐るべし神保町。

ところがなんとある筋からの情報によると神保町は「大盛りの街」だけでなく、「メガ盛りの街」だという。メガ盛り!? 慌てて調べると大盛りのずっと上をいく「メガ盛り」の店が、神保町には何軒もあり、特に中華料理の「徳萬殿★」、カレーの「まんてん」、ラーメンの「二郎」が、その「神保町メガ盛り御三家」だそうだ。

神保町に来たからには挑戦しなければならるまい。しかし本の雑誌社社員はおじさんとおばさんばかりで、メガ盛りなんて見ただけでお腹がいっぱい……なんて考えていたら、助っ人の高橋雄人が出社してきた。

おお、お前がいたか！ 高橋くんは別名チョモランマ高橋と呼ばれ、早稲田大学のラグビーサークル「GWラグビークラブ」に所属し、ナンバーエイトとして活躍。身長百八十センチ、体重八十八キロ、趣味はプロテインを飲むことと豪語する助っ人で、そういえば「本のちらし」で「二郎」

のラーメンをペロリと平らげていたっけ。行け！　チョモランマ！　今こそ神保町メガ盛りに挑むのだ。

――というわけでチョモランマ高橋が初めに向かったのは、靖国通りとすずらん通りの間の路地にある「徳萬殿」。こちらはメガ盛り界では有名なお店らしく、ネットで検索するとマンガかよと思わされるような山盛りのチャーハンやどんぶりの写真が出るわ出るわ。今回はそのなかでも一番強烈だという「ウーシャンロー定食」を「ご飯とおかず大盛り」で頼む。

すぐに香りの効いたウーシャンロー（肉野菜炒めのようなもの）が出てきた。テーブルに置かれた皿はまさに洗面器のようで、ご飯は盛られた部分がどんぶりより多い。

「徳萬殿」のウーシャンロー定食大盛りに苦戦！

チョモランマは一瞬驚いた様子だったが、「いただきます」と箸を割ると大口を開けてご飯とおかずを交互に放り込み始めた。その食べっぷりを見ているだけでこちらのお腹がいっぱいになりそうだけれど、大食いの秘訣を訊いてみる。

「まずテンポを乱さないことですね。それから朝ごはんとか食事は抜かないほうがいいです。常にちゃんと胃を動かしておかないと」

その言葉どおりにチョモランマはゆったり確実なペースで箸を動かし続けている。それでもなかなか皿の上のウーシャンローが減らない。三分の二くらい食べたところでチョモランマの顔色が変わってくる。

「やばいかも」

皿の上にはまだ通常なら二人前くらいのウーシャンローが残っている。いきなりメガ盛りに敗北か!?と焦ったが、何度か身体を揺すったチョモランマ、リュックサックから取り出したタオルで汗を拭うと、気を取り直して挑み始めた。そして完食。

「ふう。ごちそうさまです。結構やばかったです」

ストップウォッチを確かめると30分43秒だった。

翌々日（というのもチョモランマから体調を整えたいので中一日で挑戦させてくれと言われた）カレーの「まんてん」に突撃。こちらは人気店のようで店の外にはサラリーマンの列ができている。しばし待って入店。

「ジャンボカレーの全部のせ、お願いします」

メニューには載っていないのにお店の人は慣れた様子で頷き、揚げ物を油に沈める。しばし待って出てきたカレーの上に

★はみだし神保町情報・白水社カレー部は年間五百食カレーを食べているという噂。

「まんてん」ジャンボカレー全部のせ。ロースカツ、コロッケ、揚げシュウマイ、揚げウィンナーを見よ

は、ロースカツ一枚、コロッケ二つ、揚げシュウマイ三つ、揚げウィンナー三本がのっており、ご飯が見えない。チョモランマもさすがにちょっと青くなっている。

「実は、揚げ物が苦手なんです」

大食いに苦手があるのか？

「揚げ物はお腹がいっぱいになる前に胸がいっぱいになっちゃうんですよ」

そう言いながらまずは難関の揚げ物を片づけ始めた。

「カレーライスになっちゃえば楽勝です。カレーは飲み物ですから」

カレー、飲み物だったのか……。

ロースカツに苦戦しながらも完食！ 20分38秒。

「まあこれぐらいは平気です」

唇についたカレーを舌で舐め、おまけで付いてくるデミタスコーヒーをぐびり。

さて最後は「ラーメン二郎」だ。こちらはチョモランマも行きつけらしく慣れた様子で入店。ジロリアンが一心不乱にラーメ

神保町つけ麺事情

☆神保町はここ数年、ラーメン戦争が勃発中の模様。特に靖国通り。「ラーメン」「カレー」「ラーメン」「立ち食いそば」ぐらいの頻度でラーメン屋が並んでいます。中でも目につくのが、ブームが続くつけ麺の看板。熱いなあ。それならばと、さっそく靖国通りのつけ麺屋を攻めてきました。

　オーソドックスなつけ麺といえば、小麦の風味漂う太麺と醤油ベースの濃いつけ汁。麺のゴシゴシしたのどごしを楽しんだ後に、残ったつけ汁のスープ割をちびちび飲み干す幸福感が、つけ麺食いの醍醐味です。この系統の店では、「めん徳二代目つじ田」「大勝軒」★「つけ麺さとう」が三強。特に「二代目つじ田」。美味すぎます。いつも満席なのも納得です。

　非醤油系変化球つけ麺なら、味噌つけ麺の★「味噌や」。味噌ラーメンの名店だけあって、つけ汁にコクがあります。さらに靖国通りを一歩白山通りに入った場所にある「可以（かい）」。エビのダシが強烈に効いた海老味噌つけ麺が素敵。カレー味、トマト味のつけ汁もあり。器も洒落てるし、女性受けが良さそう。

　そして、一度食べたら忘れられない店が★「バリ男」。きしめん風平打ち麺と二郎系の超絶コッテリつけ汁（ケモノ臭がヤバい）の組み合わせ。もうつけ汁ならぬ「男汁」という感じで、まさに変化球つけ麺の極北でした。（宮里）

ンを食べている中、「大豚」の食券を購入し、「ヤサイマシマシニンニクカラメ」とコール。

ドカンと置かれたラーメンは、まさにチョモランマ。こんなの食えるのかよと驚いているとチョモランマは慣れた様子で箸を手にする。

「二郎はやっぱり美味いっすねえ。実は一昨日も関内の二郎を食いに行ったんですよ」

おお、君はジロリアンだったのか。

「十八歳のとき茨城から東京に出て来て、こんなに美味しいものがあるのかってびっくりしたんです」

しかしそれにしても相当量がある二郎のラーメンを涼しい顔で食べ終えた。完食まで18分12秒。

「神保町って良い街ですよね。安くて量が多くて」

神保町メガ盛り御三家を制覇したチョモランマは大喜びで本の雑誌社に戻ってきたのだが、なんと本の雑誌社から歩いて20秒の出来たばかりのラーメン屋「極熱★」の看板に不思議な文字を発見。

「エベレスト1K 150円」

つけ麺の麺の量を1キロまで頼めるらしい。しかもその1キロは、エベレストすなわちチョモランマと呼ばれているのだ。これに挑戦せねばメガ盛りを征服したとは言えないだろう。

というわけで中一日後挑戦。お店に入り、「つけ麺」と「エベレスト」の食券を購入。茹でるのにちょっと時間がかかりますと言われ期待値が上がったが、出てきた麺の丼を見て、チョモランマは首をひねる。そして片手で持ち上げ、何度か上下させた。

「なんだあ。茹でる前の1キロじゃないのか。なら楽勝ですよ」

そう言って9分24秒後、完食したのであった。

「ラーメン二郎」を楽々18分12秒

「極熱」エベレストにもひるまず9分24秒

満腹度

◉**徳萬殿**　1,000円（850円プラスご飯大盛り50円おかず大盛り100円）★★★★½

◉**まんてん**　1,000円★★★½

◉**ラーメン二郎**　800円★★★★

◉**極熱**　830円（つけ麺680円エベレスト150円）★★

●神保町店頭棚ツアーレポート

古本屋巡りは店頭均一台に限る！

よしだまさし

春はあけぼのがいいだの、サンマは目黒に限るだのと言うのなら、僕は声を大にしてこう主張したい。

「店頭均一台のチェックこそが、古本屋巡りの醍醐味なのだ！」と。

なにしろ、店頭均一台の本は安い。１冊１００円、３冊２００円なんて当たり前。自販機の缶コーヒーよりも安く、本を買うという喜びが味わえてしまうのだ。

しかも、均一台には実に雑多な本が並んでいる。店内には店主の厳選した本が、適正な価格で整然と並んでいたとしても、均一台にはそこからあぶれたありとあらゆるジャンルの本が、渾然と積み上げられているのだ。その中には、予想だにしなかった本がいくらでも隠れ潜んでいる。それを見つけ出す喜び！

というわけで、本の雑誌社神保町進出を記念して、今日は久しぶりに神保町の均一台をひと巡りしてみることにした。

まずは靖国通り沿いの矢口書店。ここは映画や演劇が専門のお店なのだけれど、店の横の壁面いっぱいに、様々なジャンルの本がぎっしりと並べられている。

が、ここで自分の勘違いが露見してしまう。なんと、矢口書店の外に並んだ本は、均一価格ではなかったのだ。それどころか、棚に並ぶポケミスなどには、いずれもプレミア価格がついていたりするではないか。てっきり均一棚だと思い込んでいたのに。

おのれの勘違いを反省しつつ、さらにその先の＠ワンダーへ。が、ここでも勘違いが判明。＠ワンダーの外に並んでいる本も、均一価格ではなかったのだ。

そうしてみると、意外と神保町の店頭の棚に均一価格は少ないのかもしれない。しかし、だからといって、雑多な本が並ぶ棚から宝物を掘り出す楽しさに変わりはない。よし、今日は均一価格にこだわるのはやめてしまおう。早くも方針変更だ。

矢口書店からスタート！

店の裏まで外の棚が続いている＠ワンダー

特に@ワンダーの店頭棚は、並んでいる本の量が半端ではないので、チェックするのがとても楽しい。価格も手ごろだし、均一価格じゃなくたってぜんぜんかまわないのだ。

ここでは、講談社文庫『チャンドラー美しい死顔』420円、『マーティン 呪われた吸血少年』『クロノス 寄生吸血蟲』というホラー映画のVHSソフト（各210円）を購入。

そこからもと来た方向に戻っていき、神保町の交差点を越えて小宮山書店へ。

この小宮山書店には、店頭にサイン本の500円均一棚がある。実に素晴らしい！

そして、店の横をちょっと入ったところでは、3冊500円のガレージセールも開催中。このガレージセールは金土日&祝日のみの開催。けっこう掘り出し物も見つかるので、いつ覗いても本を漁る人で混み合っている。

さっそく僕もこの棚をチェックして、早川書房日本SFシリーズを購入。『夢魔の標的』星新一、『モンゴルの残光』豊田有恒、『EXPO'87』眉村卓、『たそがれに還る』光瀬龍、『48億の妄想』筒井康隆。これに都筑道夫の『妖怪変化大特集』（桃源社）を加えて、6冊で1000円だ。荷物は増えたが、財布の中身がさほど減らない嬉しさよ。

小宮山書店のガレージセール。3冊500円

八木書店古書部。吉川英治などの仙花紙本が

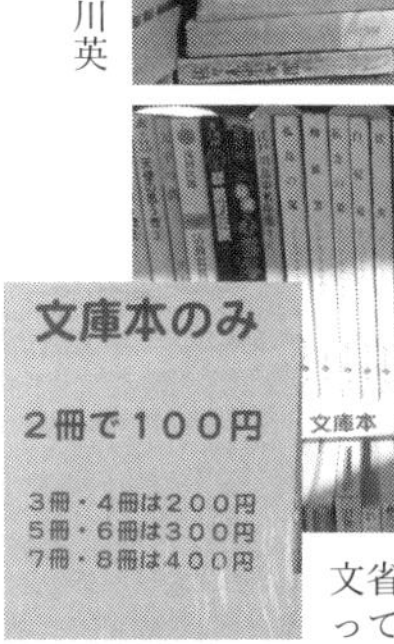

文省堂書店。結局何冊買っても2冊で100円

さらに靖国通り沿いの均一台を覗きながら歩いて行くと、八木書店古書部の店頭台に、吉川英治の仙花紙本が1冊300円で並んでいるのを発見。このように、そのお店の専門外の本が安く並んでいたりするのも、店頭台の楽しみなのである。

すずらん通りの店頭台をチェックして、さらにその奥の方にある古本屋もまわってみる。

★文省堂書店の店頭棚には「文庫本のみ2冊で100円　3・4冊は200円　5・6冊は300円　7・8冊は400円」と貼り紙があって、「おっ、買えば買うほどお得なのね！」と喜ぶ。が、よくよく考え

ビブリオには色紙の店頭均一棚が

アカシヤ書店の均一台。これが1冊100円！

てみると、これって何冊買っても2冊100円てことじゃん。

スポーツ関連書に強いビブリオの店頭には、スポーツ選手のサイン色紙が1050円の均一価格で並んでいる。さすがはスポーツに特化した古本屋だ。

滅多に覗きに行くことのない靖国通りの反対側にある古本屋にも足を延ばしてみる。

思わず目をみはったのはアカシヤ書店の均一台。ジェフリー・ディーヴァーの『ソウル・コレクター』『ロードサイド・クロス』などが1冊100円だ。や、安い！

ここの均一台には「どれでも1冊100円です。包装しません」とシールが貼られている。「包装ぐらいしてくれてもいいじゃん。ケチ！」などと思ってはいけない。「袋はけっこうです」と、こちらからひと声かけるのが均一台のマナーというものなのである。

富士鷹屋の小さな均一台

富士鷹屋というミステリーに強いお店には、店頭に小さな小さな均一台があって、ここで富士見ロマン文庫『快楽の生贄たち』『ルシンダ』の2冊を200円で購入。すみませんね、店内にいくらでもいい本が並んでいるのに、均一台の文庫しか買わなくて。

そして、さらに白山通りを越えて★ブック・ダイバーの均一台をチェック。このお店は、店の前の均一台だけでなく、外に向かって開かれた半分建物の中といった空間も均一本のコーナーとなっている。これなら、雨が降っても均一台を楽しむことができるというわけだ。

映画関係の本が強い虔十書林

ブック・ダイバーの均一台は半分建物の中

こういう可愛らしい均一台があちこちに

最後に古書会館の向かいにある◆虔十書林をチェック。ここは映画関係に強いお店で、店頭にも映画のポスターとかスチール写真が並んでいたりする。しかし、買ったのは映画にはまったく関係のないジャック・フィニイの『レベル3』（早川書房異色作家短篇集）。持っている本なんだけど、月報付きが200円だったのだ。

残念ながら必ずしも均一価格の棚ばかりではなかったのだけれど、以上で本日の均一台ツアーを終了。買った本が10冊、ビデオが2本で、払ったお代が2240円。半日たっぷり楽しんで、出費はたったのこれだけ。

店頭均一台巡りは、実に財布に優しいレジャーなのです。

☆歴戦の古本者が神保町の古書店をびしばしガイドするぞ！

神保町古書店案内座談会

◎出席者
北原尚彦（世界の果てで古本を買う男）
小山力也（古本屋ツアー・イン・ジャパン）
彩古（古書いろどり）
森英俊（洋古書の神様）

——神保町にはどのくらい古本屋さんがあるんですか。

彩　古書組合に加盟している店が百六十三軒。加盟してない店もありますから、百七、八十軒くらいでしょうか。

北　百六十三軒といっても事務所のみというところもありますしね。

森　通販専門とか店舗のない店とかね。「あきつ書店」のように、アポを取らないと見せてくれないとか。

小　「富士鷹屋」も組合に入ってないのかな。神保町でずっとやってるのに神保町古書店マップには載ってないですね。

森　富士鷹屋では二回大当たりしたことがあります。一回めは東方社の鷲尾三郎、二回めは戦前の春陽堂少年文庫で大下宇陀児の『黒星章』というジュニアミステリー……北原さん、新村堂古書店の目録で買ってますよね？　それがあって、とにかく安いんですよ、信じられないような値段。

北　人がどこで何を買ったかまで覚えてるよ、この人（笑）。

彩　もともと奥野かるた店の中に入ってたんですよね。

森　今は白山通りを隔てて斜め向かいの路地を入ったところに

★はみだし神保町情報・青土社の営業マンは自転車で取次を回っているという風の噂。

移転した。四坪半くらいでミステリーとSFがメイン。

彩　掘り出しものがあるんですよね。「ミステリーを買うならこの店がいい」ということでいうと、今は「羊頭書房」と「@ワンダー」がいちばん強いと思います。古いものを買うのであれば「★中野書店」。掘り出しものがあるのは富士鷹屋以外だと、@ワンダーから独立した「★古書たなごころ」。「かんけ書房」もマンガ中心だけどミステリーがあるかな。

北　ミステリー系だとそのあたりですね。増えたり減ったりしてるけど、昔はミステリーを専門的に置いてるのは「東京泰文社」くらいだったから、そのころに比べれば選択肢は増えてる。

森　ただ、専門店は値段に隙がないというか。羊頭書房とか@ワンダーとか、買うか買わないかギリギリ迷うような値段がついてて。

北　それがまたギリギリOKな値段であって、まったく手が出ないわけではないから困ってしまう（笑）。

――一般的に神保町は高いと言われてますよね。

北　神保町全体的に見るとそうですね。本当にマニアックな人たちは、即売会だけ来て帰ってしまう。

森　あと、神保町は均一本に掘り出し物があまりないですよね。

北　「小宮山書店」のガレージセールはぽつぽつと変なものが混ざってますよ。あそこは文庫が全部百円じゃないですか。「新青年」の付録の『第二ルレタビーユ』を百円で拾ったことがあります。

小　ジャンル外の店だと、中国書籍の「山本書店」とか店頭に均一棚を出してるじゃないですか。やけにミステリーが多かったりすることがありますよね。エロ専門の「★神田書房」とか。

彩　神田書房から南に下った「アムールショップ」の店頭は二冊で百円。

小　古い文庫ばかりで、ほとんどが価値のない、百円でしょうがないものなんですけど、一生懸命探すと良いものがある。何万とかいうものじゃないですけど。

彩　市場で山で買ってきたものを抜かないでそのまま出してるから、たまに良いものが混じってたりするんですね。

森　神田書房はね、「グリコ文庫」っていうお菓子のグリコが昔出してた少年向けの文庫があって、それの南洋一郎のものを百円で売ってましたね。

北　えっ！　それはすごいな。『第二ルレタビーユ』どころじゃないじゃないですか（笑）。

小　神保町の話とは思えないですね（笑）。

北　足を使って、何回も歩き回ってると出てくる。「ブンケン・ロック・サイド」もSF系の文庫が店頭に置いてありますよね。百均棚に。

小　あそこの中心は雑誌じゃないですか。この前、レジ脇に絶版文庫のコーナーがあるって初めて知って。表にもそこから流れてきたものが出るんですよね。それを知ってから見始めるようになりました。

森　ブンケン・ロック・サイドはね、半年くらい前かな、昭和二〜三十年代の春陽文庫が五十冊くらい入って。

北　そこから何冊くらい買ったんですか。

森　大下宇陀児と山田風太郎を買ったのかな。大下宇陀児は見たこともないやつでしたね。カバーが付いていて。『恐怖の歯型』だったかな。前後編。あと、靖国通り沿いに「篠村書店★」という戦記物の古本屋があるんですけど、外の均一本でたまたま『売国奴』って書名の、永瀬三吾という探偵作家クラブ賞を取った人の短篇集が入ってたことがある。タイトルで紛れ込んでたと思うんですけど。

――それは百円？

森　さすがに五百円くらいしたかな。

北　それでも安い！（笑）

彩　ＳＦを扱ってるところは少ないですね。羊頭書房と「カスミ書房」くらいかな？

北　あとは＠ワンダーも当然。

森　すずらん通りにもＳＦを売ってる店がありますよね。美術書がメインのきれいな店なんだけど、ＳＦ文庫もいっぱい売ってる。

小　「マグニフ」ですね。洋雑誌の店。そういえば奥のほうに変な本が置いてありますね。

――そういうまったく関係なさそうなところも、ちゃんとチェックするんですね。

北　毎回全部は回らないけど、時々「今日はここに入ってみようかな」とかすると、「実はこんなところにあったのか」ということがある。

彩　マンガでいうと「長島書店」駿河台下店さんがいちばん強かったと思うんですけど、九月で閉めちゃったから、今だと「くだん書房」か、かんけ書房あたりになるんですかね。

靖国通り沿い「本と街の案内所」で古書店の地図を配布中

北　当然、中野書店もありますし。

彩　中野書店は古いマンガが中心かな。スペースが半分になっちゃったけど。

北　それでもわりと良い本が回転してますね。

森　今日、くだん書房に久し振りに行ったら、女性が熱心に貸本マンガを読んでました。

彩　最近あそこは雑誌と貸本マンガが中心になりつつありますよね。

森　小説コーナーがなくなってたな。昔はＳＦもやってたし、小説が置いてあったんだけど。

北　「荒魂書店」って前はすごくマニアックなミステリーも置いてあったけど、今は止めちゃったんですかね。

彩　今は完全にアイドル系ですね。最初は文学書が中心だったんですけど、結局アイドルものが売れて、そっちに方向転換しちゃった感じですね。今は在庫整理をしてるのか、文学系は表の均一棚に（笑）。

森　時々小説が紛れ込んでる。貸本ミステリーとか（笑）。その近くに「キントト文庫★」って女性店主の店がありますよね。

北　サブカル系ですね。

森　偕成社とかポプラ社の少女小説を売ってたりとか。スポーツ小説もありますね、空手小説とか。風俗書が多いのかな。

小　「文省堂★」もマンガとかやってますよね。

森　壁の均一本が有名でしたよね。外にあった。

彩　小宮山書店の近くにあった時には「新青年」とか扱ったりして、雑誌が強い店でしたね。

森　古い店舗のほうが面白かっ

た。

北　あそこの壁は絶対見ていたのになあ。文庫が好きだから、百均文庫の中に変なのがあると買ってましたね。

森　洋書を売ってるのは駿河台下の「大島書店★」でしたっけ？　七、八年前かな、小学館の編集者がとんでもない、戦前のクリスティーのカバー付きというのを買ったことがあって、しかも初版本だったという。

北　たしか泰文社のペーパーバックを引き取ったのが大島書店ですよね。

森　海外で買うと四十万くらいするのを千円で買ったらしい。羊頭書房も洋書のSFとミステリーのコーナーがありますよね。

彩　洋書だと、「小川図書」と「北沢書店」と「崇文荘書店」と「田村書店」の二階ですけど、わりと堅い店が多いですよね。

森　田村書店の二階は敷居が高いですけどね。

彩　文学系で強いのは「玉英堂書店」と「扶桑書房」さんですかね。扶桑書房は事務所しかないですけど。

森　「けやき書店」も。

彩　そうですね。わりと署名本が多い店ですよね。一応、ミステリーのコーナーもある。

北　「三茶書房」もわりと文学系がありますね。

森　三茶書房は横溝正史の遺族から本をまとめて買った店なので、一時期は目録に一ページ載りましたよね。

北　山梨に横溝正史の書斎を移築した横溝正史館ができたのは、三茶さんがかなり手伝ったらしいです。あそこにポスターとか並んでるじゃないですか。

森　洋書のコレクションはどこに入ったのかな。三茶書房の目録に載ってたけど、結構すごい値段だったんですよ。一式何百万だったんじゃないかな。

北　我々はミステリーのことばかり言ってますけど、小宮山書店、田村書店は文学系も。本来はそっちが強いお店ですから。

小　駿河台下の「風光書房★」さん、結構きてますよ。ビルの四階にあって、ヨーロッパの海外文学のお店なんですけど、日本文学も絶版ものが集まってて。

森　春陽文庫とか売ってますよね。

北　チェックしてますね！

森　一週間くらい前に、鹿島孝二の『女子高校生』というのを買ったんですけど。初版カバー（笑）。

北　これが活字になる前に行っておこう（笑）。

森　海外文学が結構充実してますよね。

彩　あと「古書すからべ」や「かわほり堂」が文学系ですね。

森　ただ、敷居が高いですよね。サロンみたいになってるから、常連さんの憩いの場って雰囲気がする。一見さんはなかなか入りにくい。

北　私にとっては目録で見る名前ですね。行ったことないな。

森　あと、なかなか中に入れないのが「いにしえ文庫」。

小　いにしえ文庫は「古書たなごころ」さんとか「書肆ひぐらし」さんの近く。狭い路地なんですけど、ひらがなの名前の店が集まってるんですよね。

森　結構古い本を置いてますよね。芸能関係も強いし。子どもの本も置いてる。

小　レコードもある。店主が笑いについて研究してるとか言ってましたね。

森　お客さんが一人入ると他の人は入れない。

小　店主が座ってるだけでいっぱいという（笑）。

森　あと、「蒐堂★」も面白いで

すよね。懐かしい紙ものが。

小　「山田書店」と同じ店かと思っちゃうんですけど、実は違うお店なんですよね。

森　山田書店も一階で幻想文学とか売ってますよね。

彩　あと話してないのは何かな。映画だと「映吉書店★」。

森　それと「矢口書店」。シナリオが多いですよね。キントト文庫の上の「石田書房★」は絶版文庫も扱ってますよね。フレドリック・ブラウンとかも売ってたような。

小　あと、神保町はレコード屋さんが多いじゃないですか。なぜか知らないけど、古本も一緒に売ってるんですよね。音楽系と映画の古本が多かったりします。わりとどの店も、小さい棚を作って売ってる。

彩　「とかち書房◆」の並びの「ターンテーブル★」なんか結構あるし。

小　クラシックのお店もありますよね。白山通り沿いに「タクト」ってお店があるんですけど、そこは音楽芸能に特化してて面白い本を並べてる。

森　いちばんマニアックな店が閉めちゃったんですよね。あきつ書店の手前の二階にレコード屋さんがあって、そこの店主がユーモア小説を集めてて、変な本をいっぱい並べてた（笑）。特撮の本とかも売ってたなあ。

専門店の店頭も要チェックだ！

小　神保町古書店マップを見ると、ビル内のお店って半分くらいあるんですかね。表に出てるだけじゃないんですよね。

北　入ったことのない店もあるなあ（笑）。

小　専門店も多いですから。イタリア書専門店とか。書道関係のお店も多いですよね。

森　「大雲堂書店」は時代小説のコーナーがあって、そこは時々覗きますね。武道書とか占いの本とかも並んでます。

小　大雲堂書店は地下もありますよね。

彩　我々はあまり関係ないけど、いわゆる古典籍でいうと「大屋書房」とか「松雲堂書店」とか、たくさんありますよね。

北　古書センターの一階の「高山本店」もそうでしたよね？

彩　「臥遊堂」もそうですし。

北　自分はほとんど縁がないからなあ（笑）。

小　もしかしたら店頭にミステリーが出てるかも（笑）。

北　和本でも、明治のだと古典SFが混ざってることがあるので、最低限チェックはしないといけないかな。

彩　妖怪系は古典籍にもあるんじゃないかな。

北　妖怪の本をやってる人は入れますね（笑）。

小　全部見なきゃダメってことじゃないですか！

北　あとはジャンル違いのマニアックな店でいうと、大島書店のビルは一階が洋書で、二階が「軍学堂」で戦記とか軍事関係ばかり。だけど架空戦記SFも入ってたりするので、チェックしなくてはいけない（笑）。それで四階に行くと「呂古書房」は豆本の店なんですよ。

小　呂古書房さんはわりと入りやすいですよ。行くと意外にオープンな雰囲気で。

森　そこも女性店主ですよね。

北　「鳥海書房」は生物関係ばっかり。

小　二つお店がありますよね。

北　古書センターに入ってるのと、さくら通り★の一階のお店と。

彩　理系でいうと「明倫館書店」ですね。理科系の人のための古本屋。

小　いつも人がすごいですよね。

★はみだし神保町情報・この夏、復活した「魚百」の冷や汁に文芸評論家Tが歓喜！

北　私も科学系の本とかはここに行きますよ。

小　そんな本を買うんですか。

北　アイザック・アシモフとか、科学系ノンフィクションも書いてたりするのでこういうところも行くんです。ヴィクトリア朝のエンジニアリングの本とか。

小　明倫館書店は地下に建築系の本もある。建築でいうと「南洋堂書店」が、面白いですよね。新刊と古本が混ざって売ってるんですけど。

森　明倫館書店も外の均一で三橋一夫の健康本を十冊くらい売ってたことがある。

——健康本？

森　小説を書かなくなった後に、健康に関する本を四十冊くらい出してるんですよ。

小　理科系なので、あったんでしょう（笑）。

彩　あと専門店というと、「★友愛書房」がキリスト教関係。

深夜までつづいた古書店案内座談会。激論六時間の全国編は10月下旬発売の別冊「古本の雑誌」を参照のこと！

小　写真でいうと、「◆魚山堂書店」とか。白山通りの二階にあるんですけど、良い写真集がある。ビジュアル系の幻想文学みたいなのも売ってたりしますね。

北　そうなんだ！　入ったことなかった。

小　でも敷居が高いです。あとは「源喜堂書店」も写真とか美術関係ですね。「かげろう文庫」もわりとそういう。

北　源喜堂も下に半地下の「武内書店」があった時はミステリー系も置いてあったんだよなあ。今は美術系のお店だけになっちゃいましたけど。

彩　下があった時はペーパーバックが結構あって、二百円とかで買えた。

北　アメコミも面白いのがありましたね。

彩　あとは「ボヘミアンズ・ギルド」。この辺がグラフィック系かな。

——ああいう美術系のところって、ちょっと洒落くさくて嫌だなあと思うけど、意外と入りやすいですよね。

小　逆にそういうほうが入りやすかったりしますよね。みんなに平等な感じがするんで。

森　「★KEIZO」もビジュアル本の店ですけど、洋書もあって、パルプ・マガジンとかも売ってますね。

北　あ、その手の店でしたら、ひぐらしもギャラリーが斜め向かいにあって、金子國義さんのサイン本とか売ってるとこなんですが、普通の本も売ってて、時々津原泰水くんがビール飲んでるという（笑）。

小　僕も遭遇して感動したんですよ。「どこかで見たことある人だな」と思って店員さんに聞いてみたら津原さん。意外に気さくな方で、挨拶までしてくれて、すごい「あぁ！」と（笑）。金子さんの蔵書、というか、読んだものを売ってたりするんですよね。でも、いつ開いてるかがわかりづらい（笑）。

彩　あ、言ってなかったのは「みわ書房」だ。児童書専門店ですよね。児童書を買おうと思ったら、一応ここに最初来たほうがいいのかな。

小　児童書専門ってここだけですかね。

森　神保町はそうですね。

彩　置いてる店はあるけど、専門店は……。

森　みわ書房は紙目録を出して、結構充実してますよ。定期的に、半年に一回くらい出してるんじゃないかな。

北　あとは中華系。

小　「内山書店」とか山本書店とかですね。

森　易学の店がありますよね。占いとか。「原書房」かな。

小　原書房というと、意外にオカルトものも充実してますよね、店頭に。

森　ここも、三橋一夫の健康本を店の中に。

北　また（笑）。

小　永遠に三橋一夫が！（笑）

森　あと、風俗書、艶本は「アカシヤ書店」かな。囲碁・将棋の店ですけど。

小　アカシヤ書店って囲碁・将棋の専門店なのかと思ったら、結構奥におかしな本たくさん売ってますね。武道関係とか、それこそ占い関係とかも。不思議な組み合わせで。

森　風俗小説とかも売ってるし。即売会だと時代小説とかも出してますよね。

彩　あと「文庫川村」ですか、有名な店っていうと。

北　文庫専門店で、前はちょこちょこ覗くと珍しいSF・ミステリーもそれなりにあったんだけど、最近は掘り出し物には遭遇してないですね。岩波のちょっと古いのを探しに行くにはいい店なんですけどね。

森　残るのは、スポーツ関係の店。

小　「ビブリオ」と……。

森　「★ブックパワーR・B・S」。

小　水道橋の近くに「◆闘道館」っていうプロレス・格闘技関係の専門のお店もあります。

森　桑田次郎の『リングのタカ王』を買った記憶があります。

——どこでも買ってる（笑）。

小　メンバーズカードが段位になってるんですよ。本を買うと初段、次は二段、三段っていうふうに上がっていく。非常にマニアックなお店ですね。

森　空手小説とか、柔道小説を集めてるんで、それで覗きに行くんです。

北　『空手三四郎』とか、そういうやつですね（笑）。

小　闘道館に行かれているとは（笑）。

森　ぼくの友人が、ミル・マスカラスのマスク買ったって言ってたんで。

小　マスクも売ってますね、そういえば。

森　ええ、二十万ぐらいするやつ。「奥さんには五千円って言った」って（笑）。

——森さんはだいたい全部の店に行ってるんですか。

森　いや、カテゴリ外のところは行ってないですね。

北　十分カテゴリ外の店に行ってるじゃないですか、さっきから！（笑）まあ、でも、カテゴリ外のところに欲しい本があれば掘り出しで安く買える確率も専門店よりは高いから。

小　で、一回でもあると回るようになるんですよね。ないだろうなあ、と思いながらも（笑）。

森　「◆いざわ書林」とか入ったことないもん。医学書の店。

——入ったことない自慢（笑）。

小　意外にレジの横にあるかもしれませんよ、そういうコーナーが（笑）。

北　医学SFとか医学ミステリー、あるかもしれない。

森　そうか。小酒井不木が並んでるかもしれない！　木々高太郎とかも（笑）。

★はみだし神保町情報・神保町にはなぜかパン屋がないため、愛パン家が笹塚プクムクに出店を要請との噂。

本の街で変わらないこと、変わっていくこと

「日本古書通信」樽見博インタビュー

1934年1月に創刊した「日本古書通信」。〝古本屋と読者を結ぶ趣味と実益の雑誌〟として、約90年にわたり本の街を支えるメディアで、まさに「神保町の裏方」だ。今回、編集長である樽見博さんに、この数十年の神保町について聞いた。

神保町の変わらない魅力とは

──本の街としての神保町の魅力とは何ですか。

樽見　まず様々な分野の専門店が集まっていること。それが街全体で大きな「知」のデパートを形作っている。それは昔から今まで基本的には変化していないと思います。そして住所では小川町にはなりますが、本と知識の集約場所として東京古書会館（以下、古書会館）がある。そのふたつが存在することは時代が変われど一貫しているし、神保町という街の魅力を考える上で今も大きな意味を持っていると思います。神保町の古書店街には様々なタイプの古書店が軒を連ねている。そして、東京古書会館というのは間違いなく日本で一番古本が集まってくる場所。本に対する専門的な知識をもった古本屋さんも常に集まっている。そこで切磋琢磨しながら、情報交換と競りを行い、新たな読者へ古本を売ってい

東京古書会館は日本で一番古本が集まる場所だ

る。この価値はずっと変わらないですね。

――初めて訪れた人が古書店街を歩く時のコツはありますか。

樽見　思いもしなかった本に出会うのも楽しいですが、大事なのは、テーマを持って本を探すことです。ある分野を調べていて、少し時間をかければある程度のことはわかるようになる。今はインターネットがあるから特にそうですよね。けれど、更にテーマを掘り下げようとした時には古書店主に尋ねてみれば、わかることが今でもたくさんある。とにかく古本屋さんたちは情報を持っていますから、真面目に質問すれば答えてくれるし、テーマに沿った知識を深めていくことができる。

――専門的な本を扱うお店が多いイメージはありますね。

樽見　古本屋さんで展開される対話は、実は古本屋さんにとっても大事なことなんです。何故なら結局、本を買ってくれる読者が育ってくれないと商売が成立しない。それに古本屋さんもお客さんから教わっている場合も多い。だから古本屋さん同士だけでなく、古本屋さんとお客さんも切磋琢磨している関係にあるんです。そうやって今も昔も神保町は作られているし、そうでなければ立ちいかなくなると思います。これは色んなところに書いてきたことですが、「本が残る」というのは、バラバラに一冊二冊誰かが持っているから「残る」ということではないんです。まず目的を持って集めた人がいて、それが最終的に古本屋によって評価され、古書市場に戻る。そして新たに必要な人の手に渡るということが繰り返されていく。そういう循環を形成するには、まず収集家が育たないといけない。同時に古本屋さんと新刊書店との共存というのが、神保町が本の街であり続けるという点においては、非常に大事な点だったと思います。

――樽見さんが「全古書連ニュース」に連載されている「懐かしき古書店主たちの談話」には、特定の分野を得意とする年長の古本屋さんが、東京古書会館に集まる若い古本屋さんたちに本の知識や値段の付け方を教えている場面が出てきますね。

樽見　その当時は、弘文荘の反町茂雄さんが「文車（ふぐるま）の会」を作って、後進の古本屋さんに、本に関する知識や見方を教えていました。また、古本屋さんが勉強会と称して仲間内で古書を持ち寄って入札会を開くこともありました。

――今でもそういうことはあるのでしょうか。

樽見　あまりないかもしれないです。けれど古本屋さん同士の情報交換はずっとしていますね。先ほどお話ししたように、古本屋さんとお客さんが情報交換をするということも同じく続いています。それと、何十年も古本屋さんを営まれている方でも「こんな本があったのか」という出会いが毎日のように起こるようです。だからこそ、情報交換は特に大事だと思いますし、その場所として古書会館が今も機能しています。

元祖「神保町の雑誌」が誕生するまで

――樽見さんが編集されている日本古書

通信も神保町に編集部があります。約九十年の歴史を持つ雑誌ですが、どういう役割を担う雑誌として創刊されたのでしょうか。

樽見　簡単に言ってしまうと当初は業界誌ですね。東京の古書市場で古本屋さんが、どんな本をどれくらいの値段で落札しているか。その情報を全国の古本屋さんに届けるというのが基本でした。

――それを指標にして、全国の古本屋さんが値段をつけると。

樽見　そうですね。戦後になってからは、全国の古本屋さんの古書目録が載り始めました。四十ページ以上もあった時期もあるし、重宝されるようになった。同時に日本古書通信は本の趣味雑誌として創刊四年目から路線変更していくんです。

――一九七九年に入社されるまで樽見さんは他の出版社で編集者として働いていたんですか。

樽見　いや、私は法政大学の政治学科出身で、実はある会社に就職が決まっていました。営業かなにかをやる予定だったんですけども、どうにもその会社に行く気にはならなくて（笑）。このまま大学から就職して社会人になるということに納得できていないところもありまして。それで結局、編集は未経験で日本古書通信社に入ることになりました。元々が神保町に来るために大学に入ったようなものだったので、「これで古本業界に入ることができる」と喜んでいました。ただ、当然のことながら、入社当時は何もできなくて。上司である八木福次郎に「何故できないんだ」と叱られてばかりいました（笑）。入社して十年ほどは、古本業界の特殊な慣例なんかを覚えたり、古書店の仕事はこういうものだというのを肌身で理解する期間だったと思います。

――日本古書通信の編集に当たって影響を受けた人はいますか。

樽見　もちろん八木ですね。八木は雑誌編集に関して、戦前から本の趣味雑誌として有名だった「書物展望」を引き継ぐ形で編集していました。編集長だった斎藤昌三と同じようなことをしている。八木は文章を書くのが好きで作家志向があったので、斎藤昌三を意識していたと思います。そして日本古書通信社にも大きく関わっていた、俳人で随筆家の柴田宵曲さんにも影響を受けていた。これまではっきりと指摘されたことはないです

日本古書通信　2023年8月号
THE NIPPON KOSHO TSŪSHIN
通巻1129号
1部定価750円

が、私は間違っていないと思うし、私自身もそれを見習っていましたね。

時代を変える「新しいセンス」

――樽見さんがこの業界に入られて四十四年ですが、その中で「流れを変えたな」と感じた古本屋さんはありますか。特に印象に残った方はどなたですか。

樽見　四十四年も経っているんですか（笑）。それはびっくりするな。一番に影響を受けているのは青木書店の青木正美さんですね。今まで商品にならなかったものを「古本」という商品として流通させてきた人。結局、何を売るかというのは自由だし、そして何が売れるかということは、固定されている訳ではないんですね。

――重要なのは新しく売れる本を見極めるセンスですか。

樽見　そうですね。やはり古本屋さんの面白さは、「新しいセンス」をいかに提示していくかということでもある。目録には特に顕著に表れますよね。

――この数年で「新しいセンス」をもった目録はありますか。

樽見　個人的に面白いと思うのは股旅堂さんと風船舎さんですかね。あの目録を作るのにどれくらい時間がかかっているのか想像もつかない。店舗ということになると神保町ではないけれど、盛林堂さんかな。週に一回、新たな商品を均一台に出すときは十人くらいそれを待っていると聞いています。

――これまで読めなかった未書籍化の小説や珍しい作家に光を当てた本を刊行する「盛林堂ミステリアス文庫」という出版事業にも熱心ですよね。

樽見　写真やファッションなどの分野に強い小宮山書店さんも、従来の古本屋のイメージを脱して、「KOMIYAMA TOKYO G」というギャラリーを作ったり新しい試みに積極的です。あとは夏目書房さん。組合に頼らないで自分でオークションを開いてみたり、様々な形で生き残るための策をみんな必死で模索している。そういう人たちがいるうちは神保町も大丈夫かなと思いますね。

インターネットが古書店街にもたらしたもの

――この二十年ほどでインターネットの浸透によって本をめぐる情報環境は大きく変化してきました。「本の街」としての神保町はどのように変化してきたのでしょうか。

樽見　まず古本屋さんも少し体質が変わってきていると思います。それはお客さんも同じで、今の若い業者は昔よりもとにかく知識が豊富です。市場やネットで「何が売れるのか」ということを大変良く知っている。もちろん中身まで把握してるのかはわかりませんけれど。

――今後、神保町は変わっていくのでしょうか。

樽見　古本屋さんも若い人が育っているからきっと神保町も変わっていきますね。これまでの時代もそうだったように。大きな変化でいうとやはりインターネットですね。たとえば、昔だったら夏目漱石の全集は神保町のあちらこちらの店で売っていて、その中で一番安いものを買いたいから、いくつもお店を見て回るという買い方があった。それは研究書も同じで、例えば源氏物語の研究書であれば、国文学の専門店にいくつか足を運んで値段を比較して買っていた。けれど、今だとそれはインターネットの古書サイト「日本の古本屋」で調べれば、同じ本でも様々な価格のものがズラズラっと出てくる。現物は見られないから本の具体的な状態は分からないし、送料がかかったりはします。けれど、実際、インターネットを介して買うことで用が足りてしまう人というのは、けっこうな割合でいるわけですよね。その結果、以前より店舗を構えている専門店が少なくなり、足で探すお客さんは減りましたよね。

――なるほど。そうすると神保町でも新しいタイプの古本屋さんが登場してくるわけですね。

樽見　古本じゃないものを含めて色々なものを扱う間口の広いお店が求められています。具体的には@ワンダーさんや澤口書店さんには、そうした新しい在り方を強く感じます。それに古本が好きな人って、本以外にも「物」が好きな人が多いですよね。音楽でいうと楽器はもちろんのこと、楽曲もデジタルデータよりはレコードやCDという「物」の方が好きだということになる。そう考えると今の時代の古本屋さんの変化は、時代の変化の中で捉えると、神保町を「本の街」と限定せずに、大きな意味で「物」とも関係した街を目指しているということでもあると思います。ところで今年オープンした「@ワンダーJG」は行きましたか。

――はい。九段下方面の靖国通り沿いにある「@ワンダー」の支店ですよね。映画や音楽、SFにミステリーなどサブカルチャー系の本が強いお店という印象があります。

樽見　「@ワンダーJG」は、この百数十年の神保町の歴史の中でも、他に類を見ない店だと思います。元々、パチンコ屋だった建物を改装しただけあって、店の中は広く綺麗。そこでは本店である「@ワンダー」が得意としてきた分野だけでなく、より広い分野の古本を揃えている。先日、店長の鈴木宏さんにお話を聞いたのですが、「@ワンダーJG」の「JG」って何だかわかりますか。

――改装前に入っていたパチンコ店「人生劇場」の略称の頭文字ですよね。

樽見　実は違うらしいです。本当は「神保町で元気に」というメッセージだそうです(笑)。インターネットで本を買うことが増えても、やっぱり街が元気じゃないとね。

「神保町で元気に」というメッセージを送る@ワンダーJG

本の街の秘境に挑め！

神保町徘徊

◉鏡 明

東京が好きだ。理由は色々だが、神保町はその理由のかなりの部分を占めている。神保町デヴューはかなり遅かった。大学に入ってからだ。古本屋を知ったのは中学生の頃だった。神田の古本屋街の話を読んだことがあったが、それがどこなのかわからなかった。高校に入ってから、探しに行ったことがあった。神田の駅まで行ったが、わかるはずがない。諦めて秋葉原に寄って帰ることになった。半世紀以上も前のことだ。まだ都電が走っていたはずだ。大学のミステリークラブに入ってから、誰かに教えてもらったのだと思う。早稲田にも立派な本屋街があった。それで十分だと思っていたのだが、神保町は予想を超えていた。本屋が軒を並べて並んでいる。そして本のヴァリエーションと量が違っていた。そこから神保町に通うようになるのだが、どの本屋に何があるのか、それを知るまでに何ヶ月もかかった。

その中でも東京泰文社とブックプラザーに出会ったのは大きかった。洋書の古書店だ。洋書の新刊は北沢書店とタトル商会があったが、1ドル360円の時代だったから、なかなか手が出なかった。洋書を扱っている古本屋は他にもあったが、ペーパーバックと雑誌にしか関心がなかったから、そうした立派な本を扱っている本屋はちょっと敷居が高かった。

東京泰文社は、店の中央に書棚があり、左右に入り口があるという神保町の古書店の標準のような作りだった。左側の壁側の書棚の下の棚にペーパーバックが積んであり、中央の棚の下に雑誌が積んであったように覚えている。右側にはSFマガジンのバックナンバーやSFのシリーズといった日本語の本と、フランス語の本もあったように思う。そちらにはほとんど行かなかった。記憶には自信がない。間違えているかもしれない。

最初の頃はペーパーバックを見ていた。ゴールドメダルやクレストのハードボイルドものとSFを探していた。70年代に入った頃から、雑誌に興味が移っていったように思う。一番読みたかった「クロウダディ」はなかなか出てこなかった。「ローリングストーン」は特集によって買うかどうか決めた。「フュージョン」と「クリーム」、この二誌を発見したことで、ロックに関する考えが変わっていった。「フュージョン」はボストン発の雑誌で音楽だけではなく、カルチャー・マガジンを目指していた。ロックがらみで言えばレニー・ケイやサンディ・パールマンといったニューヨーク系の評論家が書いていた。「クリーム」は、デトロイトの雑誌。アメリカ唯一のロックンロール・マガジンと称していた。表紙を見るとミーハー的な感じがあったが、内容は結構ハードで、アナーキーなレスター・バングス、グリール・マーカス、レコードのコンシューマー・ガイドのロバート・クリストガウといった寄稿者が売り物だった。こうした評論家たちが寄稿していたのは、ブルース・スプリングスティーンの御用評論家といった感じだったデイヴ・マーシュが編集者として在籍していたことも関係していたのかもしれない。

前衛的な文芸誌「エヴァグリーンレヴュー」や「アヴァンギャルド」といった雑誌を知ったのも東京泰文社の雑誌の山からだった。これらの雑誌の大部分は米軍の基地のゴミから出てきたものだという。けれどもこうした雑誌との出会い、そして発見は神保町に通っていたことによる最大の収穫であったし、ゴミどころか宝物であった。

店主の方と言葉を交わすことはほとんどない。渋谷道玄坂の下にあった小さな洋書店の石井さんと、泰文社のご主人くらいか。角田さんという名前は泰文社が閉店した後で知った。本当に一言二言しか話さなかったが、何がきっかけだったか覚えていない。植草甚一が両手に本の束を下げて店から出てくるのに出会ったことがある。石井さんの店でも何度か出会っていたが、話をしたことはなかった。それでも特徴的な高めの声は覚えている。店に入ると、ご主人が、今、植草さんが来てたよ。そこで見ました。ご主人が続けて、ニューヨークから帰ってきたばかりと言っていたと教えてくれた。ニューヨークでコンテナいっぱいの本を買ってきたはずなのに、まだ神保町で両手でやっと運べるほどの本を買うのか。半ばあきれ、半ば感心したことを覚えている。けれども、ニューヨークやサンフランシスコに行くことが増え、そこの本屋や古本屋にも行くようになったのだが、東京に戻ってくると、やっぱり神保町に行き、泰文社に行ってしまうことになった。植草甚一とは比較にならないが、気分としてはわかるようになった。1996年に閉店したのだが、その記憶がない。海外に行っていたのかもしれない。残念。いや、それでよかったのだろう。

小川町の方に行くとブックプラザーがあった。今でも同じ場所で美術系の洋書を扱っているが、立派なビルになった。その頃は木造だった。扇情的な表紙のメンズ・マガジンが積まれていた。東京泰文社ほどではなかったが、多くのものを与えてもらった。

面白いことに、洋書や雑誌を手に入れるのは、この頃のほうが楽だったように思う。アメリカとの距離が近かったのかもしれない。今では、本や雑誌のメディアとしての価値が減少しているし、探すならネットでいいということだろうが、やっぱり現物に出会ったり、発見した時の嬉しさというか、高揚感は捨て難い。

神保町には、今でも週に一度くらいは歩きに行く。目的があるわけではない。何か妙

美術系洋書の店として今も健在なブックプラザー源喜堂

に贅沢な気分になる。昔ほどの発見も出会いもなくなってきているけれども、それでも、他の街を歩くときよりも、多いように思う。本だけではない。コーヒーもある。焙煎の店も増えている。食事にも不便はない。気に入っていた店がずいぶん閉店してしまった。古くは、おけ以とか、最近では、徳萬殿とかふらいぱんとか、残念だが、それでもなんとかなる。喫煙所がもっとあればいいのだが、喫茶店でなんとかなる。ずいぶん色々変わってしまったが、それでも根本のところは変わっていない。変わってきたのは自分の方か。それでも、神保町から卒業する日は来ないだろう。来ないでほしい。

神保町で映画を観る

◉小林英治

神保町の映画館といえば誰もが思い浮かべた岩波ホールが、2022年7月29日、54年の歴史に幕を閉じた。前年に改修工事を終えてゆったりと間隔をあけた座席に新調したばかりだったが、主に支えていたと思われる年配の客層がコロナ禍以降戻らず、経営不振に陥ったということが理由として伝えられた。1月にそのニュースが報じられるや、SNSでは、学生時代の思い出をつぶやく一方で、「しかし最後に行ったのは○年前」といった、近年相次ぐ地方都市でのミニシアターの閉館や老舗書店の閉店に際して寄せられるおなじみの「惜しむ声」が湧き上がった。

1968年に多目的ホールとしてオープンした岩波ホールは、74年に川喜多かしこと高野悦子が「エキプ・ド・シネマ（映画の仲間）」を立上げて映画専門の劇場となると、埋もれた過去の名作や欧米以外の地域、そして女性監督による作品を積極的に紹介。また、上映システムとしては、日本で初めて各回完全入れ替え制と定員制を実施し、80年代以降に興隆するミニシアターの先駆け的存在となった。

74年生まれの自分が初めて岩波ホールを訪れたのは、おそらく94年公開の『苺とチョコレート』だったと思う。地方出身で、高校まで映画はジャッキー・チェン以外ほとんど観たことがなかった自分（当時のハリウッド映画、『スター・ウォーズ』『インディ・ジョーンズ』『E.T.』にもまったく興味がなかった）が、その前の年に大学の学食で回し読みしていた『ぴあ』に載っていた不安げな子どもの表情が気になって、アッバス・キアロスタミの『友だちのうちはどこ?』を銀座テアトル西友に観に行ったのをきっかけに、これまで知らなかった「映画」の世界とミニシアター巡りに開眼。同時に、大学の図書館にあった南米文学のシリーズ（国書刊行会のラテンアメリカ文学叢書や現代企画室のラテンアメリカ文学選集など）を片っ端から読んでいた頃で、キューバを舞台にした『苺とチョコレート』も公開に合わせて集英社から原作が出たのを読んで観に行ったのだ。翌年、大学3年になると校舎が九段下に移ったので神保町にも通いやすくなり、95年は60年代ロシアの青春映画『私は20歳』とセルジオ・カステリット主演のイタリア映画『かぼちゃ大王』、96年はジョン・セイルズの『フィオナの海』、ケン・ローチの『大地と自由』を観ている。当時は、老舗のミニシアターという認識だったが、パンフレットの構成と執筆陣、そして劇場スタッフが観客と親しく会話している様子に、エキプ・ド・シネマ運動の一端を感じた。

その後もアニエス・ヴァルダの『落穂拾い』(2002年公開)、バフマン・ゴバディの『亀も空を飛ぶ』(2005年公開)、ジャック・リヴェットの『ランジェ公爵夫人』(2008年公開)など、一観客として訪れ特別となった作品や体験があるが、フリーランスのライターとなって仕事で関わるようになってから印象深いのが、2014年公開の異色のドキュメンタリー映画『大いなる沈黙へ　グランド・シャルトルーズ修道院』だ。フィリップ・グレーニング監督へのインタビューのほか、下北沢の本屋B&Bで音楽・文化批評家の小沼純一氏と建築家の光嶋裕介氏を招いて公開記念のトークイベントを企画し、映画も大ヒットとなったのが嬉しかった。

岩波ホールの最後の上映作品は、ヴェルナー・ヘルツォークの『歩いて見た世界 ブルース・チャトウィンの足跡』。90年代からチャトウィンを愛読してきた者として見逃してはいけない作品だったが、同時期に長期入院生活を送っていたため、ついに観ることができなかったのが悔やまれる。

岩波ホールなきあと、シネマテークとしての役割も果たす駿河台のアテネ・フランセ文化センターを神保町の映画館として数えるかは微妙なところだが、すずらん通りを少し入ったところにある神保町シアターは、その名の通り現在神保町に残された唯一の映画館だ。昭和の撮影所システム全盛期のプログラムピクチャーを中心に、ほぼ月替わりでオリジナルの特集上映を展開しているが、運営母体が小学館なのは意外に思うかもしれない。実は、2007年7月オープン時のこけら落としは、小学館も製作に関わる「劇場版 ポケットモンスター」の新作で、当初は昼間はロードショー作品を、夜は旧作の上映を行なっており、翌2008年から「本の街・神保町」と冠した文芸映画特集をはじめとした名画座のプログラムとなった(これまでの特集及び上映作品はホームページにすべて掲載されている)。自分がいつから通うようになったのか正確には覚えてないが、最初に意識したのは、都内の別の映画館で神保町シアターのチラシを初めて見たときだ。というのも、前年の2006年に閉館した千石の三百人劇場のチラシとほぼ同じデザインだったからで、これはデザイナーが一緒だなと思ったが、のちに調べてみると、そもそも三百人劇場で作品選定をしていた大矢敏氏が神保町シアターの支配人に就任していたのだった。

今では、京橋の国立映画アーカイブ(旧・東京国立近代美術館フィルムセンター)、池袋の新文芸坐、ラピュタ阿佐ヶ谷、シネマヴェーラ渋谷などと並んで、神保町シアターは都内の名画座として旧作ファンの間で確固たる地位を築いている。場内がきれいで、名画座になじみのない初心者にも安心して入れる雰囲気があり、ふらっと入っても満足できる安定のプログラムが組まれているところもポイントだが、個人的に好きなのは、どの席に座っても視界が遮られず見やすいところ。フィルム上映が基本となっていること（デジタル上映の場合にはチラシに記載あり）。作品のスクリーンサイズに合わせて左右の幕がちゃんと閉まること（デジタル化された作品がシネコンや一部のミニシアターでかかるとき本来の画面の左右にデジタル素材のベタ画面を見せられる＝本当の暗闇を生み出さないのは劇場で観る意味が半減する）。指定席でないところ（インターネットでのチケット販売に伴い座席の「自由」が名画座でも失われつつあるのは由々しき問題だ）。

そして、神保町にある映画館ならではの強みは、観たばかりの文芸ものの原作がすぐ手に入ったり、矢口書店や@ワンダーで専門書やパンフレット、ポスターなどを物色したりできること。お気に入りの喫茶店や飲食店で余韻に浸る時間もセットで、贅沢な映画体験が約束されている。

インパクトある外観の神保町シアター。2階が神保町よしもと漫才劇場だ

神保町で打ち上げするのは大変だ

●ワクサカソウヘイ

古本屋の街、もしくはカレー屋の街。神保町はそのように語られがちなわけだが、私にとってそこは「若き芸人の街」である。

NSCという学校がある。吉本興業株式会社が運営する、芸人の養成施設だ。漫才やコントを商材とした人生を切り拓く、そんな奇特な将来設計を抱いた者たちが大勢通うNSCの東京校は神保町にあった。過去形であるのは、二〇二三年の四月に同校は東池袋のサンシャインシティ内へ移転となったからだ。

私はもう七年ほど、NSCで講師職を務めている。担当授業日は月に四回、つまり二〇二二年度末まで週に一度のペースで神保町に足を運んでいたことになるわけだ。

出勤時間はだいたい夕方。「神保町よしもと漫才劇場」という、若手の芸人たちが切磋琢磨する舞台、その上階にNSC東京校の教室はあった。劇場ビルの裏口で警備員さんに挨拶をして、エレベーターに乗り込む。扉が開けば、そこには百名ほどの「芸人ゼロ年目」の生徒たちが待ち構えている。

窓から夕陽が射し込むその部屋は、毎度毎度、ギラギラとした空気感で満たされていた。肩が上がり、目つきの強張った生徒たちを前にすると、胸の中に現れるのは独特な緊張感。さあ、今日も下手なことは言えないぞ。静かに深呼吸をしてから、マイクを握り、授業を始める。

NSCの名は、プロとなった芸人たちがメディアを通じて生徒時代のエピソードを語ったりすることから、広く知られている。だから、NSC講師という肩書は、かなり通りがいい。「作家をやっています」と自分の主たる職業を開示しても、「へえ」という薄いリアクションしか返ってこないが、次いで「NSCで講師をやったりもしています」と述べると、「へえ〜!」と強めに反応してもらえる。

でも、NSCはそのネームバリューに反して、「いったいどのようなことをやっている学校なのか」ということは全然知られていない。知られてなくて当然だ。そこで展開されている授業内容は、大喜利講座にダンスレッスンにモノボケワークショップに発声練習、それにネタ見せ（新ネタを披露して講師から講評を受ける）と、実に雑然としており、生徒も運営陣も他者に対して端的に「こういうことをやっています」と説明することができないのである。私の授業は「笑い」と「面白い」の正体を体系づけて考察していく内容の座学で、混沌とした全体カリキュラムをさらに混ぜ返している。

無秩序にも似た、笑いの実験場。しかしそこには、これだけは守るべきと入学初日から生徒に与えられる厳格な校則があった。それは、「神保町の飲食店を利用してはならない」というものである。

いったい、どういうことなのか。

神保町には、数多くの食事処がある。カレー屋があり、天ぷら屋があり、老舗の居酒屋があり、誘惑の匂いが路上に漂っている。こうなれば授業の前後にどれかの暖簾の先に寄りたくなるのは当然であるわけなのだが、しかし過去、NSCに通っていた者たちが神保町の居酒屋にて周囲の卓に迷惑をかける大騒ぎの飲み会をした、という「事件」があったらしい。以来、トラブルを避けるために生徒らは学校近辺で飲み食いしてはならぬ、というルールがもたらされるようになったのだという。なんてワクワクしない話であろう。

さて、ある年のこと。私はいつも通り、神保町の教室へと出勤した。いつも通りエレベーターが開くと、そこにはいつも通り、百名の生徒たちが待ち構えている。はずだった。

どう数えても、二十名しかいない。

思わぬことに面食らいつつ、そこにいる生徒たちにわけを聞いた。なんでも先日に、授業の一環として階下の劇場で生徒たちが出演する寄席ライブが開催され、そこで予想以上のウケを得てしまったものだから、気を良くした八十名ほどが神保町の居酒屋でこっそり打ち上げを敢行、しかしその人数で「こっそり」になるわけもなく、飲めや喋れやの時間を楽しんでいると、NSC運営の事務局職員にその様子をクイックで発見され、ルール違反として一か月の謹慎を言い渡されたのだという。

　私は困り果てた。今日の授業は、百名の生徒がいることを前提に組み立てているのである。これでは用意してきたワークができない。しかたがないので、「了見」についての話をした。芸人とはつまり、非常識なことをする職業だ。非常識なことをするためには常識、つまり了見を広く持っていなくてはならない。神保町界隈で飯を食うな、というルールは私が作ったわけではないが、しかしNSCに通っている間は生徒のみんなにとって持っていたほうがいい了見なんだとは思う。だからまあ、ここにいる謹慎を喰らわなかった君たちは、芸人を目指す者として、それなりの了見を持っていると自負していいよ、みたいなことを偉そうに喋ってお茶を濁した。

　次の週の授業、扉が開いたら、こんどは十名しかいなかった。この一週間で、さらに二十名のうちの半分が授業終わりに飲み会を神保町で開催して、すみやかに見つかって、謹慎となったらしい。どうしてだ、君たち、どうして神保町で飲むことにこだわるんだ。お茶の水になぜ行かないんだ。

　そこにいる十名と、私はこんな約束をした。神保町には「酔の助」という大衆居酒屋の名店がある。君たちが来年の春に芸歴一年目の芸人として舞台に立った時は、お祝いと、そしてこの授業の打ち上げを兼ねて、そこで飲もう。それまでは、どうかここにいる十名は、謹慎になるようなことはしないでね。

　そうして春が来た頃、パンデミックが世を襲った。生徒も講師もマスクを着けての授業となり、校則とは関係なく、街での飲み会は封印された。そうこうしているうちに「酔の助」は閉店となり、約束が果たされることはなくなった。

　神保町は、私にとって「若き芸人の街」であり、そして「時の移り変わりを象徴する街」でもある。パンデミックが落ち着き、NSC東京校は東池袋へと移転した。地域を潤すために、いまでは学校の界隈でも飲食OKになったそうだ。

　世の常識や了見は大きく変わった。劇場はまだ神保町に残っていて、あの時に謹慎を喰らった者たちは、プロの芸人として舞台の上で気兼ねなく大騒ぎしている。

閉店の挨拶が貼られた酔の助。
岩塩ピザが名物だった

本と人の交差点だった書肆アクセス

◉畠中理恵子（地方・小出版流通センター）

　すずらん通りにあった書肆アクセスが閉店したのは二〇〇七年十一月。地方・小出版流通センター（以下、地方小）の店売部門として一九七六年に始まったそうです。神田神保町のすずらん通りの裏手は本を扱う中小規模の取次店が並ぶ、神田村と呼ばれる地域です。たった十坪の書肆アクセスもその一角で、流通しにくい地方小の本を取次として展示販売していました。

ご近所の古書店や専門店も仕入に来られました。よくいらしたアジア文庫の故・大野信一さん。アジア全般の本の専門店です。（アジア文庫は現在、中国関係図書専門の内山書店が引き継いでいます）寡黙な大野さんは（苦笑いされそうだけれど）知的でとても頼りになる方でした。九〇年代「神保町地盤沈下」を憂い、近所の新刊書店員有志で作った集まりの代表も引き受けてくださいました。この会は、三省堂書店神田本店の守屋淳さん（もう名前だしてもいいよね）、東京堂書店から故・小島清孝さん（『書店員の小出版社巡礼記』／出版メディアパル）、佐瀬芽久美さん、東方書店（すずらん通りのもうひとつの中国関係図書専門店）から田村正さん、地方小から門野邦彦さん、黒沢説子さんと私、というメンバーで作ったもの。「本の街神田神保町」の集客の陰りが何とかならないかと意見を出し合って「神田神保町路地裏マップ」を作りました。街のうわさを一枚にして、本の街神田神保町の路地裏ならではの魅力を知ってもらい、歩いてもらいたい、と三号目まで出したのかな。新聞にも取り上げて頂きました。

書肆アクセスは取次業務だけでなく、普通に書店としてお客様にも本を販売していました。北海道から沖縄まで、地方小の扱う版元の本や、独自仕入れの本や冊子。私はここで森崎和江や渡辺京二を知り、沖縄に魅了されました。コミック『山原バンバン』（ボーダーインク）と出会い沖縄に魅了されました。『本の雑誌』『広告批評』『幻想文学』地域雑誌『谷中根津千駄木』。関西の詩や文学を扱う編集工房ノア。大杉栄らアナキズム思想書を刊行するのが黒色戦線社。建築をテーマにしたＩＮＡＸブックレット。奇書と呼ばれた『東日流外三郡誌』。秋田の無明舎出版、九州を掘り起こす葦書房、石風社、弦書房…。各地元を題材にした文庫。その土地に寄り添った本や冊子は身近で、今の時代の方がいっそ面白がる読者が多いかもしれないですね。

「京都の『ＡＲＥ』という雑誌を置いてないですか？」と聞かれることが多くなったのはいつだったか。書籍が中心の棚作りだったので積極的に「ミニコミ」は置いていませんでした。あまり聞かれるので気になり始めました。同じ時期、真下弘孝さんから『ｓｕｍｕｓ』という冊子を持ち込まれます。山本善行さんが編集代表、同人に生田誠、岡崎武志、荻原魚雷、扉野良人、故・松本八郎、林哲夫、吉川登各氏。（のちに南陀楼綾繁さんが加わる）第一号の特集は「三月書房・本は魂をもっている」。故・宍戸恭一さんは思想家吉本隆明とも交流があり、多くの読書家を魅了、京都に三月書房あり、と言われる書店です。『ｓｕｍｕｓ』は、その内容、洗練された装丁も手触りも、私にとって「ミニコミ」への認識が変わった冊子です。（『ＡＲＥ』も林哲夫さんが関わる同人誌と判明）古本好きで個性豊かな同人の魅力が詰まり、書肆アクセスに新しい層のお客さんを呼び込んでくれました。先の真下弘孝さんが同人の『modern juice』。近代ナリコさんが編集人。鴨居羊子ら、独特の視点での本、古本を特集し、浅生ハルミン、池松江美（辛酸なめ子）、田中慶一、扉野良人、市川慎子（海月書林）、福島杏子（貸本喫茶ちょうちょぼっこ）各氏が寄稿していました。今まで「古書」との関わりが殆ど無かったのですが、この二誌から古書の世界に触れ、本の世界が広がって行った気がします。そして、「ミニコミ」を積極的に販売するようになると「こんな冊子が出たよ」「こんな本を探しているんだけど」「こんなひとがいるよ」とお声掛け頂くことが以前より多くなりました。

定期的に町を回って本の棚をチェックする人たちが神保町にはたくさん居ます。故・坪内祐三さんは（たぶん）週に何度か回遊し書肆アクセスにも寄られ店内を一周して帰られました。『彷書月刊』の故・田村治芳編集長（なないろ文庫ふしぎ堂）や晶文社の故・中川六平さんも「ヨッ」と寄られ、みなさん遭遇すると連れ立ってどこかに行かれるのが楽しかったです。石田千さんには、ひとや本を紹介頂いたり、書肆アクセス所縁の方に、「●●が選んだ書肆アクセスの10冊フェア」のアイデアを頂きました。『ｓｕｍｕｓ』の岡崎武志さんや荻原魚雷さん、南陀楼綾繁さんも寄ってくださり、店でばったりお会いになったりしました。

南陀楼さんは『物数奇』という冊子を出していて、同人が研究課題を発表する不思議な会を主宰されていて、濱田研吾さんともこのご縁で『脇役本』などを扱わせて頂きます。『汁かけめし快食學』の故・遠藤哲夫さん。『酒とつまみ』に出会ったのもこの頃かな。『畸人研究』『中南米マガジン』『北海道いい旅研究室』『昭和プロレスマガジン』、面白かったなあ。橋本倫史さんの『ＨＢ』は当時の日本の持つ空気を「ドメスティック」と捉えるなど、すごく繊細で先鋭的でした。その頃刊行された南陀楼さん編集『ミニコミ魂』（晶文社）は画期的な本だと思います。

早稲田の古書現世の向井透史さん、立石書店の岡島一郎さんともこの頃知り合い、アナーキーな早稲田古書店界に感激。『世界屠畜紀行』執筆中の内澤旬子さんとお喋りするようになるのもこの前後。とにかく楽しかったです。田中栞さんたちが活動する豆本の世界、小さな宇宙をコツコツ作られる豆本作家の方々は魅力的でした。豆本ガチャ、人気がありましたねえ。

店というのは通りみたいなもので、たくさんの人と出会う興奮や僥倖は、読書と一緒、生活の糧になります。「何かひとつでもみつけて帰ってくだされば」と店を開けてました。何を思い出しても懐かしい。そして、古本まつりの季節になると、法被姿で「元気なの？」と店に寄ってくれた岩波ブックセンター信山社の故・柴田信さんの笑顔を思い出します。

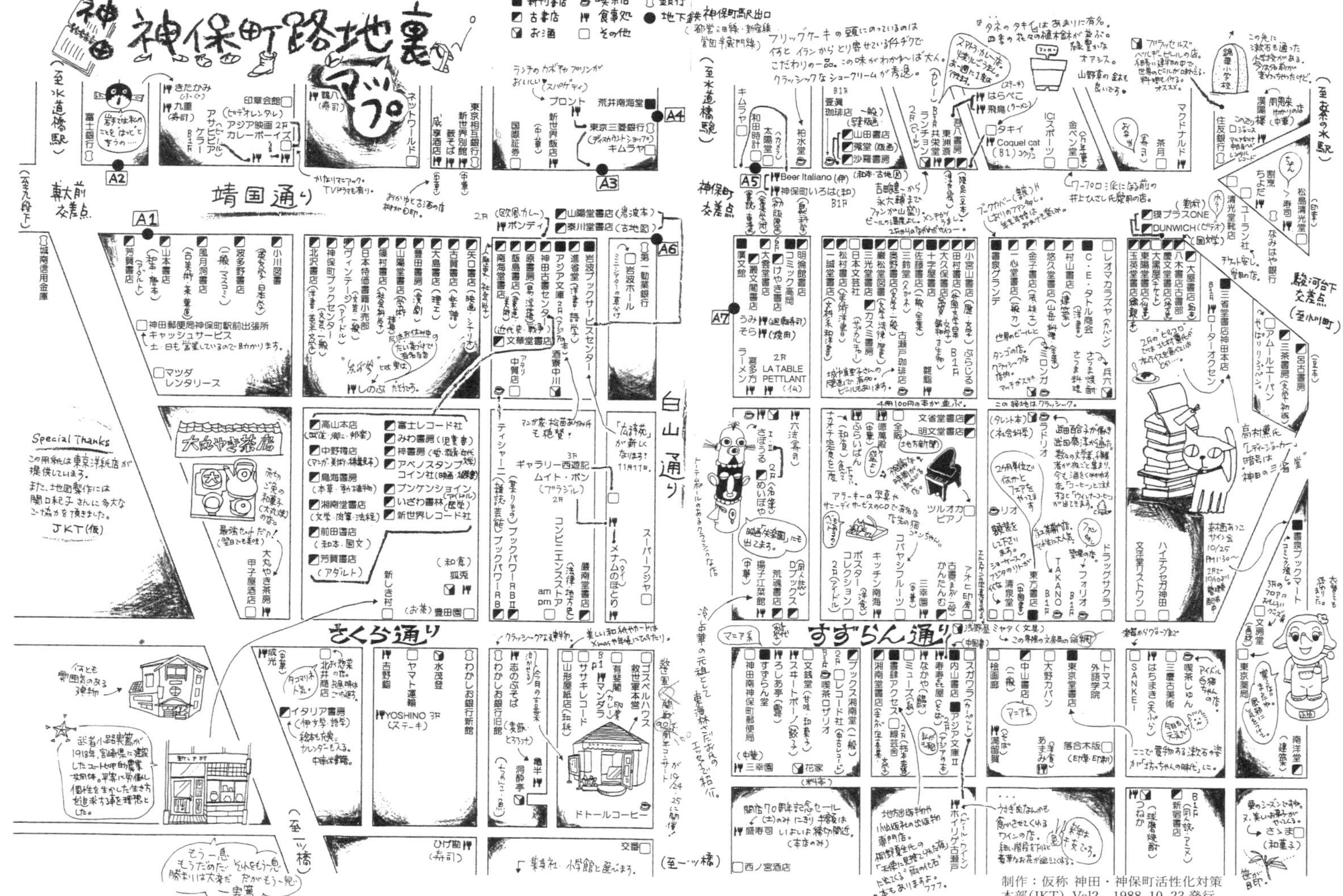
神保町路地裏マップ
新刊書店
古書店
お酒
喫茶店
食事処
その他
銀行
地下鉄神保町駅出口
（都営三田線・新宿線
営団半蔵門線）
至水道橋駅
至九段下
九段下
軒前交差点
靖国通り
至水道橋駅
神保町交差点
駿河台下交差点
（至小川町）
至茶の水駅
白山通り
さくら通り
すずらん通り
至一ツ橋
A1
A2
A3
A4
A5
A6
A7
富士銀行
きたかみ
九重（寿司）
アジア映画 2F
カレーボーイズ
アサヒビアケラー B1F
印章会館
鶴八（寿司）
ネットワールド
成享酒店
新世界別館
東京相互銀行
蕎そば
国際証券
新世界飯店
プロント
荒井南海堂
東京三菱銀行
キムラヤ
城南信用金庫
芳賀書店
山本書店
風月洞書店
波多野書店
小川図書
北沢書店
神保町ブックセンター
ヴィンテージ
日本特価書籍小売部
篠村書店
山陽堂書店
豊田書店
大島書店
古賀書店
矢口書店
神田郵便局神保町駅前出張所
キャッシュサービス
土・日も営業しているので助かります。
マツダレンタリース
しのぶ
南海堂書店
飯島書店
原書房
神田古書センター
アジア文庫
進省堂
岩波ブックサービスセンター
文華堂書店
中賀店
酒菜中川
ボンディ
山陽堂書店
泰川堂書店
第一勧業銀行
岩波ホール
大丸やき茶房
甲子屋酒店
Special Thanks
この用紙は東京洋紙店が提供しています。
また、地図製作には関口紀子さんに多大なご協力を頂きました。
JKT（仮）
高山本店
中野書店
鳥海書房
湘南堂書店
前田書店
芳賀書店
富士レコード社
みわ書房
梓書房
アベノスタンプコイン社
ブンケンショイン
いざわ書林
新世界レコード社
新しき村
豊田園
狐兎
ティシャーニ
ブックパワーRB
ブックパワーRBⅡ
ギャラリー西遊記
ムイト・ボン
コンビニエンスストア
巌南堂書店
メナムのほとり
スーパーフジヤ
「古書苑」が新しくなりました！ 11月17日
キムラヤ
和田時計
太陽堂
柏水堂
Beer Italiano
神保町いろは
壺眞珈琲店
山田書店
莵堂
沙羅書房
ランチョン
共栄堂
東洋書房
君八書房
はらぺこ
飛鳥
タキイ
Coquel cat
ICIスポーツ
金ペン堂
茶月
マクドナルド
住友銀行
漢陽楼
周興
錦華小学校
明倫館書店
コミック高岡
けやき書店
大雲堂書店
巌文閣書店
廣文館
うみ
そら
ラーメン
喜多方
LA TABLE PETTLANT
一誠堂書店
松村書店
日本文芸社
三茶堂書店
巌松堂図書
カスミ書房
美野書店
三省堂
佐藤書店
十字屋書店
大久保書店
田村書店
小宮山書店
古瀬戸珈琲店
ぶらじる
暖路
書泉グランデ
一心堂書店
金子書店
悠久堂書店
村山書店
C・E・タトル商会
レオマカラズヤ
ミロンガ
さぶちゃん
兵六
玉英堂書店
東陽堂書店
大屋書房
慶文堂書店
八木書店古書部
猿プラスONE
DUNWICH
三省堂書店神田本店
ローターオクセン
アムールエーバン
三茶書房
宮古書店
松島清光堂
清光堂靴店
ユーラン社
なみはや銀行
ちよだ
寿司
割烹
六法
さぼうる
めいほや
揚子江菜館
荒魂書店
Dブックス
全線
明文堂書店
文省堂書店
徳萬殿
ふらいぱん
ナオテ恵美を庭
ポスターコレクション
キッチン南海
コバヤシフルーツ
三幸園
古書かんだんむ
アイヒ印房
ツルオカピアノ
ラドリオ
リオ
東方書店
TAKANO
フォリオ
ドラッグサクラ
清泉堂
ハイテクセガ神田
文洋堂リストワン
書泉ブックマート
文房堂
東京堂書店
南洋堂
浅野屋ミヤタ（文具）
この界隈の文房具の総本山
北沢書店
成光
北井商店
吉野鮨
ヤマト運輸
水茂登
YOSHINO 3F
わかしお銀行新館
わかしお銀行旧館
志のぶそば
山形屋紙店
ササキレコード
有斐閣
マンダラ
救世軍本営
ゴスペルハウス
ドトールコーヒー
洞酔亭
亀半
イタリア書房
武者小路実篤が1918年、宮崎県に建設したユートピア的農業共同体。
何とも雰囲気のある建物
神田南神保町郵便局
すずらん堂
ろしあ亭
スキートポーノ
文銭堂
喫茶ロザリオ
レコード社
ブックス湘南堂
三幸園
花家
湘南堂書店
書肆アクセス
ミューズ
なかや
寿々喜屋
内山書店
アジア文庫Ⅱ
スヅカラ
檜園
中山書店
大野カバン
東京堂書店
トマス外語学院
あまみ亭
落合木版
満留賀
SANKEI
三喜古美術
はらまき
喫茶しゅん
盛寿司
西ノ宮酒店
ホイリゲ古瀬戸
つねか
新宿書店
さゝま
ひげ勘
交番
集英社・小学館と並びます。
至一ツ橋
制作：仮称 神田・神保町活性化対策本部（JKT） Vol2 1988. 10. 23 発行

帰ってきたぜ、神保町！

☆本誌が神保町に越してきて一年と四か月。千鳥ヶ淵の桜もお堀の鴨も見慣れた風物詩となったが、しかし。まだまだ解明されない謎も少なくない。というわけで、昨年十一月号以来二度目の神保町特集に挑戦。ご老公とゆく神保町の出版社から二階以上の怖〜い古本屋、ランチ対決にナイトクルージングまで、パワーアップして神保町が帰ってきたのだ！

おじさん三人組、神保町のご老公と出版社を行く！

一説によると、神保町の町内には二百五十に近い出版社があり、神保町交差点を中心にした半径約七百五十メートル界隈には約七百五十！の出版社があるという。ちなみに東京二十三区の出版社数は約千七百五十社だから、神保町界隈だけで二十三区の四十三パーセントを占めていることになるのだ。

　では、神保町にはいつからこんなに多くの出版社が立ち並び始めたのか、いったいどんな出版社があるのか。そうだ、おなじみの本誌おじさん三人組が神保町の街に繰り出して、出版社を訪ねてみよう！

今回は強力な助っ人をおよびすることにした。その助っ人こそ柴田信氏。神保町の交差点からいちばん近い新刊書店「岩波★ブックセンター信山社」の会長にして、本の街神保町を元気にする会事務局長。御年八十三歳のミスター神保町、またの名を神保町のご老公である！　神保町のご老公にしたがうは、右に助さん（浜本）、左に格さん（宮里）、そして後ろに控える風車の弥七（杉江）だ。って、おっと、実は杉江は急用で本日はお休み。代わりに編集部松村が参入することに。「うっかり八兵衛です」と本人は言うが、かげろうお銀（由美かおるね）じゃなくていいのか。

一階のロビーで吉村氏と再会

　というわけで、おじさん二人組＋おばさん一人がご老公の助けを借りて神保町の出版社をめぐりゆく突発企画。第一弾の訪問先はご老公の店から歩いて二分の岩波書店。いわずとしれた日本を代表する出版社である。

　ちなみに一九一三年八月五日に岩波書店が古書店として創業開店した場所が現在の岩波ブックセンター信山社。つまり創業の地を引き継いだわけで（店子だけど）、ご老公の店は岩波書店の本の売上げでは全国で十指に入るとのこと。さすがなのである。さっそく一階ロビーの応接セットに落ち着き、ご老公から宣伝部の吉村弘樹課長に今回の趣旨を説明してもらう。

柴　神保町を歩いて、神保町の出版社を何軒か年寄りが訪ねてゆくという。重々しくはないけれど、軽々しくもない、そういう感じでね。

吉　本の雑誌社さんらしいテイストの企画なわけですね。私も以前、広辞苑の編集部にいたときに一か月で二キロ太ったという記事を書いていただいて、田舎で評判になりました（笑）。

　なんと、吉村課長は本誌九八年七月号で浜本のインタビューを受けていたのである。

浜　すみません。あの頃は体重の増減というものに非常に興味があったものですから（笑）。

松　ええと、奥に看板がかかっていますけど、あれが有名な漱石の書なんですか。

吉　ええ。夏目漱石先生が創業者岩波茂雄に与えたものです。なかなか書いてくれなくて漱石先生が反故にしたものから良さそうな字を拾ってそれで作ったなどという説もありますが。

創業百年記念出版が目白押し

柴　前の社屋にあの看板がかかってたときは貫禄があったよね。蔦のからんだビルで反対側が入口だった。本館裏手の新館は九〇年くらいに建てられたんだよね。

浜　このビルは何階建てなんですか。

吉　七階建てです。三階と四階が裏の新館ビルとぶち抜きになっていまして、新館はテナントさんがほとんどなんですが、三階と四階だけは私たちが使っています。古いビルと新しいビルがつながっている不思議な空間ですね。

三階が販売・宣伝など営業系、四階から上が編集関係のフロアだという。

社員は約二百人。うち編集部が百人弱で、年間六百点以上を刊行。吉村さんが課長を務める宣伝部は常駐のデザイナーや校正者を含めて総勢十三人とのことだが、創業百年で大忙し。八月に創業百年を迎えた岩波書店では「新版アリストテレス全集」全二十巻＋別巻、『岩波世界人名大辞典』、「岩波講座日本の思想」全八巻、「岩波講座日本歴史」全二十二巻と創業百年記念出版が目白押しなのだ。いかにも岩波書店らしい重厚な企画ばかりだが、ご老公のイチ押しは「日本歴史」。

柴　うちは「日本歴史」の問い合わせが多い。やっぱりこれだけの学者を集めるってことが、岩波ただもんじゃないぞって思わせるんだね。

吉　そうですね。売らねばならんですね。

浜　社屋の目立つところに「創業百年、ありがとう！」とか、そんな垂れ幕のひとつもあってもよさそうなものですが、まったくないんですね。

柴　集英社、小学館、講談社だったら、やるよね。

浜　やるでしょう。だって創業百年ですよ。

柴　あれ、ふんどしっていうんですよ。神保町の交差点の角の岩波ホールの入ってるビルがあるでしょ。あそこにもいろんなところがふんどし下げさせてくれってくるんだけど、岩波雄二郎さんが一切だめだと。下品だって許さなかったんですよ。だから社屋にも下げない。

宮　やっぱり品が大事なんですね。

いかにも岩波書店らしいエピソードに唸らされた四人はお土産に「本と岩波書店の百年」というフェア用の小冊子をいただいて社外へ。

柴　次はどこ行くの？

浜　有斐閣です。

柴　私は有斐閣にもちょいちょい来るんだ。会長に会いに来るから。

岩波書店から徒歩一分、法律書で有名な有斐閣のビルはさくら通りに面したシックな八階建て。受付で来意を告げると、さっそく西野康樹取締役総務部長に七階の応接室に案内される。これもご老公の威光だろうか。

江草社長（左）と西野氏（右）

柴　神保町じゃ、有斐閣がいちばん古いんだからね。

浜　初代は忍藩の藩士だったそうですよね。

江草貞治社長　そうですね、『のぼうの城』の。一八七七年に古書店を始めたんです。まあ、どちらも始めはそうですよね。

なんと有斐閣の創業は一八七七年、明治十年なのである！　創業百三十六年なのだ。

江　もともと九段下のほうに幕府の公儀機関「蕃書調所」（後に「開成所」に改称）があって、その後、明治政府に引き継がれ、現在の学士会館あたりに移り、いまの大学の前身となる学校が建てられたことから、書店未開の地だった神保町に創業したようです。最初は古書店ですから、学生さんが使ってるテキストを買って、それをまた売って、たまに学生さんに小遣いあげたり、いろいろパトロン的に面倒を見ることもして、将来偉くなったら、本を書いてよ、と。

戦前には満洲有斐閣という会社もあったそうだが、社内に当時の本が残っていないため、社長がヤフオクなどで集めることもあるらしい。

三十年ほど前までは東大の正門前に、有斐閣本郷支店という名で書店も出店していたとのこと。雑誌編集部も本郷にあったが、今年の五月に本社隣のビルに移転。初めて法律部門が神保町に集結したという。

有斐閣の創業出版は地図！

現在、社員は百人。編集部は六十人弱で男女ほぼ半々とのことだが、その四分の三が法律系。法律系の編集者は法律学専攻限定の募集で、心理系は心理学専攻、政治系は政治学専攻と専門分野に特化した採用をするらしい。

年間の刊行点数は二百点を超える。有斐閣といえば法律書のイメージが強いが、売上げ的には法律系以外のものも二十五パーセント程度ある。経済学、経営学、社会学、心理学など、他分野のシェアもさらに伸ばしていく、というのが目下の目標だという。

松　辞書もそうですけど、六法も校正が大変そうですね。

西　私も入社して最初十年は六法編集に携わりましたが、とにかく校正が大変でしたね。例えば元の官報が間違ってたら間違ったままとするような校正なので。

松　あ、そうなんですか。ママとか振るんですね。

西　法律の辞典も担当しましたけど、執筆者が多くて。もちろん全項目そろわないと本にならないので、大変時間がかかる。ある先生が原稿を書き終えて「これから二年、在外研究に行くからよろしく」と出発されて帰ってきたところ、なんとまだ本ができていない。さらに、法律の辞典なので、毎年改正があり、書き直しのお願いまですることに（汗）。

いやはや。専門書ならではの苦労話に心から同情したあとは再び一階へ。一階はさながら有斐閣の歴史展示ホールとなっていて、歴代の社長や古い社屋の写真などが飾られているのだ。

柴　最高のお宝は最初の印刷物。地図なんだよね。

浜　おお、一八七八年の地図ですね。ということは創業の翌年に出版を開始したんだ。

西　こちらの看板は大正元年の店舗改築のときに制作したものです。

宮　有斐閣のマークはライオンと鷲ですよ！

江　ええ。創業七十周年に制定された社章で、左の「鳥の王」鷲は「経済人文」を、右の「獣の王」獅子は「法律」を表し、各分野での優れた書籍の出版を目標とした理想を示しています。背景の青赤はそれぞれ静脈・動脈を表し、静かな中にも動的なもの、動的な中にも静かなもの、両者の融合と活動によって生き生きと発展しようとする意思を表現しています。

　なるほど。本の雑誌社の社章「マスク少年」とはえらい違いのような……。と、二社を訪ねたところで、正午も◆まわったので、さくら通りの「なかや蒲焼店」でランチタイム。明らかにご飯の量が多いランチうなぎを食べ終え、さくら通りを歩いていると、ほうぼうから「こんにちは」とご老公に声がかかる。笑顔で応えるご老公。ご老公はこのあたりの飲食店はほとんど制覇しているらしい。

松　次の目的地の平凡社は帝国書院のビルですね。

宮　七階が受付みたいです。

　エレベーターで七階へ。うっかり八兵衛を先頭に受付目指して、どんどんと社内に乗り込んでいく。本日案内してくれる取締役営業担当の下中美都さんもご老公とは旧知の仲。大のピアノ好きで、古書の街を盛り上げている音楽仲間の演奏会に、ご老公も聴きに行ったことがある。

うなぎの大きさについて語り合う人々

浜　いつ神保町に越してこられたんですか。

下　去年の三月の十九日。御社よりちょっと前ですね。その前は白山で、白山に移ったときも本当は神保町に来たかったんですけど、当時はみんなが入れる物件がなくて。で、十年白山にいたんですけど、やっぱり本の街だと。

　八階のエレベーターホールからは皇居のお堀や首都高速が見下ろせてなかなか壮観。八階全部を占める編集部は境もなく広々としている。

下　七階は営業管理、八階が全部編集部で、手前から一般書、別冊太陽、企画課、新書、東洋文庫、白川静編集部と並んでいます。本でぐちゃぐちゃですけど、どこも一緒ですよね。

宮　広いなあ。社員は何人くらいいるんですか。

下　七十人ですね。

松　編集部は女性が多いみたいですね。

下　六対四くらいで男性のほうが多いです。でも女性は増えてますね。平凡社の歴史上、いまがいちばん多い。

　新書の編集部で浜本が立ち話をしている。なんと編集長の福田祐介さんに本誌九九年四月号でインタビューをしていたという。なんという奇遇続きの一日なのか。

　フロアの脇にはずらっと本棚が並び、各編集部の資料が収められている。別冊太陽編集部の棚に大判の大学ノートが大量に並んでいるので、なにかと思ったら、著作権継承者を記載したものだという。何の特集の何ページの仏像の写真はどこの寺から借りて著作権者は誰かという情報を各号ごとに一冊のノートにまとめているのである。別冊太陽は雑誌とはいえ、書籍のように長く販売されるため、二十年前、三十年前の号の問い合わせがくるらしく、このノートは

創業者下中弥三郎像と下中美都さん

必須とのこと。

柴　大変なもんだね。伝統があるというのは。

平凡社の創業は一九一四年。埼玉師範の教師をしていた下中弥三郎が自著『や、此は便利だ』を出版し、大当たりしたのがスタートというから、来年で百周年になる。

下　一昨年が弥三郎の死後五十周年で、生まれ故郷の丹波篠山でいろいろイベントがありまして、私にも祖父のこと話してくれって言われて資料を作ったんですけど。百科事典で当てたかと思うと、平凡という雑誌を出して、つぶれそうになったり。あげく大風呂敷で逃げ切ってみせる（笑）。出版社ってそういうもんですよね。

伝統の重さを感じつつ、次の目的地晶文社を目指し、再びさくら通りへ。集英社本社ビル、小学館ビルを横目に白山通りを渡り、すずらん通りに入る。宮里格さんが「晶文社、緊張するなあ、知らない人ばかりだったらどうしよう」と武者震いをしている。なにを隠そう、キャンドル潤は当社の前に晶文社に勤めていたことがあるのだ。

頑張れ潤、など言ってるうちに晶文社が入居しているビルに到着。四階に晶文社、五階に晶文社編集部と表示が出ている。エレベーターを五階で降り、斉藤典貴編集長の案内のもと全員で編集部をぐるりと一周。窓際に「晶文社」というシブイ看板を発見。なんでも御茶ノ水昌平橋の社屋にかかっていた看板とのこと。岩波書店といい有斐閣といい、昔の看板を社内にかけている出版社が多いのはどういうことなのだろうか（晶文社は置いてあるだけだけど）。社員は二十人というが、編集部だけで十六の机が用意されている。

斉　学校案内が始まるとアルバイトさんも来ますので。以前は学校案内の部門と文芸書がわかれてたんですけど、いまは一緒になりましたので。文芸書だけだと編集部は四人ですね。

続いて四階へ。自社本がぎっしり並ぶ棚の横の応接セットに着席。

柴　私も『古川ロッパ昭和日記』とか、あの手は持ってるよ。

浜　刊行年月を書いたシールが貼ってあるんですね。

斉　カバーをとると、またカバーがあるんですよ。帯もついてる。で、上のカバーにシールを貼ってある。九〇年くらいにみんなでやったんですけど、三十年分くらいをいっぺんにやったので、けっこう大変だった記憶があります。

宮　前より増えてますね。

斉　そうですね、最新刊が二千九百十七だから。

浜　二千九百十七点！　すごい。

柴　いい本がいっぱいあるよねえ。晶文社といえば、昔は新卒の学生はみんな入りたいって言

平凡社で最も本を作る男関口さんと「別冊太陽」ノート

晶文社といえばやはり犀！

ってた。憧れの版元のひとつだよね。

浜 そうですね。僕も入りたくて電話で問い合わせましたから。で、建物みて、えって（笑）。

斉 前の社屋をみるとだいたいみんな引きますよね（笑）。

宮 ここは何年ですか。

斉 ここに移って三年半です。

このあと亡くなった創業者の中村勝哉社長の博奕についての武勇伝がご老公と斉藤編集長の間で延々と交わされるが、割愛。

「こうやってぐるぐる回っていいとこどりして、本の雑誌も発展するわけだね」とエレベーターを降りながらご老公はつぶやくのであった。

というわけで、ぐるぐる回りもいよいよ最後。ミスター神保町ことご老公ですら一度も行ったことがないという未知の出版社、つり人社である。靖国通りを渡って北へ二分ほど、茶色のおしゃれなビルが目的地だ。

つり人社は一九四六年に「月刊つり人」を創刊した日本最古の釣り専門出版社。「スーさん」を自称する鈴木康友社長が四代目で、現在は「つり人」のほかに月刊誌を三誌（バス釣り専門誌、フライフィッシング専門誌、北海道の釣り専門誌）、さらに隔月刊のヘラブナ釣り専門誌、年二回刊の鯉釣り専門誌、季刊のトラウトをルアーで釣る専門誌と、合わせて七誌の定期誌を出しているうえ、iモードの釣りサイト、ハンドメイドの釣りグッズを販売するサイトも手掛けている、まさに釣り人のための出版社だ。「月刊つり人」の山根和明編集長によると、このおしゃれなビルは、なんと自社ビルだという。

山 九八年に丸香の向かい側のビルから移転してきまして。

浜 九八年くらいに自社ビルを建てた出版社って、そうはないですよね。

山 釣りって昔から景気にあまり左右されないんですよね。

編集部に釣り竿が！

松 釣り人は常にいると。

柴 私は昔、池袋の芳林堂にいたんです。四、五十年前ですが、芳林堂という店は週刊女性や女性セブンは五、六冊しか売らないのに朝日ジャーナルは百冊売るっていう、特殊な専門性の高い店だったんですけど、売れましたよね、「つり人」は。すごく息の長い雑誌ですよね。

山根編集長は七歳から釣りを始めたそうで、母親の実家の福岡県柳川で「バンバン釣りまくって」開眼。大学四年の夏にアルバイトとして入って以来、つり人社一筋とのこと。

柴 私はね、親父が釣り好きだったんだけど、あるとき連れていかれて、私がトイレに行きたいって二人でトイレに行ってる間に、お隣の人が釣ったんですよ。それを親父が「あれは俺が釣ってたんだ！」って怒ってねえ。ひっぱたかれたの。それ以来、釣りは嫌いなの（笑）。

松 なんて料簡の狭い（笑）。

山 お父さんがあまりにも釣りにハマっていると、家庭を顧みないんですよ。釣り未亡人という言葉もあるくらいで（笑）、結婚してはいるけれど、旦那は釣りばかり行って、週末は一人ぼっちに。

松 そういう人たちがいっぱいいて、「つり人」を毎月買ってるんですね（笑）。

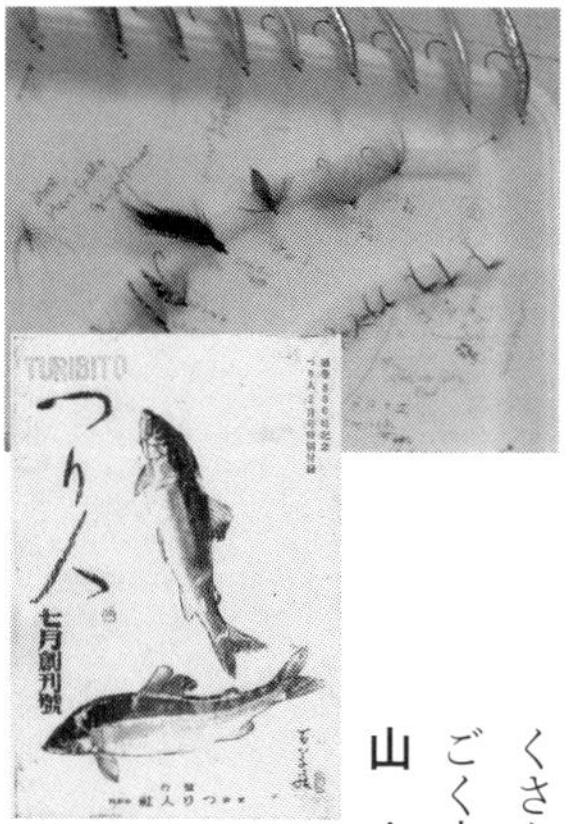

壁の毛針と800号記念で復刻された「つり人」創刊号

山根編集長によると、釣り専門の出版社はつり人社以外にもあったそうだが、九五年くらいからバスブームが到来し、趣味系の出版社が釣りジャンルに殺到。一時はバスの専門誌だけで五十誌という狂乱状態に陥り、結果的に老舗の釣り専門出版社が倒産、ブームが下火になった途端に新規参入の出版社は引いていったため、残ったのはつり人社だけ、という状況らしい。

浜 いま社員は何人ですか。

山 三十人くらいですね。

松 それでこんなに、雑誌をたくさん出されているって……すごく大変ではないですか。

山 ……助けてください（笑）。

浜 「つり人」編集部には何人いるんですか。

山 五人です。

浜 これ、大変だよ、手間が。

宮 情報量がすごいですね。

山 ただ、いまは電子化されたので、ものすごい楽になりましたよね。

浜 編集部は、みなさん、釣りはやられるんですよね？

山 ええ。やります。

宮 男性が多いんですか。

山 男ばかりです。ただ、来年女性が久し振りに入る予定になっています。

柴 何歳くらいまで釣りってできるもんですか。

山 そうですね。うちの先代は今年九十歳なんですが、毎年鮎釣りに行ってます。私が運転手でついていくんですけど。

柴 目標できたな。九十歳で鮎釣り（笑）。

山 鮎はいいですよ。

柴 面白いねえ。今日はいろいろ出版社回ったけど、ここがいちばん面白いね。

浜 編集部は何階なんですか。

山 四階が全部編集部で三階が営業関係。二階と一階は貸してるんですが、地下にスタジオがあります。編集部、ご覧になりますか。汚いですけど、釣り竿はいっぱいありますよ。

せっかくのお誘いなので、仮眠室（笑）を覗いてから、編集部を拝見。ただの細長い棒にしか見えない釣り竿が十万円と聞いて一同絶句するのであった。

柴 いやあ、楽しかったね。今日はよく眠れますよ、私。

浜 お疲れさまです。

松 暑かったですからね。

柴 浜本さんの夢枕に立つから（笑）。

以上で、神保町出版社めぐりも終了。さあ、各社のいいとこどりして本の雑誌も発展できるか。その答えはしばし待て！

神保町ナイトクルーズ二十年

＝坪内祐三

本の街神保町にデビューして四十年近い年月が経つが、夜の神保町を知るようになったのはその半分、二十年ぐらい前からだ。

学生時代の私は神保町で酒を飲むことがなかった。

『東京人』の編集者となって（一九八七年秋から一九九〇年秋まで）時々神保町で酒を飲んだけれど、頻繁というほどではなかった。

そんな中でよく行ったのは「さぼうる」だ。

「さぼうる」はスパゲティー・ナポリタンで知られる喫茶店だが私（と私の後輩のミカ）はその店を酒場として利用していたのだ。

当時はバブルの時代だった。

私のような大酒飲みにとって、落ち着いて酒の飲める店の酒代はバカにならなかった。

ボトルを一本空ければ万札がふっ飛ぶ。

そんな時、「さぼうる」を酒場利用することを知った。

「さぼうる」でチンザノのボトル（三千円もしなかったと思う）を飲むのだ。あてはホットドッグだった。

当時のその光景を目撃していた人がいたなら、三十二歳の男が十歳年下の娘を相手にダンディー振って飲んでいたわけではないと言い訳したい。お金がなかっただけなのだ（だけどチンザノのロックにホットドッグってダンディーかな、どう思いますH本さん）。

私が本格的に夜の神保町と付き合いはじめたのは「三馬鹿」と呼ばれる古本屋すなわち今は亡き田村治芳、内堀弘、高橋徹と知り合ってからだ。

初めて彼らと出会った日の日附けはわかる。別に私の記憶力が異常に良いわけではなく、『ストリートワイズ』の「あとがき」に記されているからだ。

一九九二年十一月七日土曜日。

そして田村さんが編集長をつとめ内堀さんと高橋徹も同人（のようなもの）だった雑誌『彷書月刊』に関わりを持つようになり、九三年暮の同誌の忘年会に参加した。

会場となったのは神保町の白山通りの近くにあった「なに[★]わ」という居酒屋だ。

三年か四年、「なにわ」で忘年会が開かれていたと思う。

忘年会でなくても彼らとよく「なにわ」を利用した。

そしてそのあと、白山通りを渡ったパチンコ屋の二階にあるイタリアンレストラン「豆の木」にハシゴした。

「豆の木」は安くて、おいしくて（「なにわ」でしっかりと食べてきたはずなのにパスタやピザを注文してしまう）、しかも午前二時だか三時まで営業しているので終電時間ギリギリまで飲み食い出来た。

この頃、一九九〇年代半ばになると、彼ら以外（例えば晶文社の中川六平）とも神保町でよく飲むようになった。

三省堂書店地下の「ローターオクセン」（のちに「放心亭」★と改名）、すずらん通りの「浅野屋」（二階に大広間があったから大人数の時に予約なしでも入れた）、それから靖国通りをはさんで三省堂の斜め向いにあった戦前から続く「千代田・ゝ寿司」（今はありきたりのチェーンの居酒屋がその場所に入っている）。「ゝ寿司」という通り、その居酒屋は奥の方が寿司コーナーで、「千代田」コーナーでも寿司がたのめたからダブルで楽しめた。

そんなある時、例の店を知った。

もちろん「八羽」だ。

ある時、『彷書月刊』編集部での四人だけの研究会（雑談会）を終えて、いつものように「なにわ」に向った。

しかし満席で入れなかった。

すると、田村さんが言った。あそこ行ってみようか。古本屋の連中と何度か行ったことのある店。

そして連れて行ってもらったのが「八羽」だった。

私は一度で「八羽」が気に入った。そして田村さんに言った。この店全然良いじゃない。今度から研究会（雑談会）のあと（当時私たちは毎月一回研究会を開いていた）はこの店で飲もうよ（「なにわ」では古本屋さんの姿を見かけることは殆どなかったが「八羽」では時々見かけた――田村さんが「なにわ」を選んでいた理由はそこにあったのかもしれない）。

『古くさいぞ私は』に収録された「ある飲み屋」という一文（初出は朝日新聞一九九八年三月十九日夕刊）で私はこう書いている。

> 雑誌『東京人』の編集者をしていた頃、ある作家の人から、ツボウチ君、キミ、いい店の三大条件てわかるかい、と尋ねられたことがある。旨くて、安くて、ここまでは誰でも思いつくね、だけど肝腎なのは三番目の条件なんだ、あまり混んでいない、これがなかなかむずかしい。
>
> Hはその三大条件を満たしている今時、珍しい店だ。
>
> 鳥・魚料理と看板にあるから、新鮮な刺し身や鮪ぬた、小鯵の南蛮も旨いけれど、絶品なのは鳥料理。鳥刺しに鳥わさ、焼き鳥に立田揚、それから水炊き。
>
> しかも、安い。こぎれいで落ちついた店なのに。家族三人でやっているからだろうか。その辺にあるチェーン店の居酒屋で飲み食いするのと変わらないくらいの値段だ。しかも、しかも、いい店の三大条件を満たしているこの店は、それほど混んでいない。週末は時々いっぱいのこともあるけれど、夕方頃行けば、まず入れる。
>
> Hを知ってから私は夜の神保町も大好きになった。

ここに登場する「ある作家の人」とは丸谷才一さんのことで、「H」というのがもちろん「八羽」だ。

いい店の三大条件の内、最初の二つを「八羽」は相い変らず満たしているけれど、ここ数年、けっこう混んでいる店になってしまった。私が一役かったとも言えるが、そんな私でもいっぱいで入れないことがある（そういう時に私を特別扱いしないでくれるのがとても楽だ）。

だから二十世紀終わりから二十一世紀始めにかけての何年かは、神保町で飲む時、「八羽」→「豆の木」そして時々「浅野屋」または「千代田」または三省堂地下というのが私（たち）の定番だった。

二〇〇二年十一月から『ダカーポ』で「酒日誌」の連載が始まり（二〇〇六年七月まで）、それは『小説現代』の「酒中日記」に受け継がれ（二〇〇六年十一月から）、現在に至っている。

その日誌（日記）を参照すればここ十年間の私の神保町での飲み食いペース及び場所がわかる。

そうだ、先に述べた定番の中に「ランチョン」が抜けていた。

生ビールを飲むのは嫌いではないが、私は、生ビールだけあれば幸福という人間ではない。生ビールは中ジョッキで一杯か二杯で、そのあとはウィスキー（バーボン）または焼酎を飲む。「ランチョン」ではこのコースを楽しむことが出来ない。

それでも「ランチョン」をよく利用するのは、生ビールはもちろん、食べ物がとてもおいしいからだ（一番好きなのは？と尋ねられたら、実はチキンカツだったりする）。

それから、『SPA!』の福田和也さんとの連載の単行本化トークショーを東京堂で行なったあと、打ち上げは毎回「ランチョン」でやる。

前々回は二〇一一年三月十二日すなわちあの「三・一一」の翌日だったが、あえてトークショーを決行したのち「ランチョン」に向ったらいつも通り営業していたので頼しかった（「いつも通り」と書いたが、カツサンドを四人前頼んだら、すみません今日は肉屋から肉が届いていなくてカツサンドあと二人前しか作れないんです、と言われた）。

『酒日誌』によるとその頃神保町でもっともよく利用した居酒屋はもちろん「H」こと「八羽」だが、それにせまる勢いで利用していた（ある時期は堂々トップだった）のが「人魚の嘆き」だった。

「人魚の嘆き」が最初にこの『日誌』に登場したのは二〇〇三年三月十九日だが、「五時に神保町の喫茶店『フォリオ』で、『サントリークォータリー』のUさん、カメラマンの松村映三さんと待ち合わせ。『サントリークォータリー』の次号で、私が飲み屋やバーをはしごする様子を、写真と連動しながら描くことになった」と書き始められる同年三月三日にもこの店を訪れ、その様子は『サントリークォータリー』七十二号に載っている。

そして『日誌』を読み続けて行くと二〇〇五年五月十三日、「さようなら『人魚の嘆き』」という一節に出会う。

私は記憶力の強い人間だと自負していたのだが、二〇〇五年二月十五日の、

この作品の連載担当者だったF嬢を呼び出し、「人魚の嘆き」で待ち合わせしたのち、八時頃、数カ月前に発見しずっ

と気になっていた店に入り、思っていた通り素敵なその店で、F嬢相手に『ブリオ』な飲み方をする。

この「素敵な」店のことをまったく憶えていない。いまだ神保町でやっているのならぜひ再訪してみたい。『私の体を通り過ぎていった雑誌たち』の担当者だった「F嬢」こと新潮社の藤本（旧姓）あさみさん、この店を憶えていますか？

「人魚の嘆き」でこりた私は、そのあたりの事情を知らない人たちから、今年初め、神保町にまた坪内さん好みの、「人魚の嘆き」みたいなバーが出来たんですよ、ぜひ一度行ってみて下さい、と言われていたけれど、いつも、イヤ、行かない、と答えていた。

しかし、新宿の行きつけのバー「猫目」でお客同士として、その店「★燭台」のママK子さんと何度か顔を合わせ、言葉も交わすようになり、いつの間にか私はその店に月三〜四回顔を出す客になっていた。

最近のバーは八時にならなければオープンしないが、「燭台」は七時開店なのが嬉しい（開店直後のその店でギムレットならぬバーボンソーダを飲みながら私はチャンドラーの『長いお別れ』の一節を思い出している）。テレビ（DVD）のセットもあるから、客のいない（少ない）店内で、ぼうっと一九六〇年代七〇年代を舞台としたDVDを見ているとその時代にすい込まれる。

それから「燭台」は神保町駅への降り口のすぐ近くであるのが便利だ。ものの四〜五分で駅ホームにいる。新宿三丁目まで僅か四駅。値段も二百円に満たない。「燭台」を知ってから私はこの神保町から新宿三丁目へのハシゴ酒が楽しみだ。

十年前の定番に加えて、私は、すずらん通りの「揚子江菜館」で食事しながら酒（いいちこのボトル）を飲むことを憶えたが、ここ数年の最大の変化は「◆魚百」を知ったことだ。

大相撲が開催されている期間の夕方、神保町で用事のある時私は「浅野屋」を利用している（た）が、数年前から「浅野屋」は土曜定休になった。

その代りにある時（二〇一〇年五月？）、テレビが何台もあってしかも土曜日休みでない「魚百」を知った。

焼酎を凍らせたシャリシャリレモンハイやシャリシャリホッピーもおいしいが、「魚百」での私の好物は冷や汁だ（だった）。

「だ（だった）」、と書いたのは、最初の年の夏に知り大好物になった冷や汁、翌年夏には消え、さらに次の年に復活し、今年また消えてしまったからだ（不思議なのは今年の五月に、今年の夏は冷や汁ありますか、と尋ねたら、カウンターの内側にいる人が、ええ作るつもりです、と答えてくれたのだ）。

「魚百」は「八羽」と同じ路地、「八羽」の先にある。四人ぐらいで「魚百」に入るつもりでその路地を行き、偶然、「八羽」の二代目に会ってしまうと、私はつい、「四人だけど入れる」と尋ねてしまう。そういう時にかぎって、「いやぁ、申しわけありませんが」ではなく、「大丈夫です、どうぞどうぞ」となる。

●古本屋ツアー・イン・神保町

二階以上にある古本屋さんを畏れて巡る

古本屋ツアー・イン・ジャパン
◎小山力也

　世界に名立たる本の街・神保町には、およそ百六十軒の古本屋が集まっている。靖国通りをテクテク歩き、居並ぶお店を端から端まで覗き込んで行けば、そのスケールの外殻をすぐに実感することが出来るだろう。さらに大通りから裏通りに入れば、そこここにも古本屋の姿が続いて行く。専門店・老舗店・雑本店・アダルト店・古本屋ビル・厳めしいお店・煮染めたように古いお店・商売っ気のないお店・人の群がるお店・近代建築&看板建築のお店・ギャラリーのようなお店などなど。

　一番初めにこの街に来た時は、誰もがどのお店にも、入り難い思いを抱くことだろう。いわゆる〝敷居が高い〟と言うやつだ。しかしそれは、本が、古本が好きであり、この街に足繁く通い始めてしまえば、自然と様々なお店に足を踏み入れるようになり、本を探す楽しさと共に胆力が付き、終いにはそれほど苦に思わなくなってくるものだ。もちろんお店に対する敬意はいつでも必要で、独特のマナーを破ったりすれば、例え通い詰めたお店であっても、カミナリが落ちる可能性はあるのだが。

　そんな風に、本の街を鼻歌まじりに、自由に闊歩出来るようになったからと言って、安心するのはまだ早い。それは街の平面に限った話なのである。試しに上を見上げてみると良い。すると、ビルの窓や壁面に、時折古本屋の看板が出ているのを発見するだろう。もしくは足下に視線を落としてみると良い。ビルの階段上がり口に、上階に古本屋があることを示す、立看板が置かれているのを発見するだろう。実は百六十軒のうち、三分の一ほどのお店は、事務所店も含め、ビルの二階以上にひっそりと入居しているのである。

入るのにある程度の勇気を必要とする古本屋が、ビルの上階にある…これは由々しき問題である。何故ならお客として入るべきお店に、さらなる勇気を奮って立ち向かわなければならないからだ！　その入り難さは、ガラス張りの高級ブランド店や、裏町の強固な扉を持つスナックに匹敵すると言って良い！　理由を考えてみると、やはり中の様子がうかがえないことからの不安が一番であろうか…もし店主に怒られたら、お店じゃなくて事務所だったら、買う本が一冊も見つからなかったら…などと、自意識が際限なく広がり、未知の他人のテリトリーに踏み込む恐さが、身体を駆け巡ってしまうのだ。しかし、ここで怖じ気づいていたら、神保町を知り尽くすことは、決して叶わない！　勇気を持って階段を上がれ！　決して取って喰われるわけじゃない！　相手は古本屋なのだ！　同じ人間なのだ！　畏れを抱きつつも、勇気をも抱いて、階段に足を掛けるのだ！

と言うわけで、これから階上の古本屋界を巡って参ります！

百均台と開け放たれた鉄扉が嬉しい

★風光書房

入店難易度★★

駿河台3-7 新興ビル4F

御茶ノ水駅の聖橋口から出て、左にニコライ堂を見ながら、学校に挟まれた白い池田坂を下り切ると、街路樹が生い茂る十字路に出る。その左手の少し古い白いビル…四階窓に目をやると「風光書房」の文字が確認出来る。ビル下の階段入口に近寄ると、白い実直な立看板が出迎えてくれた。中に入ると、階段室とエレベーター室がほぼ一緒になっている経済的な構造。ビル中の古本屋を目指す時は、なるべく階段を選ぶ方が良い。階段だと忍び足で上がれ、気配を完全に殺すことが出来る。しかしエレベーターはその作動音とドアの開閉音で、お店に人が来たことを悟らせてしまう恐れがあるのだ。そうなったらもう決して引き返すことは出来ない…人間、どうにかして逃げ場は残しておきたいものである…。ここはまだ神保町の端であることが、逆に妙な緊張感を呼び起こすが、その扉はウェルカムと開かれ、ビル中のお店にしては珍しく、小さな百均台まであったりするのが嬉しい。扉脇には三百均棚もあり、これらでお茶を濁すことも可能である。店内は絨毯敷きで狭い通路が三本の、ヨーロッパ文学の宝庫となっている。欧州の薫り高く硬めではあるが、間に日本文学と、扉右横に絶版文庫棚があるので、苦手な方も何か買うことは出来るであろう。店主は柔和な白髪の開高健と言った感じである。また、大きな窓から見える街路樹の樹冠部は、豊かでとても美しい。『戦闘機』（藏原伸二郎／鮎書房）を二千五百円で購入。

喇嘛舎
入店難易度★

小川町3－16池久ビル2F

続いて明大通りを横断し、明治大学リバティタワーの横道を進む。ちょっと狭い並木道を抜けると、少し栄えた緩い坂道に出る。右側に建つ低層雑居ビルの二階窓を見上げると、「古書買入 喇嘛舎」の文字…ひどく難しい漢字のお店である。ビル階段入口に近付くと、三階のテーラーの看板に隠れるようにして、足を閉じられた立看板がビルに立て掛けられていた。店名と共に、細かく細かく取扱品目が列記されている…『文学・全共闘・写真・映画・マンガ・舞踏・タカラヅカ・プロレス・子供の本・風俗・サブカル・ポスター・レコード…』。古本&美術イベント関連のポスターが貼られた古い階段を上がって行くと、二階のドアは大きく開け放たれ、中の本棚が開放的に見えている…これは比較的入りやすい。ドア横に置かれた安売りの文庫やレコードに視線を落としてから、スルッと店内へ進入。ワンフロアを店舗にしており、かなり広い。リノリウム床をコツコツ入り込んで行くと、ガラスケースと本棚とレコード台で造られた、四本の通路が現れる。棚に並ぶのは、品目にあった通りメイン&カウンター&サブカルチャーを選択洗練した、マニアックな本ばかりである。本は上にも横にもギュウギュウに詰められており、床から積み上がる本の山にも、油断のならぬものが混ざり込んでいる。帳場では、立川志の輔風店主が、同業であろう男性と、古本業界の噂話に花を咲かせている。欲しい本が多く見つかるが、たちまち財布が空になる恐れがあるので、良く吟味する強靭な精神力を必要とするお店である。『マキノ雅弘の世界』（山田宏一／ワイズ出版映画文庫）を千円で購入。

ビル内のお店としては、開放的と言って良いほどの入口である

がらんどう
くだん書房
カスミ書房
入店難易度★★★

神保町1－34高瀬ビル2F
高瀬ビル3F

坂を下り切って錦華通りも横断し、白山通りとの間に挟まれた広い裏通り。小さな雑居ビルが建ち並ぶ地帯だが、その中でも一際古い、昭和四十年代の匂いを纏う陶製タイルで覆われたビルの前。ビル自体には古本屋さんの気配は微塵も感じられないが、入口前には、三つの立看板が林立している！　古本ビル

でもないのに、古本屋がこれほど入居しているとは！　畏れながら暗く古いエントランスに入り、幅広な階段を上がって行く。二階の真っ暗な廊下奥にある「がらんどう」は、開いていることが少ないので、入れたらラッキーである…開いてない。なので三階の二店をそのまま目指す。すると階段には、分厚い少女漫画雑誌が積み上がり始め、さながら倉庫の様相を呈して来た。三階にたどり着いても、階段はまだまだ倉庫状態。そして隣り合った二つの部屋の扉は開け放たれており、右が「くだん書房」、左が「カスミ書房」となっている。足音を忍ばせ、まずは右の「くだん」に入ると、中には誰もおらず、ただただ狂おしく吹き荒れる絶版少女漫画の嵐！　三本の短い行き止まり通路を後ろめたく覗き込み、すぐさま隣りの「カスミ書房」に移動する。すると「くだん」の店主はこちらにおり、「カスミ」の店主と楽しくお話中…私が入店した瞬間に二人とも口をつぐみ、ススッとお店に戻って行った…楽しい時間を邪魔してすみません…。こちらは小さいお店で、左壁の棚に本がすべて収まる形である。特撮やテレビなどの映像関係を中心に、SF&ミステリ文庫や児童書も並ぶ。『遊びのガキ大将』（石川球太／21世紀ブックス）を千五百円で購入。

左／がらんどうは惜しくも休み
上／隣り合ったくだん書房とカスミ書房の入口

かんけ書房

入店難易度★★★

神保町1－32南部ビル2F

続いて同じ通りの斜向かいにある、茶色い小さな雑居ビルへ。元は水道橋寄りの白山通り沿い二階にあったお店が、いつの間にかそこに移転して来ていたのである。ビル前に駆け寄ると、階段前に小さな立看板がポツン。矢印の指示に従い二階へ上がる。蛍光灯に照らし出されたエレベーター前で左に曲がると、薄暗い行き止まり通路に冷たく閉ざされた鉄扉が立ちはだかっていた！　扉には「かんけ書房 古本」と書かれた紙が貼り付けてある…これは入り辛い！　何だか転職先の事務所に初めて面接に来たかのような入り辛さだ！　しかし以前の店舗に入ったことがあるので、その経験が多少の勇気を胸に湧き上げてくれた！　まぁどうにかなるだろうとドアノブを回す。右に帳場とガラスケースが立ち、店主が多少戸惑いながら「いらっしゃいませ」と小さく声を掛けてくれた…取りあえず一安心だ。お店は細長いワンルームで、壁棚と通路棚のシンプルな構成である。貸本漫画・絶版漫画・児童書・特撮・雑誌付録・探偵小説・ジュブナイル・復刻漫画・古い漫画雑誌など、五〇

君はこの鉄扉がくぐれるか!?

表紙写真の人形は香月泰男製作！

〜七〇年代の子供世界ですべてが埋め尽くされている。緊張を忘れるほどの様々な懐かしさに溺れながら、『つぶやき岩の秘密』（新田次郎／新潮少年文庫）を二千五百円で購入。

★あかね 蒐堂

神保町1-8
山田ビル3F

入店難易度★★

靖国通りに出て、神保町交差点近くの山田ビルへ。美術関連本「山田書店」の本拠地なのだが、三階には別なお店「蒐堂」が入っているのである。ビルに内蔵された「山田書店」の階段を使ってもたどり着けるが、ここは脇道に立つ『版画 レトロ地図 珍品』立看板に従い、奥にあるエレベーターで向かうことにする。古いエレベーターに乗り込むと、入口や箱内に「蒐堂」のお店案内が貼られている。あっという間に三階に着き扉が開くと、そこはもはや店内と化している、雑然とした通路。それはそのまま雑然とした店舗に続いて行く。なので引き

三階に行ったら後戻りは出来ない

返すことは叶わない…。ここは古本よりは、紙物が中心で、木製のラックやマップケースや棚で造られたO字型の通路に、資生堂包装紙・日光写真種紙・紙玩具・面子シート・団扇・絵葉書・地図・錦絵・浮世絵・古雑誌・千代紙・古ノートなどが集まっている。さらにそれらを彩り混迷させるのは、カメラや時計などの古道具多種・駄玩具・ベーゴマ・古い薬や煙草や菓子がパッケージされたままの物などである。店主が奥で「どうして最近のヤツは、ちゃんと戻さないんだ！」とブツクサ言いながら絵葉書の束を直していたので、多少ドキドキしながら精算をお願いする。もちろん応対は紳士的で、包装もとても丁寧だったので、ホッと胸を撫で下ろす。「杉並區明細圖（昭和二十一年）」（文彰堂）を千円で購入。

叢文閣書店

神保町1-9
大雲堂ビル2F

入店難易度★★★

靖国通りを渡って南側の歩道へ。神保町交差点から東に向かい、最初に現れる古本屋さんは、実は二階に違う古本屋を乗っけているのだ。古いタイルビルの右側階段前に、これまた古い年代物の立看板が出ている。鉄製の矢印と食パンを串刺しにしたようなその看板には、硬い取扱品目と共に「叢文閣書店」の文字。上部の赤い矢印部分には『2階の売場もご利用ください』とある…しかし『2』の後にガムテープで隠された部分がある…非常に気になる…失礼して少しペリペリしてみる…するとそこには『・3』の文字が。あぁ、この古本屋は、元は三階建ての大きなお店だったのだな。『2・3階の売場も』と言うことは、一階もあったはずなのだ。

小さな発見を嬉しく思いながら、リノリウム張りの急階段をコツコツ。途中で九十度曲がりながら二階にたどり着くと、エレベーター横に店内丸見えの簡素な扉が光り輝いていた。逆に中が見えるからこそ、ライトさゼロの厳めしい入り難さに気付いてしまう。しかし、臆している場合ではない！ さも歴史に絶大な興味があるような顔をし、重厚な古い本の並ぶ店内に滑り込む。古い木製棚に取り囲まれた、四本の通路（一本は作業場に）を持つ正方形の店舗である。ちなみに棚を見る前に、まずは中央の机にカバン類を置くのがルールとなっている。明治維新・書誌学・亜細亜・伝記・仏教・武道などを中心に、戦前の茶色い本のオンパレード！ 伝記ジャンルは、網羅し過ぎているためか、少し硬いお店に似合わぬような本も見つかるのが面白い。母子らしき店主の視線を時折痛く浴びながら、『醫事雑考 奇。珍。怪』（田中香涯／鳳鳴堂書店）を二千円で購入。

丸見えでも入り辛いのだ

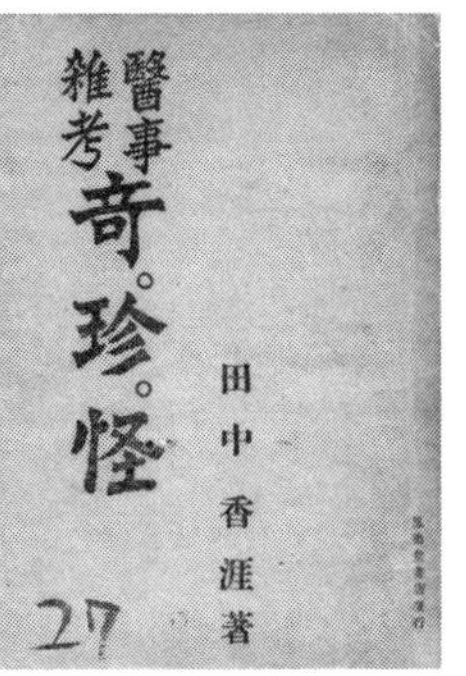

医事に関わる珍事を渉猟した第二次大戦中のサブカル本

うたたね文庫

入店難易度★★

神保町1−13
神保町勝ビル3F

一本裏のすずらん通りに入り、西側入口近くの、無軌道に各階が積み重なったような古本屋雑居ビルへ。一・二階は映像&アイドル&アダルト系のお店が占拠しているが、三階には心理学と仏教を得意とする古本屋が鎮座しているのである。階段前では、アダルト店の看板に完全に押しやられた、黄色い立看板に少し同情する。これから上がる階段を見ると、階段自体に「うたたね文庫」の文字が連続して行く。それを次々と追いかけ、視線を上に上げて行くと、ウワ〜ッ！ 階段が三階まで一直線に続き、目眩を起こすような高低差の先に、三階の入口が小さく見えている。壁には二階のアダルト店に負けぬよう、様々な三階のための黄色いビラが貼り込まれている。二階にたどり着くと、自動ドアがンガァ〜と開き、妖しい華やかな店内が丸見えになる…ここで誘惑に負ける者も多いのだろう…。しかし私は三階だけを目指し、再び階段に足を掛ける。合計三十四段の階段には、『アダルトありません』『この上、あと17段』『5合目』『7合目』など、様々

階段は三階に古本屋があることを必死にアピール

なメッセージが階段登山者を鼓舞してくれる。ようやくたどり着いたお店の扉には、『整理中なのでノックするか声をかけるかして下さい』の但し書き。店内に首を差し入れ、帳場に座る店主に「大丈夫ですか?」と聞くと「大丈夫です」の答え。安心して中に入ると、何と長い長い二本の通路には、大量の本が積み上がり倉庫状態になっていた。全然大丈夫じゃない！　どうにか身体を横にして進み、宗教・心理学・文学評論・歴史の棚をかろうじて眺めて行く。『役者のいろは物語』（藤山寛美／浪速社）を千円で購入。

表紙写真がナイス過ぎる一冊

けやき書店

入店難易度★★★

神保町1-9
ハヤオビル6F

再び靖国通りに戻り、これも神保町交差点近くの、CD屋が一階に入った黒いビルの前で気を引き締める。マッサージ屋やCD屋の立看板に埋もれるようにして、葉っぱを描いた「けやき書店」の落ち着いた立看板も立っている。判り難く細いエントランスに入り込むと、発売されたばかりの話題曲『潮騒のメモリー』がエンドレスで垂れ流されているが、気にせずにうらぶれたエレベーターに乗り込む。六階で降りると、一階の喧噪とは別世界の、有無を言わさぬ日本近代文学の専門店。パラフィンに包まれた本が、縦に横にぎっしりとギュウギュウに並ぶ光景に、まずは圧倒される。通路は狭く迷路の様で、店内はL字型。近代文学以外にも、芥川&直木賞作家・詩集・探偵小説・女流作家・無頼派・エッセイ・SFなども多様に含まれている。静かな文字だけの空間は、まるで大学の研究室や図書館のようで、動き回る店員さんは、みなIQが高そうに見え、それが自意識過剰な緊張感を煽り立てて行く。頬を赤らめながら本を必死に探す、先客のリクルートスーツの女性と互いを牽制しながら、店内をグルグル。こちらは嬉しい一冊の安値の詩集を見つけ出し、ジョージ秋山のサイン色紙に見守られながら、無事に精算を済ませる。彼女はまだ、本棚と格闘し続けている…。『北國』（丸山薫／臼井書房）を千円で購入。

静かな日本近代文学の世界がひろがる

北沢書店

入店難易度★★

神保町2-5
北沢ビル2F

靖国通りをぐーんと西へ。すると専大前交差点の手前に、ギリシャ建築の様式を模した、豪奢な本屋さんがあることに気付くだろう。一階は子供の絵本や児童書を集めた「BOOKHOUSE」と言うお店だが、店内にある螺旋階段を上がると、そこにあるのは古本屋「北沢書店」…洋書の古本屋さんなのである。あまりにも店構えが豪華過ぎるので、一階にも入り難いのだが、吹き抜けに設置された螺旋階段はさらに上がり難い。これはお店に入り難いと言うよりは、何か身の丈に合わぬ西洋加減が、ただただ気恥ずかしいのである。ぐるんと一回りして二階に着くと、右壁には意外に古めかしい楷書の店名看板が架かっている。入口左横には、安売り本が塊になっている。ガラス張りの店内に進むと、重厚な棚で造られた四本の通路に、重厚な革装の大きな本がたくさん並んでいる。棚上には、親切に日本語でジャンル分けが明示されている。英米文学・シェイクスピア・演劇・思想・文明・歴史・探検・日本…もちろんすべて洋書である。人気は無く、奥に進むほど重厚さと外国度がアップして行くので、おいそれとは踏み込めない。入口左横のペンギンブックスや料理・児童本に、どうにか親しみを覚えるが、結局何も買えずに、螺旋階段を十二時が過ぎたシンデレラの様に駆け下りて、お店から逃げ出してしまう…すみません。

西洋貴族気分で、螺旋階段をぐるんと回って店内へ

さて、ここまで巡り倒せば、いい加減二階の古本屋に対しての、強い免疫が出来ているはずだ。もう私は、以前の精神的にか弱い自分とは、違うのだ！　これからは、今までの困難な闘いが、自分を更なる高みに招いてくれるはずであろう。そう信じて、靖国通りをズンズン東へ。そうして神保町の名店「田村書店」の前に立つ。店頭の木製ワゴンとダンボール箱には、いつもお世話になっている。店内も、ほんの時々お世話になっている。しかしここの二階には、恐ろし過ぎて、足を踏み入れたこともないのである。今日こそは、その軛（くびき）を破るのだっ！　店頭担当の店員さんの目を掠め、黄色い短冊が垂れ下がった本の壁に隠された、店頭左側の暗い階段に忍び入る。上がり口には『営業中』の札。積み上がった全集本のために、人ひとりしか通れない階段を上がる…ギコッバコっ…まずいな。忍び足を徹底させ、狭い二階の踊り場にこっそりたどり着いた。息を潜めて状況を確認。木枠のガラス戸には大量のクレジットカードのマーク。その隙間から、すぐの帳場と迫る壁棚が見えている。座るご婦人の視線が、こちらを捉えそうになる！　ダメだ、これは入れない！　再び忍び足で、階段を焦って下る。

明るい神保町の歩道に脱出し、動悸を速めながらもホッと一息。…あぁ、やはりまだダメだったか。ここ以外にも、ハードルの高いお店はまだまだ潜んでいるのだ。一体いつになったらすべてのお店に、堂々とお客として入れるようになるのだろうか。

神保町は、まだまだ高い場所に、秘密の聖域を隠し続けている。

神保町ランチ対決！

中丸一朗
（集英社インターナショナル出版部）

あさ目覚めて、昨夜の酒の名残を頭の片隅に感じながら、その日のランチをぼんやりと考えつつ出社。自宅から神保町までは一時間弱、ご多分にもれず出社は遅めで確実に座って通勤できるので、この間は貴重な読書の時間。例えば小説（『棺に跨がる』西村賢太著　文藝春秋）の文中に〝カツカレー〟を目にすると本日のランチはカツカレーとか。また、仕事がら車中でゲラ（『風景を見る犬』樋口有介著　弊社）など広げたり。そんな折も、沖縄料理などを目にしたら、もういけません、その日は確実に〝ソーキそば〟がランチ（時にはオリオン付だったりして）。

さて、ただただ長く神保町を回遊している私の日記風ランチ三昧です。

●某月某日（月）洋食「キッチン グラン」

神保町交差点よりやや水道橋方向へ。もう長年お世話になっている昔ながらの洋食店。椅子に腰掛ける寸前に「メンチ盛り合わせ（ちょっと通ぶり）ご飯半分で」と注文。正式にはメンチカツと生姜焼きの盛り合わせ。とんかつ、ハンバーグ、メンチカツ、生姜焼きの定食とそれぞれを組み合わせたメニューがあり、四半世紀変わらない学生の街・神保町

佐藤学
（亜紀書房営業部）

私が小社のＨＰの営業ブログで上げていた【神保町ランチスタメン】の記事を見てくれた本の雑誌社の方から執筆依頼のメールが届きまして、拙文ながら執筆させて頂くことにしました。

さて、神保町にはたくさんの美味しいランチのお店がありますが、12時～13時は大変込みます。だから私はいつも13時過ぎにランチに出掛けます。今回はランチ対決という事なので、パンチの効いたお店からご紹介します。

●8月某日（月）「神保町でパンチと言えば」

神保町は本の街として有名ですが、実はカレーの街でもあります。毎年、秋の神保町のブックフェスティバルが開かれる頃にカレーフェスティバルも開かれ、多くの人を集めています。そんな中でも何度も食べたくなるパンチの効いたカレーはこちら。

「パンチマハル」キーマカレー（850円）

辛さが通常1～5辛で設定できます。辛党の方は15辛まで選べるようです。私は大体3辛です。たっぷりのザク切りトマトと挽き肉がスープの底に浸かっています。まずは挽き肉だけ掬い上げご飯と一緒に。この肉々しい美味さ。独特のスパイスの香りも堪りません。それでご飯を⅓程いただきます。それでもまだカレースープがいっぱいなのでごはん皿にザバッと掛けてしまいま

を象徴するような店。よる年波、ボリューム満点の盛り合わせに、最近は圧倒され、ご飯を半分にしています。実は、むかし懐かしい柔らかめナポリタンが、捨てがたくいつも完食。
余談だが、生姜焼きが某誌で紹介された「グラン」、半チャンラーメンの「さぶちゃん」そして鯖焼きが絶品の「近江や」が三兄弟のお店なのはご存知？

〈洋食系ランチ〉でお世話になる店は、醤油系の味付けが絶妙な和風ハンバーグの三省堂地下「放心亭」。ハンバーグか生姜焼きに魚フライ、クリームコロッケのチョイスができる「鳴海」。ほどよく味のしみたのり弁当の「げんぱち」などが定番。残念なことに界隈で一番人気（？）の小学館地下「七條」がビルの建て替えに伴い、内神田に越してしまい〝巨大エビフライ〟がまぶたに浮かぶ。（お父さん元気だろうか？）

●某月某日（火）ラーメン「元祖 札幌や」

みずほBK地下。小雨の日ほぼお世話になるお店。コーン入り味噌ラーメンが四季を通じての定番。そして同僚M女史はタンメン、K女史は坦々メン、そしてI女史は野菜ラーメンとオーダーの必要なしの不思議な店。たまにユーコちゃん（看板嬢？）にフェイントかけ、絶対お奨めの冷やし中華を頼むことも。この冷やしあまりの人気で通年メニューに。山本一力先生もお気に入りとか？

〈ラーメン系ランチ〉といえば、激戦区の専門店より、周恩来氏ゆかりの「漢陽楼」、冷やし

す。キーマとスープ、２種類のカレーが楽しめて得した気分です。

●8月某日（火）「神保町にもある、タイ料理の有名チェーン」

今年の夏はホントに暑い。でも暑いからこそ此処は敢えて辛いメニューを紹介します。

「ティーヌン神保町店」ガイガパオラーカオ（800円）

タイ屋台の定番料理となるこちらのメニュー。「ガイ」が「鶏肉」、「ガパオ」が「バジル」、「ラーカオ」が「かけご飯」で、「鶏肉のバジル炒めかけご飯」となります。鶏肉はそぼろ状になっています。そのままでも十分に辛いですが私はプリックナンプラー（唐辛子入り魚醤）をかけていただきます。

付け合わせのパクチーも効いています。汗をたっぷりかいて、リフレッシュ。タオルは必須です。ちなみに店頭でタイっぽいTシャツも1000円で販売中です。

●8月某日（水）「お米大好きサラリーマン御用達」

「今日はどうしても和食のお米が食べたい。」そんな時は神保町の路地裏にあるこちらのお店に向かいます。

「小料理 菊水」季節限定・炊き込み御飯定食（880円）

２週間ほどのサイクルで変わる炊き込み御飯が食べられるお店です。ただし、26食限定で人気のメニューなので、これに関しては13時を回ってしまっては、ほぼ売り切れになってしまいます。12時半には入店したいところです。

中華発祥の店「揚子江菜館」、上海ガニの「新世界菜館」などの醤油ベースの五目ソバ系が好み。例外的にパレスサイドビル「赤坂飯店」の坦々メンが太麺に絡む旨辛が何とも。番外として是非とも紹介したいところは、「まんてん」の並び「★ナゴカフェ」の本格的な沖縄ソバ（ソーキソバ）。バックミュージックは「きいやま商店」といったところで。

●某月某日（水）カレー「マンダラ」

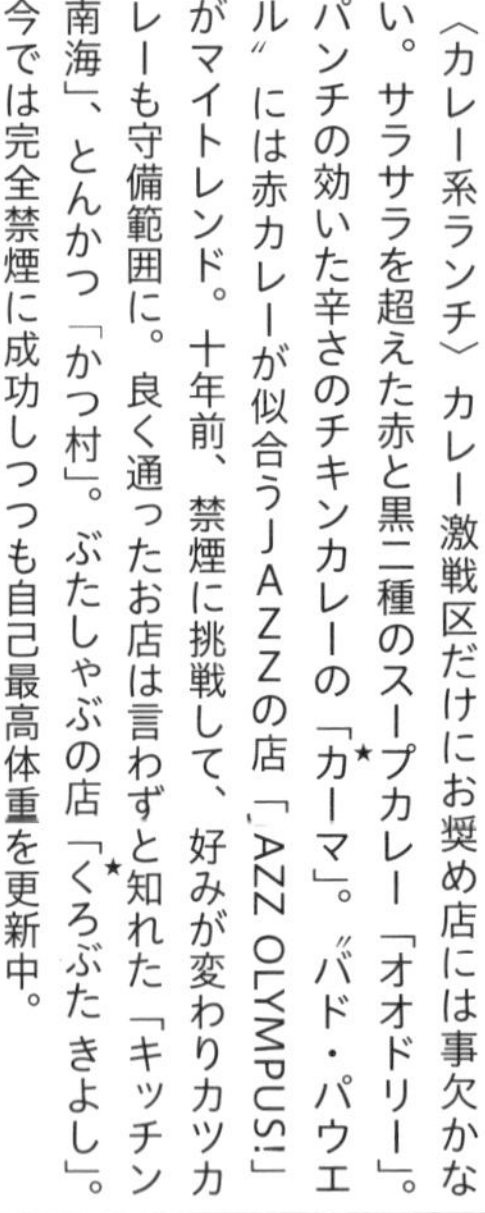

救世軍の裏手のビル地下の本格インドカレーの店、カレー激戦区で昨年グランプリを受賞。〃ナン〃が何とも美味しく、カレーはエビ、卵、マトン、野菜から一つ選び、辛さも好みに調整できる。サフランライスとの組み合わせは絶妙。物足りない向きにはシシカバブー付きのランチがお奨め。

〈カレー系ランチ〉カレー激戦区だけにお奨め店には事欠かない。サラサラを超えた赤と黒二種のスープカレー「オオドリー」。パンチの効いた辛さのチキンカレーの「★カーマ」。〃バド・パウエル〃には赤カレーが似合うJAZZの店「JAZZ OLYMPUS!」がマイトレンド。十年前、禁煙に挑戦して、好みが変わりカツカレーも守備範囲に。良く通ったお店は言わずと知れた「キッチン南海」、とんかつ「かつ村」。ぶたしゃぶの店「★くろぶた きよし」。今では完全禁煙に成功しつつも自己最高体重を更新中。

●某月某日（木）鮨「ひげ勘」

〃すし喰いねー、神田の生まれよ〃のお膝元、一橋中学校の裏

本日の炊き込み御飯は「グリーンアスパラとベーコン」。中々見かけない取り合わせの炊き込み御飯です。生姜が効いてサッパリした味が食欲をそそります。

付け合わせは「クリームコロッケ」と「オクラと山芋の梅酢かけ」と「茄子の煮浸し」と副菜が多いのも嬉しいです。

ちなみにご飯は大盛りですので、お好みで「5分目」「7分目」など量を調整してもらえます。私は「7分目」にしています。

●8月某日（木）「佐藤の勝手にラーメン大賞2013」

本日は幾分暑さも緩みましたので、ラーメン屋を紹介いたします。それは2013年3月頃、残すところ9ケ月以上もありながら「今年はこれ以上は無いな」と思わされたラーメン屋さんです。

「★Soup」塩ラーメン（680円）

まずこの店にはオッサンには嬉しいセルフサービスがあります。それは「冷たいオシボリ」です。顔を全開に拭きながら、出来上がりを待ちます。来た瞬間「旨い」、見るからに丁寧な仕事が窺えるラーメンです。「スープ」と店名に名乗る程の自信が窺える澄んだスープを一口。美味い。麺は細麺ストレートでスープとからみます。味玉も絶妙な半熟加減。自家製チャーシューとメンマもとても美味しいです。

側にあるすし店。なのに、ランチどき握りもチラシもない何ともユニークなお店。メニューは鯵たたき、かつおの刺身、マグロのネギまの各定食で、お昼は完全に和定食に。一瞬よぎる中性脂肪の値からヒカリもの鯵たたき定食が定番。ご飯が美味しく、また味噌汁がいける。勝手に「ひげ勘」、「げんぱち」そして「かつ村」を味噌汁最強店と呼んでいます。

〈和食系ランチ〉といえば、逢坂剛氏の小説に登場した「近江や」、注文してから短時間でご飯を炊きあげるシステムの「智夢★」。ちょっと気取ったブランチには、学士会館内の和食の店「二色」など。

●某月某日（金）うどん「丸香」

お茶の水小学校の並び、常に行列の讃岐うどん店です。金曜日ともなると夜の打合せでお酒を飲む機会も増え、やや軽めのランチをとかなりの頻度で登場。ただ注文はかけうどん（夏は冷かけ）＋卵＋野菜天のワンパターンです。冬は時々卵入りカレーうどんの時も！　お店の手際の良さで、思ったより早めに至福のうどんに。このお店のうどんを体験すると、ほかのうどんは「？」と感想を漏らす人も。

〈うどん・そば系ランチ〉は、二日酔い気味の日に勢い多くなる。手打ちそばでやや麺が太めの「静邨」。そばランチの「たかせ」、雑誌時代に出前でお世話になった「柳屋★」などが馴染み店だ。

●8月某日（金）「ランチ対決・最終兵器。今まで教えたくなかった理想のランチ」

私は美味しかった料理やお店をFacebookにUPしておりますが、この店は明かしたことがありませんでした。でもこの企画はランチ対決なので、私の最高のカードを切りたいと思います。

「Bilbi★」日替り定食（850円）

今、神保町では古民家を再生した、バーや居酒屋が増えていて、こちらもその中の一つです。2Fはまさに人の家に招かれたようで長居してしまいます。なので比較的時間に余裕のある時にしか行けません。

さて、こちらの定食。メインのほか、副菜が4つも付いて野菜もたっぷり摂れます。これが一人暮らしの独身男には嬉しいです。そして、どの皿にも店主独自の工夫が見られます。この日は「豚の生姜焼き」。生姜焼きの中に寿司のガリが入ってました。生姜in生姜。こういうチョットしたアイディアに魅せられて、完全に胃袋を摑まれてしまいました。

以上の5品が私の神保町ランチ対決用のメニューです。こちらはあくまで、対決用ですので、私は毎日こんな贅沢はしておりません。結局一番通っているのは夏バテサラリーマンの味方、チェーン店の「小諸そば」だったりします。

神保町なんでもベスト５！

餃子　今柊二

①★スヰートポーヅ
②三幸園（白山通りの方）
③SANKOUEN CHINA CAFE & DINING
④神田餃子屋 本店
⑤北京亭

白飯とおかずが大好きで定食評論家になった私だが、餃子には複雑な心境がある。私の四国今治の実家では餃子は単独で食べるもので決しておかずではなかった。そのため、上京後餃子をおかずに食べざるを得ないときは漬物や汁で白飯を片付け餃子を食べる行為に及んだ。しかし長年の研鑽で餃子におかず力を見出すことに成功、今や餃子をおかずにご飯を食べられる（まあ大げさな書き方）。

…ということで、ここでは神保町の餃子をおかず力でベスト5を選ぶ。まず5位は北京亭。老舗の中華料理屋で餃子も名物。５個５００円。皮が薄めで肉みっちり。噛み締めるとやや淡白なうまさが口の中に広がるが、白飯よりチャーハンやラーメン、何よりもビールと合う。4位は神田餃子屋 本店。餃子は皮がもちもち、焼き加減カリカリでうまいが餃子単独ではなくレバニラ定食餃子3個つき８５０円を注文してしまい、レバニラでご飯を食べた後、餃子を満喫した。ダメじゃん。続けて3位。SANKOUEN CHINA CAFE & DINING。後述する三幸園のオシャレ業態。大餃子定食９５０円は圧巻で、ボリューミーで素晴らしい。11センチの巨大餃子（6個もある）に酢醤油をつけ、ご飯の上にしばらく置き餃子のうまみを染みさせた後で食べるとたまりません。2位。白山通りの方の三幸園。餃子定食６５０円があり、汁と漬物がつくが6個ある餃子の甘味のある具が『ご飯こい！』と呼んでいて、おかず力の高い餃子。そうです。おかず力の高さは餃子の具の味ですよ。かくして1位は

スヰートポーヅの力あふれる餃子

スイーツ　浜田公子

①STYLE'S CAKES & CO.
②★柏水堂
③さくらベーカリー
④ラドリオ
⑤TEA HOUSE TAKANO

全国30万の生クリーム嫌いのみなさま、大変お待たせいたしました。生クリームが食べられなくても大丈夫。本の街神保町は生クリーム嫌いに優しかった！

1位は、STYLE'S CAKES & CO.の「季節のフルーツの焼きタルト」（５５０円）。これを食べたら、ケーキに対する永年の呪縛が解けた。ホールケーキのろうそくの火を吹き消す役回りだけの誕生日。家族が楽しそうに、いちごだのマジパンだのを、取り分けているその横で、生クリームが食べられない私は文明堂のカステラを食べる。それが私の誕生日だっ…。今日食べたのには、柿りんごバナナいちじく（日によって季節によって変わります）が入っていました。こんなにケーキが人を幸せにするとは

スヰートポーヅ。かなり独自性の高い餃子だけど、店内でも味噌汁なしの餃子（8個）ライス640円、味噌汁つきの餃子定食もあり、おかずとしての自信の高さがうかがえる。食べると柔らかめの皮が香ばしく、中身は挽肉のつぶつぶ感とピリリとしたショウガ。さらに濃い目の味付けなのでスゴクおかず力があるのでした。ちょっとだけつく酸っぱいキャベツの漬物もいい仕事しているけどね。

なあ。参ったなあ。来年の誕生日はこれをホールで買いたい。2位は、老舗洋菓子店柏水堂の「フレービスキュイ（リーフ）」（1000円）。長方形のクッキーが20枚弱入って1000円。高価だから、一枚一枚大

お洒落酒場　谷口愛

① ★バル マラケシュ
② クラフトビアマーケット
③ ★蘭奢待
④ ★山の上ホテル モンカーヴ
⑤ ◆魚百

神保町歴たった9年の私が、ベテラン勢の多い神保町の「酒場」を語るのは非常におこがましいですが、「おしゃれ」しばりということでむむむと唸りつつ、勝手に決めました。

1位は「バル マラケシュ」。中東料理とフレンチを出す店で、本の雑誌社のすぐ近く。立ち飲み席とテーブル席の両方あるので、立ち飲みで種類の豊富な前菜をつまみながらビールを飲み、最後に未知の異国のリキュールを試してぐらぐらする、というのが最近のお気に入り。古い倉庫（？）を改装した風情溢れる店内には、いつも女性客が多く、立ち飲み席にかっこいい外国人ビジネスマンがいたりするので一見敷居が高いです。が、酔っ払ってしまえば問題ありません。

そしてビール好きとしては、日本の最新地ビールのバリエーションが豊富な「クラフトビアマーケット」も見逃せないところ。鳥を丸ごとローストしたジューシーな名物チキンでビールがぐいぐい進みます。

近所なのにまだ行ったことがないぞ！

それから「酒場」ではなく焼き鳥専門店ですが、神保町からまさかのミシュランにランクインした「蘭奢待（らんじゃたい）」。3000円前後のコースがコスパも高くて美味しいので、ちょっと味にうるさい方とご一緒するにも安心です。最近は要予約。

あと、これは独身30女が一人で行くには気が引けるバーですが、山の上ホテルのバー「モンカーヴ」も言わずもがな素晴らしい。多くの文豪が愛した、歴史と風格が漂う佇まい。大人になった喜びを噛み締められますが、お勘定のことが気になってしまうのでまだ修行が必要です。

……と、「おしゃれ」の定義も曖昧なままいろいろ書きましたが、私が普段行くのはごく普通の大衆酒場です。「魚百」で美味しいビールと魚があれば、とくに何も言うことはありません。あー、ビール飲みたい。

季節のフルーツの焼きタルトが堂々のベスト1！

切に食べていきたいのに、食べ出すと止まらなくて、10枚なんてあっという間。おそろしいクッキーです。3位は、千代田区役所1階にあるさくらベーカリーの「豆乳ケーキ」（90円）。パン屋さん不毛の地神保町では貴重なお店。せっせと足を運んで大切にしなくてはなりません。ケーキと言うより、ぎゅっと詰まりまくった蒸しパンのような食感。甘さが程よく90円で大満足。4位は、喫茶店ラドリオの「リキュールがけアイスクリーム」（480円）。リキュールはカシス、カルーア、ラム、ブランデーから選べる。ホイップが付いてくるので、抜きにするのをお忘れなく。5位は、紅茶専門店のTEA HOUSE TAKANOの「スコーン2個」（430円）。クロテッドクリームとジャムをつけて、アイスティ（ミルクティ）と一緒に食べると、今まで息していなかったのかというくらい深い息が出ます。疲れが取れる魔法の組み合わせ。

小料理屋ランチ

宮里潤

①菊水
②★なにわ
③はせ部
④ささ吟
⑤★伯耆

神保町ランチといえば、ガッツリ系（カレー、ラーメン、ハンバーグ）が主流。なんたって学生の街ですから。でも道行く人を眺めると、実は学生以上に中高年のほうが多い。古本を買うのは若者よりおじさんたちなのです。

ならば食べ物屋だって中高年仕様の店があるはず。そう、小料理屋です。夜な夜なおじさんたちが盃を傾ける、あの小料理屋。こういう店のランチは魚中心のヘルシーメニューで、中高年にやさしい味。ラーメン二郎やキッチン南海のせいで油まみれの若者の胃もやさしく癒してくれます。ちなみにどこも1000円以下で食べられる店なので、財布にもやさしいです。

まず5位は伯耆。瓦屋根付きの入口からしてザ・小料理屋。お店のカウンターでカンパチ刺身定食900円を食べていると、思わずビールを頼んでしまいそう。量が少ないのがとても残念。4位のささ吟は、看板に「酒と肴　うどん」とある通り、コシのあるうどんが一押し。おすすめはダシのきいたあさりうどん800円。二日酔いの胃にじわっと染みる味です。3位は、本の雑誌社の近くにあるはせ部。一見敷居が高い感じの店構えですが、マグロやサバの定食が700円台から。安い。店員さんも感じがいいです。2位は迷ったけど、なにわにしました。麦とろ定食のセットは、麦とろ、小鉢、浅漬けにハムカツ付きで850円。油っぽすぎず、食べごたえあり（これ大事）。いつも常連さんで混んでます。そして第1位は、錦華通りから一歩入った路地裏

菊水の焼き魚定食でご飯おかわり！

の人気店・菊水で決まり。ここはとにかくご飯とみそ汁がうまい。おかげでどんなおかずも気持ち良く食べられます。定番の豚汁定食800円（豚汁がデカイ）もいいけど、早めに行けば季節限定の焼き魚定食850円やづけ丼900円もあります。しかもご飯がおかわり自由。う～ん素晴らしい…あれ？ 小料理屋ランチなのに、結局満腹になれる店の話になってしまいました。

風情のある喫茶店　山口昌彦

①エリカ★
②プリマベーラ★
③千代田区庁舎 喫茶コーナー
④JAZZ OLYMPUS!
⑤カフェ・ヒナタ屋

神保町で「有名じゃない」けど「風情がある」喫茶店の「ベスト」!? そんな店あるのかと不安になったが、ひねりだしてみた…。

まず5位は『カフェ・ヒナタ屋』。「女子向け」と思いきや、角地の見晴らしよく明るい日差しの店内は、意外とおじさんにも居心地がいいかも？ レトロビルの4階にあり、手開け式のオンボロなエレベーターで上っていく。

4位は『JAZZ OLYMPUS!』。ジャズ喫茶というともう過去のイメージが強いかもしれないが、神保町ではここ数年で新しいジャズ喫茶・バーができていて、ここもそのひとつ。公園前にあるゆったりとした店でジャズの音に身をひたす、贅沢な大人の時間が過ごせる。

3位は変化球で、九段下の『千代田区庁舎』最上階にある喫茶コーナー。10階というほどほどの高さからの眺めがいい。座るとちょうど目線の高さに皇居の緑が広がり、その向こうに高層ビル。広々としたスペースでぼや～っとできる。9～10階は図書館になっていて、神保町の古書店が様々なテーマで古書を展示する「としょかんのこしょてん」というコーナーもある。

2位は、ものすごくいい店なのに、神保町の特集などでなぜかあまり出てこない『プリマベーラ』。漆喰の壁に渋い木材を使った内装はよくあるようで実はかなり凝っている。店内は重くなりすぎず、窓からは緑の木々を通った光が注ぎ、円形の天井に美しいゆらぎのグラデーションをつくる。奥の壁にしつらえられた革張りのソファは座り心地が抜群。テーブルの上には小さな草花が飾られていたり、隅々まで行き届いた気配りがうれしい。

そして1位は『エリカ』！ 昔からの「神田村」の雰囲気を残す貴重な空間といえる。お客さんはこの界隈で印刷や製本、取次の仕事をしているおじさんやご隠居さんなど。以前昼過ぎに一人で呆けていたら、「りんご剝いたの」と店のおばあちゃんがにっこり笑ってサービスしてくださった。いま神保町でもっとも大切にしたいと思っている場所なのだ。

しっとりした『エリカ』の佇まい

〈特集〉

本の街の秘境に挑め！

☆神田神保町（正確には神田小川町だが）にそびえる東京古書会館では日々何が行われているのか。組合員以外は入れない古書会館の市場（交換会）におじさん二人組が潜入！ そこで見たものは!? さらにお宝ざくざくの八木書店地下一階、人跡未踏で知られる古書いろどりを決死の探検。神保町の重鎮・八木書店会長への独占インタビューで本の街の秘境に迫るのだ！

●突撃ルポ

おじさん二人組＋盛林堂小野氏、古書交換会に行く！

本の街・神田神保町の秘境といえば、ラーメン二郎にキッチン南海、はたまた神保町食肉センターか。いや、違う！ 二郎にしろ南海にしろ、入りづらいことは入りづらいが、並んで待てば誰だって入ることはできる。言い方は悪いが、しょせんはただの行列のできる店だ。そうではなく、一時間並んでも二時間並んでも決して入れない！ 秘境とはそういう未知の領域を

いうのである。

　では、神保町の秘境とはどこか。あらためて、よおく考えてみると…、おお、そうだ。我々のような一般民間人は決して入ることができない、でも入ってみたい、まさしく秘境があるではないか！

　というわけで、杉江由次、浜本茂（若い順）の本の雑誌おじさん二人組は小川町の東京古書会館にやってきた。あれ？　神保町じゃないじゃん、と疑問に思う人もいるだろう。たしかに町名表記は神田小川町三丁目だが、『神田神保町書肆街考』で、神保町に六年間住んでいた鹿島茂が、自らつかんだ地理感覚として「私が神田神保町というとき、その広い意味での外縁は、東は駿河台、西は九段坂ということになる。ついでに、南北も確定すれば、北は水道橋、南は皇居のお濠となるだろう」と書いているとおり、イメージとしての神保町は広い。つまり、ここでいう本の街・神保町も町名番地の神保町ではなく、もっと広義な古書街としての神保町なのである。ご了承いただきたい。

　閑話休題。

　では、おじさん二人組がやってきた神田小川町の東京古書会館とはいかなる秘境なのか。

　東京都古書籍商業協同組合（通称東京古書組合）発行の「東京古書会館ってどんなところ？」というパンフレットによると「全国の古書籍商（組合員）が古書の入札を競う日本最大の市場（交換会）の開催される場所」で、全国各地にある古書会館の中でも質・量ともほかの交換会から抜きん出ており、「市場に参加する古書籍商も全国から集まり、様々な専門分野の古書を公正な入札により扱っている」ところだ。二〇〇三年七月に竣工なった地上八階、地下一階の威容を誇る古書の殿堂にして神保町の象徴で、運営は東京古書組合。ちなみに東京古書組合は「古書籍市場の開催・運営をはじめ、古書取引に関する情報提供、古書に関する知識の啓蒙・普及活動、古書検索サイトの運営などを行う『古書のプロ』の集団」（同パンフレット）である。つまり、素人がうかつに入れるようなところではないのだが、実は二階の一画はイベント会場になっていて、イベントの会期中は誰でも入場可。また地下一階の多目的ホールもほぼ毎週金土の二日間は一般向けの古書即売会が開催されることが多く、誰でも入ることができるのだが、本日はイベント開催中ではないし、月曜日だから即売会もお休み。それ以外に一般人が入れるのは受付のある一階のロビーだけ。

　したがって、おじさん二人組も一階のロビーでひたすらあやしいおじさんと化してうろうろしていたのだが、しかし。

「交換会会場には十二時にならないと入れないんですよ」

　そこへ西荻窪盛林堂書房店主の小野純一さんが救世主のように現れたのである。

　もちろん偶然ではなく、実は交換会を取材させてください、と事前にお願いしていたのである。本日は中央市会が運営する交換会で、特選市ということもあり、いつもより出品物が多いらしい。

小野　今日は荷物が多いので八時くらいから準備しているそうです。

浜　なんでも今日は昆虫関係の大口が出品されるとか。

小　永井荷風の葉書も出るようです。

　交換会は十二時開始だが八時から準備しているとのことで、メールやFAXで本日の出品速報が続々と流れてきているのである。古書組合事務局の大場奈穂子さんによると、中央市会で売買する古書店は三百店弱。ただし、落札品のない店は含まれないとのこと。入札には数人で来る店も多いので、東京の交換会のなかでいちばん来場者が多く、また全国各地から訪れる常連が多いのも特徴。本日は近県のほか、名古屋や九州からも来ているそうだ。ちなみに東京古書組合に加盟している神保町の古書店は約百四十店。東京全体では五百八十店ほどが加盟しているという。

　また本日は月曜日で中央市会が開催されるが、実は東京古書会館では毎週月曜から金曜日まで様々なジャンルの交換会が開催されている。再びパンフレット「東京古書会館ってどんなところ?」によると、

月「中央市会」漫画、文庫からフィギュアやCD、DVDなどジャンルに関わらず取り扱います。

火「東京古典会」明治期以前に書写または印刷されたものを主として取り扱います。

火「東京洋書会」欧米の書物を中心に、各国語の書物を取り扱います。

水「東京資料会」学術研究などの資料となるような本を、多岐にわたる分野で取り扱います。

東京古書会館一階のロビーで待ち合わせ

木「一新会」[※] 東京古書組合神田支部による運営で、売りやすく買いやすい市場です。

金「明治古典会」近代文学の初版本、作家の肉筆原稿、明治初期の学術本をはじめ、幕末から明治にかけての学術・文化資料を取り扱います。

　とのこと。交換会を運営するのは組合の職員ではなく加盟している古本屋であり、実際に本をさわるのは全部古本屋なのである。

小　全部同人市なんですよ。古本屋が自分たちで出資して市をやってる。

大場　東京古書組合が古物の交換会を開催する許可をもらって、交換会の運営を同人にお願いするという形ですね。たとえば月曜日は中央市会という同人に委託しているということです。市の内容や組織運営、宣伝も中央市会のみなさんにおまかせします。

小　僕も中央市会の会員なんですが、同人会の中でその年に運営する幹事を決めるんです。それにプラスして、勉強したいとか交換会の仕事をしたいという古本屋さんに経営員になってもらい、本を集める作業や開札の作業などを自主的にやっています。

大　組合は古本屋さんに交換会をお願いする代わりに事務的な作業を引き受けてるんです。その経費として事務手数料をいた

※現在は開催取り止め

だいています。事務局は六階にあるので、のちほどお見せします。

●まずは休憩から始めよう

というわけで、小野さんの引率で最上階へ。前述したように東京古書会館は地下一階、地上八階建てで、地下一階と一階、二階の一部は誰でも入れるが三階から八階までは素人入場不可の神保町の秘境。それがいきなりエレベーターで八階まで上がってしまうのである！

八階の本棚とキーボード

小　八階は休憩室になっています。

浜　本棚がありますね。

小　古本屋さんが出した本などが収められています。

浜　うちから出した青木正美さんの本もある（笑）。

小　資料などは組合員なら手に取って見てもかまわないんです。

杉　なぜかキーボードが（笑）。

大　音楽好きの古本屋さんがグループを作っていて、リハーサルで使ったりということもあるんです。

小　以前は将棋を指してる人もいましたよね。基本的には談話したり喫煙スペースでタバコを吸ったり。朝早く七時くらいから来る人は、入札後にここで寝てることもあります（笑）。

飲み物の自販機もある休憩室は朝八時から開いていて飲食も可。昼に弁当を広げる人もいる、まさにフリースペースだが、東日本大震災の際には、即売会に来ていた一般客も含め、帰れなくなった人たちの宿泊所にもなったという。万が一に備え、水と乾パンと毛布を備蓄しているそうだ。

続いて会議室と役員室がある七階へ。

浜　会議室が三部屋もある！

小　壁を外して大きなひと部屋にもできるんです。八十名は入るのでトークイベントに使ったりもします。

東京古書組合は商業協同組合なので理事組織があり、理事会で決まったことの報告会を月一で行ったり、交換会の同人組織が運営方法を話し合う事業部会などの会議をここで行うのである。

杉　こういう組織は出久根達郎さんたちの時代にもあったんですか。

大　ありました。丁稚という言葉が残っていて、住み込みの店員さんがいた最後の世代が出久根さんたちですよね。いまでも神田のお店は日曜日に閉めているところが多くて、お客さんから開けてよ！って言われることも多いんですけど、昔はお休みがなかったんですよ。

小　うちを含む、中央線沿線のお店は休みが毎月二十日の一日だけだったと聞いたことがあります。

大　それで労働環境を改善しようと、みんなで休みを決めることにしたんです。

小　そうやって週に一日休むことになったわけです。丁稚さんたちもずっと店にいるのイヤじゃないですか、住み込みなんだし。それで交換会の経営員になって、先輩や後輩とコミュニケーションを取り合いながら好きなものを買って帰る。経営員にはそういう名残があるんですね。だから店主だけじゃなくて店員さんも経営員をやっていたり、独立しても交換会のお手伝いをしたいと経営員を続けている人もいます。

そういう強固なサークルだったこともあり、以前は交換会に来る人は誰もが顔見知りだったが、最近は新刊書店や出版社等、別業種からの転入組や都外の利用者も増えたので、どこのお店の人なのかをよりわかりやすくするため、現在は交換会への入場者は顔写真付きの入館証が必携。

大　小野さんの荷物を別の本屋さんが預かって商品として並べるというふうに、同業者の荷物をお預かりしている責任もありますので、安心して使えるために。

杉　持っていかれちゃったらお終いですもんね。

小　そうですね、持っていこうと思えばいくらでも持っていけますから。本当に信用と信頼だけで成り立っているところなんです。そういうふうにやっているからこそ、高いものや珍しいものが出てきたりもする。プロが自分の力量で持ってきて並べるから安心して買うことができて、お客さまに提供することができるんです。

全国各地の古書店の入館証

組合に加入するには組合員の紹介のほか、出資金十万円、加入金四十四万円、共済会基金三万円が必要。申請時にすでに開業していて営業経験があることが望ましいとのことだ。東京の場合、東京古書会館のほかに西部、南部、北部と三つの古書会館があるため、ほかの組合より加入金が高くなっているらしい。また、各都道府県の組合に加入すれば、全国古書籍商組合連合会（全古書連）に加盟する、全国どこの組合の交換会にも参加が可能になるという。

杉　ずっと参加できるんなら六十万もそんなに高くないですね。

大　プラス毎月の組合費が四千円かかります。

小　それと共催費が三百円。

大　あと、面接があるんですけど、ほとんど雑談の場になっているとか（笑）。それまでにほかの組合員さんの信用を得ているケースが多いので。

小　やっぱり信用なんですよ。品物とお金に対する信用があるから、安心して交換会を開くことができるんです。

信用という言葉を噛みしめて一同六階へ。六階は事務局と応接室があり、広報、業務、管理、総務の各部署の職員たちが忙しそうに仕事中。

杉　たとえば小野さんが出品したものが売れた場合はここでお金を受け取るんですか。

小　翌日以降に窓口でもらえます。振り込みも可ですが、私は売るほうより買うほうが多いので大体は支払ってます（笑）。

大　ここでは「お渡し」と「頂だい」と言います。

売買代金のやり取りはトラブルを避けるため、いったん組合に全部集め、分配される。売主からは事業手数料、買主からは席料という名の手数料が金額に応じて組合事務局に支払われるシステムなのである。

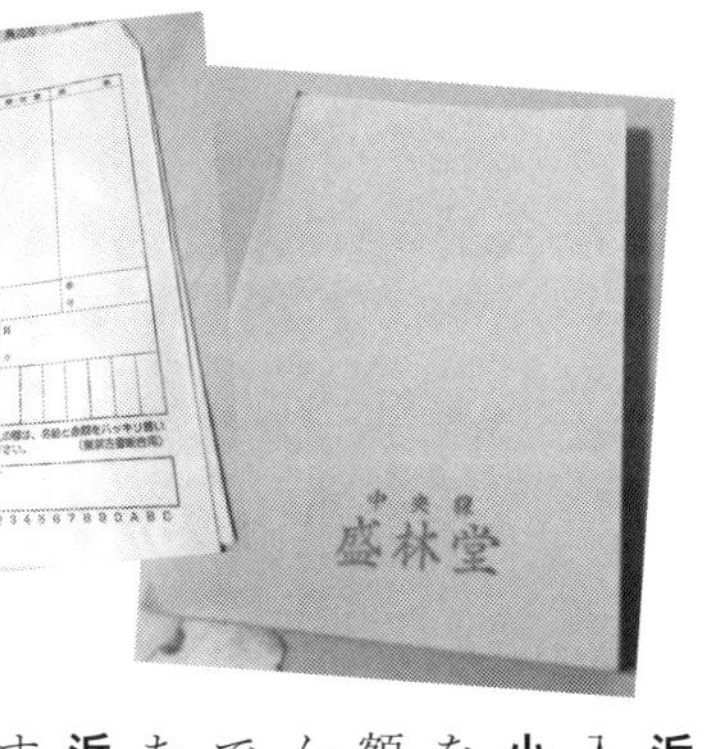

階段を下りると五階はロッカーフロア。組合で月単位でロッカーを貸しているそうで、ダイヤル施錠式のスチール製ロッカーがずらりと並んでいる。買った本を一時的に保管したりするのにも使うとのこと。

杉　この紙はなんですか。

小　入札用紙です。盛林堂って書くのが面倒なのでハンコで店名を捺してます。

浜　これに金額を書いて封筒に入れるんですね。

小　そうです。だから封筒の中を見てはダメですよ（笑）。金額も開札したときに記載されるんです。パソコンで管理するので会計の職員さんがデータを打ち込む。

浜　店名なども書いてないんですね。

小　基本的に無記名なので、どこが出品したかわからないんです。もしわかったらそれだけで値段が変わりかねないですから。売れ残りを持ってきたとか、こいつが出したものには入札したくないとか（笑）。

そのため、封筒表面には品名のほか、汚れなどの特記事項、冊数、記号・番号だけが記載される。冊数が記載されるのは事故を防ぐため、記号・番号は組合からもらう番号で、毎回変わるのだ。

浜　いつも同じだったら、どこの店かわかっちゃうもんね。

杉　盛林堂だから「盛」とか書いてあるわけじゃないんだ。

大　昔は通称でやっていたこともあったんですけど。結果を入力するときに記号・番号を入れると店名が出てくるので、買主さんと金額を打ち込むと、どんどん売上げに反映されていくんです。

杉　ここの事務作業は大変そうですね。

大　古本屋さんのほうが圧倒的に大変ですよ。私たちはパソコンで処理しますけど、古本屋さんは手書きですから。

小　開札作業ってアナログなんですよ。全部手書きで書かれてるのを、下手すると解読しながらやらなきゃいけない（笑）。

入札にあたっては、いちばん下に書く金額が二千円以上一万円未満の場合は二枚、一万円以上の場合は三枚書けるという規定がある。たとえば「一万二千円」「一万五千円」「一万八千円」と三段階の金額を入札用紙にそれぞれ書いて封筒に入れることができるわけだ。開札の結果、ライバルが「一万円」「一万二千円」「一万四千円」と入札している人ひとりしかいなければ、「一万五千円」で落札！ということになるのである。

二枚の場合は二枚札、三枚の場合は三枚札と呼び、最低入札価格が、十万円以上の場合は四枚札、五十万円以上は五枚札、百万円以上は六枚札、五百万円以上は七枚札ときて、規定上はなんと八枚札まである！

浜　いちばん低い入札金額が一千万以上!?

小　さすがに八枚札は見たことがないですけど（笑）。

大　一千万円以上なんて出てくるのは和本の会のときくらいでしょうね。

小　『古今和歌集』とか。国内でいえば国宝レベルのものですよね。

大　漢籍だと宋版とされるものなら十分あり得ますね。

杉　あるんだ。すごいなあ。

●いよいよ交換会会場へ！

フェラーリ並みの金額に驚きながらも、いよいよ交換会の会場へ。冒頭でも紹介したが、本日は特選市ということで、普段の中央市会より出品量が多くなり、通常の三階、四階の二フロアに加え、二階も会場になっているという。三階に下りると、ヒモでくくられた本の山が廊下まであふれている！　台の上に乗りきらなくて床の上に直接積まれた山がそこかしこにそびえ立っているのである。いやあ、ものすごい数だ。

小　封筒に六本口と書いてあるのは、このヒモでくくった山が六本ということですね。こっちの商品はＬＰ六本ですから、ここからここまでの六本でひとつの商品になります。

大　最低出品入札価格が二千円なので、それ以上になるように組むわけです。中には一冊で出るものもありますけど。ただ、中央市会はジャンルを限定していないので、本だけじゃなく古物分野のものはなんでも出てきます。雑誌から絵葉書、あるいはグッズ類ですとか。

ヒモでくくられた本の山！

浜　なるほど。しかし、この山なんて立原正秋と星新一とか、だいたい小説ですけど、純文とエンタメがごっちゃで傾向がばらばらじゃないですか。この中に一冊だけ欲しいのがあったりすると、一冊のために入札するかどうか悩むわけですよね。

杉　一本の冊数もバラバラだし。

小　そうですね。だからちゃんと確認しないといけない。これは元の形に戻せば、ヒモを解いてみてもいいんです。

杉　状態が確認できるように？

小　それもありますし、初版かどうかなんて奥付を見ないとわからないでしょう。あと、封筒の状態欄に「印・書き込み有」となっている場合は要確認ですね。

「印」というのは蔵書印など、何らかの印のことで、状態欄に何も特記されていなかったのに、落札してから確認したら印が入っていて値段を安くして販売せざるを得なくなった場合、「事故」といって値引き交渉のネタにされることがあるらしい。事故防止のために状態欄に明記する必要があるわけだ。

浜　あ、いまの本は印が入ってましたね？

小　いや、これは蔵書印じゃなくて検印です。こういうところをさっと見て、ヒモを戻してから積み直す。

浜　確認するのは一冊だけでいいんですか。

小　全部確認すると時間がかかりすぎてほかの本が見られなくなってしまいますから。この束のようにひとりの人の蔵書から出ているのなら、一冊二冊確認すればだいたいの傾向はつかめるんです。

「古書いろどり」の彩古さん登場

　と言いながら、小野さんが目の前で入札用紙に書き込みしだしたから、思わずあとずさり。

浜　あんま近くで書かないでください。見えちゃうから（笑）。

小　別にかまいませんよ。見ちゃうのはダメですけど、見えちゃうのはしょうがないですから（笑）。

杉　封筒に赤線が付いているのはなんですか。

小　赤線は落としても事故にできないですよって意味です。出品者か交換会が注意しろと付けるんです。

浜　状態に問題ありってことか。でも、文庫四本で赤線付きですが、これで二千円になる自信があるってことですよね？

小　これならギリギリで二千円になると思います。シムノンが二冊入ってますし、たぶん「古書いろどり」さんが入れるんじゃないかな（笑）。

　神保町の魔窟と言われる「古書いろどり」の名前がここで出るとは！　と思ったら、ちょうど店主の彩古さんが会場に現れて本の山をチェックしはじめているではないか。彩古さんは毎日交換会に来ているそうで、小野さんと、これ入れた？とか、函ついてるじゃんとか、探り合い（？）をしているのである。

浜　入札がダブることもあるんですか。

彩古　ありますね。

浜　勝敗は？

彩　いや、それは。盛林堂さんのほうが強いですから（笑）。

　なお、同店については本別冊で秘境のひとつとして三度にわたり紹介しているので、詳しくはそちらで！

小　うちでも、これを入れておけば、たぶんあそこのお店が入札してくれるだろうとか考えながら束を作るんですよ。

大　効き目の本を何冊か入れておいて、なるべく売れ残りのないように束を組むんですね。買った場合も、必要な本だけ抜いて、また組み替えて出品したり。同じ本でもいかに見せるかで値段が変わってきますから、店員さんの勉強にもなります。

杉　怖いなあ。どの本と組み合わせるかで値段が変わってくるんだ。

　最低落札価格に達しなかった束は「ボー」と言って出品者に戻されるとのこと。シビアな世界なのである。

●永井荷風の葉書を発見！

三階はだいたい見終わりました、という小野さんに連れられて次は二階へ。通常、二階は出品準備室として、次の交換会のための本をカーゴに載せておいたり、落札されたものを置いておいたり等、一時保管庫として使われているが、本日のように出品点数が多いときは交換会の会場になるとのこと。

杉 あ、これ、入札しなくていいの？

浜 なに？ おお、河合継之助写真集！

小 見たかったら、束から抜けばいいんですよ。ほら。

大 見られるチャンスがあるんだったら、見ておいたほうがいいですよ。

小 どういう資料なのかという判断も重要なので、開けて確認することも大切です。ですから、交換会に出ているものは基本的にさわっても大丈夫なんです。

浜 すごい。継之助関連の写真がいっぱいだよ（笑）。

小 これだったら、うちで売る場合は三千円だな、四千円だなと考えながら見ていきます。

杉 縛り直すときは十字にしちゃいけないんですね。

小 中にある本を抜いて確認するとき、十字だと戻せないんですよ。だから基本的には一本縛りです。傷みも少ないし外からも見えやすいので。

一本縛りで出品される束

それにしても小野さんのチェックの速いこと。束をさっと見てはどんどん入札している。ほとんど考えているようには思えないスピードだ。

小 どんどん入れていきますよ（笑）。多いときだと、カーゴ三台分くらい買いますから。

大 迷ってられないんですよ。

浜 すごいなあ。全部落札できちゃったらいくらになるんだろう。

大 大変ですよ。みなさん、思ったより落ちちゃうと、場所どうしよう、お金どうしようって（笑）。いざとなると困るのは場所ですよね。引取り期限ぎりぎりまで、ここに置きっぱなしという方もけっこうおられますから。

門外漢の心配もよそに小野さんは黙々と入札を続けている。と思ったら、なにやら白い背表紙セットの前で立ち止まり、おじさん二人を手招きするのである。

小 こうきれいに並んでると、みんな入れますよね。

浜 おお、手塚治虫全集だ。二十本口だって。

杉 全部揃ってるんですか。

小 たぶん揃ってると思います。エッセイも含めて。

浜 どうして自分の店で売らないんだろう。客層が合わないのかな。

小 お客さんから買ってきた状態のまま出品したのかもしれませんね。すべてが一度店に出してというわけではなくて、お客さんのところから直接交換会に持ってきて、まだ古本屋が販売価格をつけていない本もあるんですよ。そういう本を初荷（うぶに）といいます。

　初荷のほうが交換会では喜ばれるそうだ。一度、手垢がついたものより、まだ誰も手をつけていないもののほうが売れそうな気がするし、いいものが抜かれていない可能性が高いからである。

浜　この束は小野さんのお店で売れそうですけど。

　奢灞都館の久生十蘭『美国横断鉄路』が真ん中で背を向けている束だが、よく見ると新しいエンタメもまじっていて、わりとぐちゃぐちゃ（笑）。小野さんによると、お客さんのところからそのまま持ってきたんだろうとのこと。この時間帯だと、まだ札が入っていないので、どのくらい人気になるのかわからないんですよね、と言いながら封筒をゆすって札が入っていないのを確認するのである。

小　あとで絶対入れます。

杉　久生十蘭は欲しい（笑）。

小　ですね。四冊目くらいですけど（笑）。

　実は最後の台に近づくほど値段が高くなっていくように並べてあるそうで、本日は三階、二階、四階の順で開札するため、その順番で値段が少しずつ上がっていくらしい。札がたくさん入れば入るほど高くなる可能性が増えるので、高くなりそうなものは後に回すわけだ。

小　最後の台には一冊ずつ本が並んでいます。

浜　これはなんですか。

小　書簡ですね。

浜　ええと、リヒャルト・シュトラウス…ジュゼッペ・ヴェルディ…大変な作曲家じゃないですか。これ、本物？

小　本物です。

杉　永井荷風の葉書があった！　こうやって出るんだ。

小　こっちに並んでるのはネット入札対象品って書いてあるでしょ。エクストラネットっていう古書組合員だけが使えるシステムがあって、そこからも入札できるんです。

永井荷風の葉書も並ぶ！

浜　全国どこからでも入札できるんですね。

小　そうです。傷みなどが写真ではわかりづらかったりもするので、新しい本が多いですが、それこそ北海道の人も会場に来なくても入札ができるように徐々になってきています。

杉　硯とか版画とかも出てるんですね。

小　紙に関わるものなら、なんでも扱う。そういう世界です。

　各々入札していって、時間になると紐を張って中に入れないようにして、三階から順に経営員が封筒を開けていく。

　午後一時半から始まる開札は本日の点数だと、だいたい五時過ぎまでかかるという。開札前は書き直しができるので、どうしても欲しいものは「改め」と書いて再入札することもあるそうだ。

小　ぼくは一つの束には基本的に一枚しか入れないんです。ただ、どうしても欲しいもので、さっき見たときは札が入ってなかったのにいまはいっぱい入ってるという場合に書き直しを入れる。十点、二十点、三十点と入れていくので、どれにいくら入れたか忘れちゃうんですけどね（笑）。

浜　すごく楽しそうだ（笑）。

杉　やばいね。店をやりたくなっちゃう。何年くらいさわっていればリストが頭に入るもんですか。

小　リストを入れるんじゃなくて、毎週交換会に来て、こういう系統のものは、このくらいの金額で落ちてるから、これは買いだなって覚えていく。それを繰り返して感覚を磨くんです。

杉　いくらで落札されたかわかるんですね。

小　開札したら、この金額で決まりましたと入札された紙に印をつけて、ヒモに挟んでとめていくので。

杉　それだと効き目がわからないですよね。

小　場合によっては何が高いんですかって聞くんです。古本屋は「教えて」っていうと基本的に喜んで教えてくれますよ。

　周囲がざわざわするなと思ったら、知らない間に人がどんどん増えている。一時半になると、ぎりぎりで入札する人たちも来て、さらに増えるという。小野さんは一段落したら食事に行って、戻ってきたら、もう一度見て回って、欲しいものがあったら、また入札するらしい。

小　来ると一日、入札してます。

浜　いいなあ、やってみたくなるなあ。

杉　ひとつも落とせる気がしないけど（笑）。「こんなのをこんな値段で買ってるよ」って蔑まれそうだし…。

小　いえいえ。自分が儲かると思って、その値段を入れてるわけだから。いくらで買おうと持って帰って売って利益が出ればいいんです。

杉　そうか。古本本の雑誌社立ち上げだね！

　いざ勝鬨をあげん、というそのとき、「お疲れさま」と古書いろどりこと彩古さんが再び登場。

彩　今日は入れないんですか。

浜　残念ながら入れる権利がないので（笑）。このあと開札を見に来るんですか。

彩　あまり来ませんね。

杉　落札した品は持って帰らないんですか。

小　引取りは翌日からなので。

浜　置いておいてもいいんですね。

小　本当はよくないんですけど、僕らなんかはここまで片道三十分かかりますけど、この人は歩いて十分だから毎日来てますし（笑）。

浜　なるほど。神保町に店を持ってる強みですね。やっぱり古本本の雑誌社も神保町だ！

杉　でも神保町は値付けがシビアそうだからなあ。ちゃんとした知識がないと厳しそうですよね。

彩　そこはまあ、なにを目指すかでしょう。

浜　本を買い集めるのか、それとも売るのか。

小　やっぱりどういう店を作るかですよ。誰も入れないお店はどうかと思いますけど（笑）。

浜　誰も入れないって（笑）。

彩　だから閉店中（笑）。

●八木書店会長・八木壮一インタビュー

神田じゃなくて、神保町だ！

八木　私は神保町の古本まつりに最初のころから絡んでおりまして、二十年くらい宣伝を担当してきたんですね。支部長は代々変わるんですけど、そのたびに「壮ちゃん手伝ってくれよ」なんて声をかけられまして（笑）、二十年。そんなことをしているうちに三省堂の亀井さんから「神保町のことをもっと考える会を作ろうよ」と言われまして、「本の音色の会」というのを作ったんです。略して「本音の会」。

――なるほど。本音。

八木　「本音の会」では本の流通について考えようとか海外との提携をしようとかという話にもなりまして。色々やったんですけど、さほど進展がなくて、結局、お祭りだけが残ったんですね。古本まつりは毎年盛んにやってるから新刊のほうも何かやろうと。それで神保町ブックフェスティバルが始まって、早いもので去年で二十八回目。そのあと「本の街神保町を元気にする会」というのを立ち上げたり、私たちもいつまでやっていけるかわからないので「若手の会」というのも作りました。神保町の将来ということでいうと、「神保町学」というのもあります。

――神保町学？

八木　「千代田学・神保町研究会」といって明治大学の先生が主体でやっています。街づくりのハードを考える会ですね。さらに「東京文化資源会議」というのがありまして、千代田区、文京区、台東区をオリンピックに向けて活性化していこうと構想している。座長は伊藤滋さんといって伊藤整の息子さんなんですよ。もう九十歳近いですけど都市計画の大家です。その先生が座長で事務局長が柳与志夫さんという千代田図書館を作った人でして、柳さんが図書館長時代に紹介していただいた国立情報学研究所の高野明彦先生に「BOOK TOWNじんぼう」というサイトを作ってもらいました。以前は「ブックタウン神田」という名前だったんですが、「神保町」を明確に打ち出そうと改称したんです。私は以前から神田と言わず、神保町と言ってるんですね。それは、古本まつりの宣伝をやっているとJRの神田駅から延々歩いてきたというお客さんが少なからずいたんですよ。なかには遠方から子どもを連れてきたお母さんなんかもいたりしてね。

――神田というと神田駅を連想するから。

八木　そうなんです。「神保町って駅から遠いんですね」って言いながら来られるお客さんがいる。そういうことがあるので神田じゃない、神保町を謳っていこうと盛んに言ってきた。「神田古本まつり」も私は「神保町古本まつり」に名前を変えたほうががいいよって言ってたんですけど、古本屋は神保町だけじゃなくて三崎町にもあるからということで組合の支部で合意が取れなくて。だから「神保町ブックフェスティバル」の時は「神田」じゃなくて「神保町」を名乗ろうと。

——それで神保町ブックフェスティバルになったんですね。

八木　地下鉄の神保町駅ができた時も「本の街神保町」というのを謳ってくれとずいぶん運動したんです。私は神田神保町は神田をとってもいいんじゃないかと思ってるくらいなんです。結局、神保町のメインはすずらん通りとさくら通りですから。靖国通りができる前は特にね。神保町はたびたび大火事に見舞われたんですが、大正二年の大火事を経て変わっていくんですね。靖国通りができたのもその大火事のあとなんですよ。火事のあとできた靖国通りをその後拡張するわけですけども、その時にはコロのようなものに載せて家を動かしたそうです。その時の資料を悠久堂書店の諏訪さんが持っていましてね。

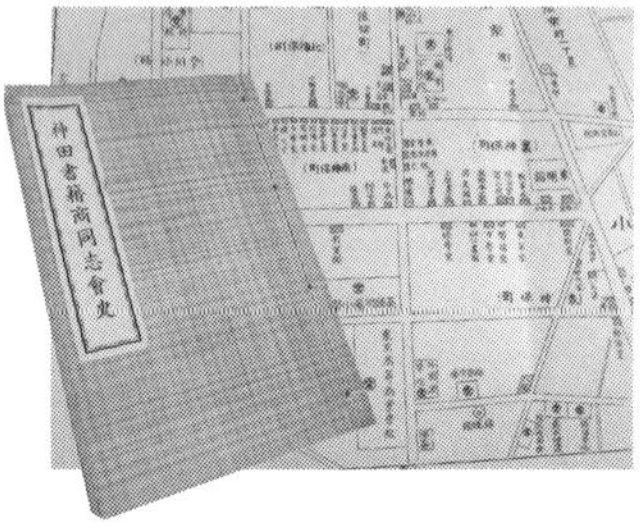

明治三十六、七年の神保町の地図も載る『神田書籍商同志會史』

——『神田書籍商同志會史』

八木　神田についての記録集で、面白い本ですよ。昭和十二年の本ですね。「図書クラブ」というのが、今、古書会館があるところにその当時ありまして。

——そのころの古本市ってどんなだったんでしょう。

八木　当時は本当に市場だったんです。今は交換会と言ってますけど、戦前は市場だった。ところが戦時中になると、政府が物価統制令を出していたので、値段を上げるところだから市はダメだと。市という名称を使うことは禁止されたんですよ。

——ええっ、そうだったんですか！

八木　ええ。それで交換会と改称して今に至ってるんですね。戦時中にはそれこそマルコーと言って、古本にも定価を付けていたんですよ。公定価格のことですね。○に公でマルコー。昭和十六年くらいに決まりまして。何年に発行された本はページいくらとか、そういう値段の決め方でした。

——年とページ数で値段を決めるんですか。

八木　つまらない値付の仕方もあったもんですよね（笑）。公定価格から除外する本もつくるというので、うちの父もその委員に入っていたんですけどね。その時の政府の担当官は前田さんと言って「古書通信」の読者でもあったので、すごく理解のある人だったんですよ。それで協力はしてくれるんですけど、物価統制令は法律で決まってるものでしたからね。もっとも私は当時のことは実際には知らないですけど。

——会長は今おいくつですか。

八木　昭和十三年生まれですから、今年八十一歳になります。実は神保町の古本屋仲間には同期が四人いましてね。小宮山書店さんと大雲堂書店さん、あとは秦川堂書店さんと私。といっても私以外の三人は早生まれなんですよね。

——神保町のビッグフォー（笑）。学校も一緒だったんですか。

八木　錦華小学校、今のお茶の水小学校で一緒のはずです。昔の神保町生まれはお茶の水の上のほうに産院がありましてね、浜田病院。そこで生まれて錦華小学校に通っていた。だいたいみんなそう。

――会長もお生まれは浜田病院で。

八木　はい。ただ、うちは戦前だけでも神保町のなかを転々としているんですよ。昭和九年に父が一誠堂書店から独立して「古書通信」を始めるわけですけど、独立した当初は三崎町の印刷所の上を借りていた。それが、半年で専大前交差点のほうに移って、三か所目が小川町三丁目。その後、さくら通りから一本入ったところに篠崎運送店というのがあるんですが、そこに移って、私はそこにいた時に生まれたのかな。戦前の最後は、すずらん通りに檜画廊というのがありますでしょう、あそこにいたんですよ。

――短いところだと五か月ぐらいで移転してたんですね。引っ越しが大変そう。

八木　そうですね。最初のころなんかは本の上に寝ていたそうですから（笑）。それで父が昭和十九年に出征しまして、母と弟、妹とで逗子の桜山というところに移り住みました。そこから私だけ明石の二見というところに移るんですね。父方の祖父と祖母がいましたので、明石市二見の幼稚園に行って、小学校二年まで。ですから終戦の時は二見です。二見の沖合には海軍の練習艦が停泊してましてね。それを米軍機が攻撃して撃沈したんですよ。私は防空壕から出て飛んできたグラマンを見ていた記憶があるんです。叔父に言わせるとずっと防空壕のなかで震え上がっていたそうですけど（笑）。その後、逗子に戻って桜山の小学校に転校しました。逗子にいたのは小学校五年生の二学期まででしたね。当時は天文学者になりたかったんですよ（笑）。それから東京に戻ってきて上野の七軒町に住むんです。上野動物園の裏のほうですね。戦後は店がなくて、帰ってきた父が上野の松坂屋にテナントとして入ったものですから。

――銀座店にも出店してくれと言われたんですよね。

八木　ええ、銀座、静岡、名古屋なんかにも出させてもらいまして。そこから錦華小学校まで都電で通っていました。

――上野に移られて、転入したのは錦華小学校だったんですか。

八木　そうです。言われてみると変ですね。どうしてだったんだろう。都電を須田町で乗り換えて駿河台下で降りて通っていました。私たちの同年代はみんな疎開していて、四人のなかで戦時中も神保町にいたのは小宮山書店の健彦くんだけなんですが、実際には神保町は空襲に遭わなかったんですよね。「ウォーナーの謎のリスト」という映画があったでしょう。神保町が爆撃を免れたのは、エリセーエフというロシアの日本研究者がマッカーサーに文化の街だから爆撃はしないでくれと進言したからだという。この映画を作ったのは金髙謙二さんという監督で、その前にも「疎開した40万冊の図書」という映画を作っています。日比谷図書館の館長が東京が空襲に遭って燃えてなくなる前に民間の貴重書を買い集める話なんですね。古書の値段を評価するのに古書業界にも協力を要請して、一番の協力者だったのが反町茂雄さんだった。その映画を作る時に金髙さんに神保町は空襲に遭わなかったという話をしたら、えらく興味を持たれましてね。それを映画にしたいと。ラングドン・ウォーナーという美術史家が、百五十件くらいですけど、法隆寺ですとか、鎌倉とか京都とか、爆撃を避けるべきだと進言する日本の文化財のリストを作る過程を映画化したわけです。で、実のところそのウォーナーのリストのなかに神保町はないんですよね。

――なかったんですか（笑）。

八木　入ってなかったんですよ。それでも残ったことに変わりはなくて、いい映画を作ってもらったなと思います。神保町の歴史は百四十年ばかりになるわけですけども、街が残るというのは奇跡の連続なんじゃないかと思うんですよ。

――でも、歴史的な建造物がなくなってもいますよね。東洋キネマとか。

八木　神保町の象徴といったら看板建築なんですよね。震災のあと靖国通りが拡幅されて、専修大学の先のほう九段の俎橋のところから神保町の交差点、それからうちの古書部があるところから小川町まで、ずっと、看板建築が続いていましてね。

――看板建築というのは？

八木　今の矢口書店。あれが看板建築です。安価な防火材としてトタンを正面に貼っているんですね。私が編集した『神田古書籍商史』という本があるんですが、資料として残しておこうと神保町の本屋の写真を撮っておいたんですね。昭和四十年に撮った写真ですが、今になってみると面白い風景ですよね。高山書店、交差点を渡って大雲堂書店、ビルになる前の明倫館書店。それらに連なる看板建築の建物がずっと並んでいた。

昭和40年の神保町古書街（『神田古書籍商史』）

――昔の地図を見ると、今よりも古書店街が広いですよね。錦町のほうまで古書店が並んでいて店数も多い。

八木　水道橋のほうも今よりたくさんありましたね。まあ、街というのは変わるものでもありますから。神保町というのは、ご承知のように江戸時代の蕃書調所の跡に大学南校という学校ができて、それが東大になる。一橋大学や外語大もあったけど移っていって、そうやって公立の学校がなくなったあとに私立の法律学校ができて学生街ができるんですね。明治、中央、専修、法政。そういう学校ができて、学生需要でできた古書店のなかで一番古いのが有斐閣。あそこも元は古本屋ですから。初代は商売上手で学生たちの引き立てもあって繁盛しましてね。そのあと明治十四年にできたのが三省堂さん。三省堂さんも元は古本屋ですよね。そのあとが冨山房。古本屋については反町茂雄さんが『紙魚の昔がたり』という本でずいぶん書かれています。この本を読むと明治大正の辺りのことが知れて面白いですよ。

――反町さんとは親しくお付き合いを？

八木　元々うちの父が東京に出てきたのは反町さんの引き立てがあったからなんです。父は神戸の新刊書店に勤めてたんですが、岩波文庫が出てきて、新刊書の世界を見限ったんですね。それで神戸のとある本屋に相談したら神保町の一誠堂書店に東大出の反町茂雄という番頭さんがいるから行ってみたらと言われて、反町さんが関西に仕入れに来た時に面接をされて「じゃあ君、来たまえ」と一誠堂に入るんです。そんなもんだから私の父は何かというと「反町さんは……」と（笑）。

——そうでしたか。

八木　引き立てていただいたというだけじゃなく、可愛がってもらっていたんでしょうね。『天理図書館の善本稀書』をはじめ反町さんの著作もうちでたくさん出させてもらいましたけど、私にとっては反町さんは一番の先生だと思っていますし、うちの母親も戦時中は反町さんを頼りにしていました。私が学校を出て海外に行きたいと言った時にも父は反町さんに相談して『まだ日本のこともわからないうちにそんなところへ行くことはありません』と言われたからダメだ」なんて言ったり。もう何かといったら反町さんなんです（笑）。うちの古書部の店を出す時も反町さんに相談に行ったら、反町さんは店を持たない主義だったので、店がなくても古書店はやれるし、やるべきだと言われたと父はずいぶんしょげていました。まあ、そんなこんなでうちと反町さんの縁はすごく深いですし、反町さんが他界されたあとも私が編集してこういう本をまとめたりしたんです。

——『弘文荘　反町茂雄氏の人と仕事』（文車の会編）。小宮山さんとか高山さんとか、みんな寄稿している。

八木　みんな、その文車の会の会員だった人たちです。反町さんの書いたものは全部集めようと思って、『反町茂雄文集上・下』というのも作って、ほぼ収録しました。文車の会というのは反町さんが作ったんですけど、晩年には古典や古文書を読む勉強会をやってたんですよ。勉強会は夕方ごろに反町さんの家でやっていたんですが、私は幹事で、読む箇所が最初の文と決まってたので楽でした（笑）。

——大学でも国文学を専攻されていたんですか。

八木　いいえ、立教大学の経済学部経済学科でした。六〇年安保のころですから全学連の運動にも参加しました。神宮に集まってスクラム組んで国会議事堂の前まで行ったり。樺美智子さんが亡くなった時も国会前を通りまして、あの時はすごかったですね。革命前夜ってのはこんな感じなのかなと思うくらいに機動隊のサーチライトがバーッと照って。樺さんが亡くなったのはあとで知ったんですが。

——そういう体験もされてたんですね。

八木　一応ね。私は中学から立教で、中学から大学までボーイスカウトをやってたんです。高校の時は剣道をやってたんですけど、当時は剣道ってあんまり歓迎されてなかったんですよね。

——武道が歓迎されてない時代が。

八木　私が中学生の時は剣道じゃなくて撓競技って呼んでましたからね。

——撓競技？

八木　占領軍政策で剣道が禁止されていたんです。高校に入るころにまた剣道になった。他流試合で慶應高校に行ったら太鼓をドンドン叩かれて肝潰しちゃって、最初以外は全部負けちゃった（笑）。今は後輩たちが頑張ってけっこういいところまでいってますけどね。剣道に限らず若い人たちはどんどん変わっていって、みんな個性を持っていると思うんです。私が神保町に望むのは、家業が続けられる街になってもらいたいということ。古書店は家業ですからね、企業たりえないです。出版社さんもだいたい家業でしょう。そういう家業が続けられる。神保町はそういう街であってほしいな、と思っています。

●八木書店地下一階取材

本の雑誌探検隊、バーゲンブックの店売に行く！

さらなる秘境を求め、本誌探検隊が続いてやってきたのは神田小川町の八木書店本社ビル。

実は壮一会長率いる八木書店は、古書の売買だけでなく、出版、新刊取次、バーゲンブック販売等を手がけるコングロマリットで、本社ビルは一階が新刊取次の店売、そして地下一階がバーゲンブックの店売になっているのだ。

店売というのは書店が仕入れに来るところで、ようするに卸売の場。本の雑誌社近辺にも出版取次店が何軒かあるが（昔は何十軒もあって神田村と呼ばれていた）、店頭に「一般の方には小売はいたしません」と貼り紙があるとおり、一般民間人は入店NG。書店しか入れない秘境でもある。

何を隠そう、八木書店の新刊取次部とは当社も取引があり、納品にも行くので、一階の店売がどうなっているのかは、概ねわかっているのだが、地下一階には降りたことがない！　なんといってもバーゲンブックの店売だよ。いったいどんな本がどんな値段で売られているのか。お宝がざくざく出てくるのではないか！

というわけで、高野夏奈、浜本茂（若い順）の本の雑誌男女混合探検隊が地下一階の店売に潜入。今回、案内してくれるのは会長ではなく、社長の八木唯貴さんだ。

八木社長によると、八木書店は創業間もない昭和十二、三年から特価本の取り扱いをスタート。版元の過剰在庫を買い取り、主に古書店に卸していたという。現在は約二百の出版社と取引があり、一万五千タイトル、二百万部の在庫が船橋の流通センターに常備されている。船橋の在庫情報はすべてECサイトに掲載、五分間隔で更新され、「この本はあと何冊ある」というのがリアルタイムでわかるので、マメにチェックしている書店も少なくない。在庫僅少のものを確保したり、まとめて大量に仕入れたり、バーゲンブックの使い方もいろいろなのである。

出版社からの仕入れ単位もいろいろで、専門書の場合、多くても百部、二百部だが、ベストセラーの実用書になると、万単位になるものもあるらしい。地下一階の店売は百坪で一万タイトルほどが並ぶが、実用、児童から辞書、美術、文芸、ビジネス、洋書、専門書まであらゆるジャンルが揃っているという。しかも全商品に卸し価格が表示されているとのこと。値段がひと目でわかっちゃうのである。おお、いったいいくらなのか！

どきどきしながら地下一階の店売へ。八木社長の先導で階段を降りると、正面は左右にどーんとでっかい平台で、つい最近すずらん通りの新刊書店で見たよなあ、という本がどかどか積まれている！

高　うわ！　○田出版の本がこ

平台がどーん！

んなに！

浜　△出書房の本もいっぱい並んでるよ。これって出たばかりでは？

新着コーナーだが、もちろん新刊ではなく、ほとんどが三年前から五年前の刊行。見たばかりのような気がするのは単におじさん脳で時の流れが速くなっているからだけらしい（涙）。

一物二価を避けるためにも基本的には刊行から一年以上経った本を仕入れ対象としているとのことだが、年に五、六千点増えているという。年間の新刊点数が八万点だとして、単純計算すると十三点に一点がバーゲンブックになっているということなのだ。大きなマーケットなのである。

浜　実用系が多いですね。囲碁・将棋だけでこんなに種類がある。

八木　実用系は量が多くなりがちですね。料理の本などは古いものでも使えますし。ナンプレもよく売れるんですよ。

高　ほんとだ。ナンプレコーナーがある。

八　あればあるだけ売れるような感じです。みんな書き込んで使うから消費する本なんですね。古本にも出ないでしょう。

料理本や児童書も比較的汚しやすい使われ方をするので、古本よりもバーゲンブックの需要が多いのではないかとのこと。関連会社で児童書を中心にオリジナル商品も作っており、カラオケモードもついた音の出る絵本『わくわく！おうたえほん』はなんと三刷で十万部を突破したという。超ベストセラーなのである。

高　洋書もあるんですね。

八　子どもの本がメインですけどね。ちょっと感じのいい絵本とか。常時四百タイトルくらい置いています。

浜　飛び出す絵本もある。きれいだなあ。これはいくらなんですか。

八　もともと十七ドルのものを七百円で売っています。

八木唯貴社長と十万部突破の『わくわく！おうたえほん』

十七ドルというと二千円くらいだから、だいたい元値の三分の一。洋書は社長が年に二回渡米して、トレードフェアで仕入れているそうだ。現物を前に、五百買ったら、千買ったらどうだ、と交渉するらしい。ネゴシエーターなのである。

ちなみに二百社という日本の取引出版社は常時仕入れのある会社の数で、なかにはリブロポートや小沢書店、青蛙房など消えた出版社の本も店売の棚には並んでいるはず、とのこと。

浜　えっ、小沢書店!?

高　リブロポート!?　すごい、探してみないと！

かくして探検隊は社長そっちのけで「在庫僅少」「文学」と表示された棚を目を皿のようにして探し回るのであった。リブロポート、二冊発見したぞ！

☆突撃取材

古書いろどりは今どうなっておるのか!

古書交換会だけがディープ神保町ではない。深淵はあなたのすぐ側に口を開けて待っている。本誌二〇一九年四月号「今月書いた人」の彩古氏のコメントを憶えておいでだろうか。

「どんどん本は増え、とうとう店舗を開くことができないところまで追い込まれました」

彩古氏といえば二〇一二年に自ら「古書いろどり」をオープンした古本猛者である。その夢のお店が一体どうなってしまったのか。取材班が直行した。

靖国通りから専大前交差点を右に曲がり左に曲がり、東京ラーメンたいよう軒の前を過ぎたビルの三階が古書いろどりだ。だがポストには「閉店中」の札が下がっている。エレベーターを降りてドアを開くと、そこは…。

一面本の山だった!

店中がほぼ天井まで本に埋め尽くされ、向こう側がさっぱり見えない。茫然としていると、獣道のような細い隙間から彩古さんがひょっこり現れた。

――本の山…というよりもはや壁なんですが…。どうしてこうなったんですか。

彩 まあ、市場で買いすぎたんですね。もちろんいらないものはまた市場に売っているんだけど、それが追いつかない。

――どのくらい買うんですか。

入口のドアから覗く本の山

彩 月二十万~三十万円、平均するとだいたい二千~三千冊は買ってるんでしょうねえ。神保町に事務所を開いたのが二〇一二年で、店舗を併設したのが二〇一五年十二月だから…。

――年に三万冊として、それが四~五年。十五万冊!?

彩 もちろん売れてるものもあるし、市場に戻してるものもあるので、そこまでは増えていないはず。たぶん一万五千から二万冊くらいは増えてるんじゃないかな。

――整頓はしてるんですか。

彩 もちろん。そのために去年の十二月中旬から店を閉めたんですよ。五月の連休明けには開けたいなと。

――この状態でオープン!?

彩 いや、なんとかなるでしょう。これはだいぶましになったんですよ。

――…。今もネットの注文は受けてるんですよね。必要な本はこの山から探すんですか。

彩 ネットに出品してる本は奥にあるので、すぐに出せるんです。バックヤードのほうがアクセスしやすい。

――完全に本末転倒な気が…。

彩 ここの本を全部奥に持っていけばいいんだけど、奥に行く通路が狭くてカニ歩きになるので面倒くさいんですよ。

――すでに現状カニ歩きですが…。広さは何平米あるんですか。

彩 お店スペースが三十平米くらい。バックヤードが七十平米くらい。間がカウンターです。そこに机がありますよね。

――ええと、本が積み上がっててよくわからないですが、この向こうに整理済の本があるわけですね。

彩 今は基本的にヤフオクで、だいたい二、三百冊くらいを管理していればいいんですよ。あと新宿の珈琲貴族エジンバラという老舗純喫茶に棚を四本置いてます。

――古書いろどりの本を見たければエジンバラに行けと。ちなみにこの本の山はジャンルごとの区分けとかはあるんですか。

彩　一応、新刊委託品はこの棚に。盛林堂ミステリアス文庫とか、東都我刊我書房の本ですね。新刊扱いで棚の上に置いています。

――おお、見える棚がある！　大河の一滴のような。十二月に閉店するまでは、お客さんが来てたんですよね。

古書いろどりの間取り。店スペースの本棚は18本

彩　ドアを入って正面の状態を見て帰りましたっていう人はいました（笑）。その時は今よりもうちょっとましで少なくとも中央の棚は見えたんですが。そのあと知人の蔵書処分を頼まれたり、古書市で大きな買い物をしたりして、「あ、こりゃ無理だ」って閉めたんです。

――今は買取はストップ中？

彩　いえ、市場では買ってますよ。

――買ってるんですか！

彩　やはり古本屋って本をまわしてなんぼなので。すぐに現金化できる本はもちろん買いますよ。なるべくかさばらないもので、プレミア系の文庫や同人誌とか、普段は流通してないようなものとかは買いますね。

どこにカウンターがあるのか探してみよう！

――必要最低限に仕入れつつ、整理をすると。古書いろどりの一日というのは？

彩　午前中に発送作業をして、昼の二時間は古書市場。戻ってからネットオークション用の商品を作ります。写真を撮って画像とコメント文を作って、一日二十冊くらいは出品する。そうするとオークションだけで一日一万円から二万円にはなるので、それが基本の収入になってます。そして、余った時間で片付け。

――お手伝いの人に来てもらったりしないんですか。

彩　もうちょっとスペースがあった時には盛林堂さんに来てもらったことはあるんだけど、今はそもそも縛る場所がなくなっちゃったので。この状態になってからはほとんど一人でやってますね。

――まさに秘境ですね。

彩　というかね、予約制の本屋にしてもいいかと思って。あらかじめどんなものが欲しいかを聞いておいて、当日それを用意しておいてあげる。

――夢のようです。古書いろどりの今の目玉商品はどのような。

彩　たとえば江見水蔭『怪奇童話集』。童話集と言いながら、SFの話が入ってるんですよ。中野書店でかつて五万円の値段がついていたという。これはいずれ目録を作るとき目玉にしたい。あと水野英子の『サンドリヨン』直筆サイン入りとか、泉斜汀探偵小説選集『人買船』とか。泉鏡花の弟で、限定百部の新刊です。

――ちゃんと出てくるんですね。

彩　うん。ただ、文庫はなくなることがあります。文庫は小さいから。

――なくなる前に買いに来てくださいねと（笑）。

●対談／神保町で本を探す

神保町は古本屋のナショナルセンターだ！

◉読書猿・書物蔵

読書猿　「日本の古本屋」ができる前は地方住みの学生は古本を買うには神保町まで行かなきゃしようがなかったんですよ。ない本は探しに行かなきゃならない。僕らのころは人民列車と言ってたんですけど。

書物蔵　人民列車？

読　ええ。大垣駅から東京まで深夜列車があったんです。それに乗って上京するわけですよ。友だちの家に泊まらせてもらって、本をリュックサックに入れて帰ってくる。小説に出てくる闇市に行くような格好で。お金はなくても体力だけはあった時代はそんな関わり方していたんですけど、インターネットが普及して「日本の古本屋」で古本が買えるようになってくると、それまでよく行っていた古本屋とのお付き合いもネット上でのやり取りが主になってきてしまったので、神保町とも疎遠になってきました。

書　私は今も必ず毎週一度は神保町に行くんだけど、書肆アクセスがなくなる二〇〇七年くらいまでと比べて、行く範囲がすごく狭くなっちゃったんですよね。今行っているのは古書会館と東京堂とPASSAGE by ALL REVIEWS。

——棚貸しの店ですね。

書　そうそう。あとは小宮山書店のガレージセールがやってる時はそれを見てっていうくらい。以前はもっと西のほう、古書センターにも行ったりしてたんだけど、読書猿さんの言うように古本がネットでもけっこう買えるようになってきちゃったから。あと、最近の私は中央線沿線の古本屋のほうに流れていることもあって、今の神保町の姿というのは小さい範囲でしか知らない。実は私は八六年に大学生になるまで、古い本もお金出せば買えるってことを知らなかったんですね。

——そうなんですか。

書　うん。高校生の頃も三省堂には行ってたんだけど、その先に古本屋が軒を連ねていることを知らなくて、大学に入ってから、たまたま三省堂から西のほうへ歩いてみて古本屋がたくさんあるのを知って驚いたんですよ。それでしばらく九〇年代前半まで、とにかくすべての古本屋、百数十軒かな、それを見て回りました。

読　すごい（笑）。

書　当時は読書猿さんの人民列車じゃないけど、古本と出会うには実店舗に行くしかないと思い込んでいたからね。目録販売っていうのは当時からあったし、古書会館で週末にやっている古書展というのもあったんだけど、友だちに古本マニアがいなかったから知らなかったんですよ。バブルの最中ということもあって、小汚いものに惹かれる人が少なかったんだよね（笑）。あと、私は西洋史が専攻だったんだけど、西洋の本を読もうと思ったら図書館に行ったほうが早いわけ。ちゃんとした本だったら大学図書館に行けば一通りはあるから、真面目に勉強するなら図書館に行きさえすればよかったんだけど、私はなんていうか、趣味が色々あって、軍事史だったりプラモデルマニアだったりとか。で、軍事史で言えば「世界の艦船」の古い号とか、そういうのが古本屋に行けば手に入るということに気がついて、一生懸命そういうのを買い集めたりとか。その中で紀田順一郎先生の本に出会ったんですね。紀田先生もマニア出身だけど、図書館のこともちゃんと書いてるし、古本もちゃんとフォローするという非常に広い視点を持ってる人で、紀田先生の本に出会ったことで、古本屋に出入りすると過去の珍奇な（笑）、まあ色々な知識にアクセスできるというのに気がついたんです。特に図書館にはないような知識が。そういうことがわかってきたので、百数十軒ある古本屋に全部入ってみるということを若いころにやった。ただ、そういう趣味を三十年以上続けてくると、途中で方向性を変えたりとか、効率化を図るようになってきたりして、たとえば一時期、絵葉書を集めていて、神保町でも売ってるところはあったんだけど、実は絵葉書は古本屋じゃなくて骨董市とか趣味の交換会のほうがインターネット普及前は重要だったんですよ。なのでそっちのほうによく行っていたし、あと、さすがに三十年も同じジャンルの本を集めていると普通の本はほとんど集まっちゃうんですよね。

――発掘しつくしてしまったと（笑）。

書　少なくとも日本語の本はね。元々は図書館学の古い本を集めていたんですよ。戦前の図書館ワールドって今とはかなり違って面白いの。今の図書館学の常識からかなりズレたことを大真面目にやってたりして。出版実務もそうだし、出版史もそうだし、それについてもかなり日本語の本は集めてしまい、そうすると自然と効率化が図られていくんですね。本当に珍しい本というのは週末の古書展に流れてしまうし、図書館学や出版史に関する本を専門に取り扱っているお店は全国でも二、三店しかないからそちらに並んでしまう。だからそういったお店と仲良くすれば事足りるなと、そういうふうになってしまう。神保町の専門店の勢いというのも若干なくなって来た時期というのもありましたしね。ただ一方で神保町を歩く人の数は増えたというか、歩く人たちの種類が変わったとは思いますね。

――変わりましたか。

かつての古本者は人民列車で神保町を目指したのだ

書　普通の人が増えた（笑）。以前は学生か、とにかく真っ黒いおじさんなんかの世界だったのが、今はおしゃれなカップルとかお金持ちの夫婦なんかが土日に散歩してるでしょ。それでついでに本を見ている。PASSAGEなんかを見てるとわりとそういう若い人たちが本を見て、仲間と買ったりとかしている。ずいぶん神保町も変わったなあ、と思いますよね。そういうわけで、神保町という枠に対して、ちょっと自分自身が狭まっている感じはあります。それはやっぱり自分の中の古本マニアとしてのステージが変わってきてるのかなと。私が考える古本マニアのステージも四段階くらいありまして。

読　ステージ（笑）。

書　最上級は古本市に行って、買わない。

——仙人の境地みたいですね（笑）。

書　そうそう（笑）。で、第一段階は見るもの聞くものなんでも面白くて、古本屋さんもこれだけあると聞けば全部回りたくなる。そこから古本市に行っても買わない境地に至るまで、間に二段階ぐらいあって、私は三段階目にいるんですね。ひと通り集めて、本当に珍しいものしか食指が動かない。そういう段階にあるのかな、と。

——読書猿さんがリュックサックを背負って人民列車で上京して神保町で古本を買われていた頃は第一段階ですね。ガツガツと買われていた。

読　そんなにガツガツ買うほどお金はないので（笑）、リュックがいっぱいになるまで買ったら帰るみたいな感じでしたね。若い頃はお金がないから高い本は買えないですよ。でもエイヤって、それも今だったら本当に簡単に買えるような本を必死になって買ってたような気がします（笑）。そういう意味では僕はずっと書物蔵さんのいう一段階目をいろんなジャンルでやりなおしてる。そんな気がしています。そうやってエイヤって買ったのだと『斎藤和英大辞典』とか。でも今思うと何万もしなかったですね。何千円という値段で。思い出深い本でいうと、明倫館さんだと思うんですけど、小学生の頃に探していた本を二十代になって見つけて買ったことがあります。『アマチュア科学者—輪ゴムのエンジンから原子破砕器まで』C・L・ストング編、村山信彦訳／白揚社という本で、今だったらわりと簡単に手に入るんですけど、地元では手に入らなくて、小学生の頃からずっと探し回っていまして。

書　どんな本ですかそれ。

読　元々は「サイエンティフィック・アメリカン」の連載記事なんですね。ＤＩＹというか、自分たちで装置を作って科学実験をやってみようぜ、みたいなコラム。今はもう「サイエンティフィック・アメリカン」の原書自体がインターネットで公開されて全部読めたりするんですけど。

書　今調べてみたら一九六三年みたいだね。デジコレ（国立国会図書館デジタルコレクション）で見られるみたい。

読　そう。今はデジコレで見られるんですよ。単なる思い出話でしかないんですけど、これがめっちゃ面白い本で（笑）。最初に読んだのは子どもの時でしたけど、「冷蔵庫を分解して原子破壊装置を作ろう！」なんて記事があったりして（笑）。

書　ああ、なるほどね。

読　今じゃ絶対にやらせてもらえないようなヤバげな実験も載っていて（笑）。まあ少し前にも科学実験ものが流行ったりしましたけど、ああいうものの元みたいな。それを買って人民列車で帰ったと（笑）。

——人民列車で（笑）。

読　今考えるとなんでわざわざ買ったんだろうって本もわりとあるんですよ（笑）。それは昔に関しては自分のレベルが低かったからっていうこともあるし、市場も変わっているし、インターネットの普及もやっぱりデカいですよね。昔は行ってみないとあるかないかわからないから、お店に行くみたいな。でも今はインターネットで検索して出なかったらまあ行かなくてもいいやみたいな（笑）。一応リクエスト出しておこうかみたいな感じで。そういう意味では情熱の高まるための圧力弁がどこか抜けているようなところがある気がするんですね。本も簡単に手に入るようになったし、デジタルライブラリーのようなものも揃ってきて、そうなるとあの場所に行くための熱というか、そんなリュックサック野郎ばかりが集まってたわけじゃないと思いますけど（笑）、なんか黒い本が集まってくるみたいな空間というのがね。

書　ああ、あるかもね。

読　鹿島茂先生の神保町の本を読むと、神保町にはまず学校が集まってきて、国が出した奨学金で学生が洋書とか買うわけですよ。で、学生だから、卒業したら売っちゃうんですね。期間限定商品みたいな感じで、ある一定期間だけ手元に置いておいて結局手放すという連中がたくさん神保町界隈にいるという状況が生まれるわけですね。それでドンと市場に出て、それを古本屋が回収して次の学年に売る。最初の原資は国庫から出る奨学金だったわけですけど、学生たちが酒代のために手放すことでぐるぐる本が回って神保町が成り立っている。そういうループみたいなのがあの場所で起こって、神保町ができましたみたいな、まるで宇宙の生成ですよね。最初は学校が集まってきて教科書が売られてぐるぐる回って、本が集まる空間ができると学校に行ってないような人たちも引き寄せられてきて、鹿島先生みたいな文学者とか留学生も寄ってくる。それでチャイナタウンみたいなのができたりして。

書　神保町に中華料理屋が多いのはそのチャイナタウンの名残だという。

読　時代時代の積み重ねで、どんどん変わってはいるんですよね。一枚皮をめくると、また違うループがあるみたいな話もあって。

書　そうね。元々の成り立ちというか。江戸時代から明治の初め頃の神保町には本屋はなかったから。

読　なかったんですよね。御家人とかの大きな屋敷があった場所で、江戸城を明け渡した後に御家人たちはどこかに行っちゃうわけですよ。それで土地がガッポリと空いちゃって、そこに新しく新政府に勤める人だとかがやってきた。その人たちは役所にも勤めているし、別の日には学校で教えたりしているんですよ。まだ鉄道なんかなかった時代なので役所と学校があまり遠くになると行き来に不便だからというので神保町あたりにギュッとまとまった。

——たとえば書店とか出版社とかに興味をもって、じゃあそれをどう調べるかっていう時に、もちろんネットとかで今は検索できますけど、そういう時に神保町の活用法的なものってありますか。

書　そうねえ。まあ昔はとにかくぐるぐる回って…ひたすら本を開いて値段を見る。今、日本の古本屋とかアマゾンのマーケットプレイスでみんな普通にやってる事柄をリアルにやる。ただネットと違って、リアルな店舗というのは一連の並びの中で目指すものがあるから、周囲のものがどうしても目に入っちゃって、それを見る形で自分の興味が広がっていったりっていうことはあるよね。そういう意味で、リアルな本の並びにはある種の教育みたいなものがあるとは思う。古書会館の週末の古本市とかに行くと、各店舗順に並んでるでしょう。古本ってその本屋個々の持ち物だから、自分が仕入れたものしか置けない。逆にいうと、以前に持ってた人のグルーピングに間接的に影響されるわけ。持ってた人のグループがなんとなく反映される。これが図書館での並びだと、分類表順にばらばらになるんですよ。誰が書いてもどこが出版しても誰が前持ってても関係なくて、ひたすら書いてある主題でぱっぱっぱっと場所が決まってくけど、実はセットで使う場合があるわけですよ。たとえば私が興味のある出版の歴史だと、広告の話は分類表では02と67だったかな、全然違う場所なの。でも、雑誌に広告を出すための手引きの手帳とかがあるでしょう。『雑誌新聞総かたろぐ』のコンパクト版みたいなの。古本市だとそういうのを手に取れるわけ、隣に並んでるから。前の持ち主が雑誌の編集とか出版社の経営者とか、あるいは雑誌に出稿する側だったかもしれないけど、出版関係のいろんな入門書と一緒にそういうのが出てきて、なるほどこういうふうにつながってるのかっていうのが古本屋さんの並びでわかる。これは実は合理的な図書館分類ではちょっとわからない。リアルな店舗でいい点というのはそういうところかな、と思いますね。

読　たしかに。なにか摑んでた人がいるんですよね、その後ろに。図書館分類から見るとばらばらな複数の分類の本たちが、実はある人がある目的で求めて使ってたっていうのを反映してる。そういう意味では…。

書　本の並びで既存の知識の体系とは違う知識というのも実はあったということがわかるようになってる。

読　近代になってからの学問の体系じゃなくて、その時その時の知のあり方みたいなものをコレクターの蔵書、本棚が浮かび上がらせるということがあるんですね。ニューヨークパブリックライブラリーの一セレクションになるんですけど、黒人の歴史を研究していたションバーグっていうコレクターがいて、彼のコレクションを全部引き取って、そのあと本人も引き取るんですから本人がいないと使いこなせない。でも(笑)。つまりその人特有の分類になってるそこは実は公民権運動の中でも重要な知的な拠点になったところでもあって、アフリカ諸国が独立する時に各国のキュレーターというか図書館員がやってきて、その文庫を見て、勉強して、うちにも図書館を作りたい、と参考にしていった。そこが作った目録が黒人学の初めて作った目録なので、それをもとにアフリカ諸国も図書館を整備していったんですね。もともとは一人のコレクターの蔵書ですよ。知のあり方って、独自、特有の分類に根ざしている部分があって、古本屋に行くことでそれに出会える。僕も大学生になって古本屋さんを回るようになったんですけど、先輩が連れて行って、個人的にオリエンテーションやってくれるんですよ（笑）。「今日はどこどこの古本街に行こう」みたいな。で、どこにどんな本があるかを教えてくれる。この棚にどんな本があるか、絶対自分らが知らない本があるはずだって。それで、こういうところで勉強するんだって知った経験がある。地方でもちょっとした書店街があって、古本街があって、古本屋さんがあって…。

書　大学の前にね。名古屋なんかもそうだったし。

読　うん。各都市都市にちょっとはあるんです。僕は今も小さい街に住んでるんですけど、やっぱり古本屋さんがあって、みなさんそれぞれにユニークな品揃えで、それはそれでまた勉強になる。古本屋さんを見て回るって、そういう勉強の一科目になってた気がします。そこで学んで、じゃあ大阪へ行こうとか、名古屋へ行こうとか。で、神保町行こうとか、早稲田に行こうとかいう世界なんです。そういうナショナルセンターじゃないですけど（笑）。地元の古本屋さんのその先、その奥には、実は神保町があるというイメージでした。

書　まったくその通りなんだけど、私の場合、孤独に古本マニアをやってたから、そういうゼミが機能していれば自然にわかる、ないしちゃんと教えてもらえるような事柄が全部書き文字、マニュアルになっていればいいんじゃないか、と実は今でも思っている。紀田先生はそれをやってくれていたわけですよね。高い本はどこが持ってるかわかるんだけど、安い本とかあまり高くない本は探せなかったんですよ。ニーズがあるときに探すっていうのは基本的にできなくて、ぐるぐる回って普段から徘徊してそのなかで、これはこのジャンルでは定番の絶版の本か、とわかって買う。古本っていうのは買うんじゃなくて拾うものなの。これも私が古本マニアになってしばらく経ってから知ってすごく変に感じたんだけど、マニアは古本を買うって言わないんだよね。拾うって言う。

学生街の象徴でもある神保町のランドマーク「学士会館」。正面玄関横に東京大学発祥地の石碑が建っている

読　拾うって言いますよね。

書　戦前から拾うという言い方をしている。それはなぜかなと思ったら、指定買いができないから。昔も新刊は『日本書籍総目録』を見て注文を出せば二、三週間かかるけど一応買えたのよ。だけど古本ってそういう買い方ができない。よっぽど高い本なら有名な専門店、扶桑書房とか田村書店とかにあるのよ。谷崎潤一郎のあの本と言えば「ありますよ、百万くらいで」とか、ちゃちゃっと出てくる。でも一九七〇年代に出たなんとか学の教科書とかは、そういう買い方はできない。

読　学生時代に先輩から「あの書店にこの本出てるけど買っとく？」みたいな電話がかかってきてたんですよ。

書　ああ、それはあったね。

読　お金は後から払ってねみたいな。そこまでしなくても「あの書店にこの全集出てるから行ってみたら？」みたいな電話がかかってきたりとか。回転の速い本屋さんだったりすると、タッチの差でダメだったり。

――シビアな戦いですね。

読　向こうからその全集を持った人が来てすれ違ったりするわけですよ（笑）。本当に一期一会の世界でしたよ。古本って検索っていう頭がない世界。だから「日本の古本屋」はとんでもないですよ。あれ以降感覚が全然違うと思います。古本というのは出会いもの、偶然。偶然性を高めるために定期的に徘徊する。

書　そうね。偶然性を高める。

読　なじみになると店の人が教えてくれたり。やっぱりちょっと昭和の匂いがします。ずっと行けてないのもあって、自分の関わり方もずいぶん変わったはずなのに、神保町っていうと昭和のイメージがある。そういう意味では今でいうソーシャルゲームのガチャに似てますね。神保町はガチャの確率が高い街なので交通費を払って行く、課金してるわけですよ。お金はあまり使わないけど、地方の古本買いが時間はさんざん使って行ってるわけですから。それでも行く価値のあるガチャなんだと信じて、神保町という神話的な部分も信じて行くわけです。必ずしも拾えるわけではないんだけど、そういう高い確率のガチャを信じて行く。そういうプロい人たちが集まってくるような場所。

――プロい人たち（笑）。

読　その当時って違う地方から出てきてる人たちとすれ違うんですよ。リュックを背負ってたりするんです。今はそんなことを言ってもビジュアル的には確認できないし、なかなか信じてもらえないだろうけど、そういう街でした。過去形で言うとよくないのかもしれないけど。

書　ただ、今でも一番本が集積している街ではあるからね。

読　ガチャの確率的には一番高いと思います。全然考えていなかった本に出会えますから。世界一の本屋街なんですよ。それが近代になってからわっとできたっていうのも面白いじゃないですか。

書　神保町はそういう意味では特別な街ですね。実体としてもイメージとしてもあり続けるのかなって気はしますけど。まあ、私はおそらく死ぬまで通ってしまうだろうね。回る場所は減っているけど、古書会館がある限りはいっちゃうかなあ。

――古書会館は神保町の中でも特別な存在なんですね。

書　なんていうのか、混沌としてるよね。マニアックって言い方にもなるけど、どうしようもないくだらない本がちゃんとある。最近の古本屋さんはセレクトショップ系にかなり向いてるでしょう。自分が良いと思う、厳選された本だよね。そうじゃなくて、昭和後期のなにを考えてるのかさっぱりわからないっていうような本も流れてくるのが古書会館地下一階なんです。そういう驚きがありますよね。

読　濾過されていない原液に近いみたいな。

書　そうそう。だから、神保町は最後までリアルに行かなきゃならない街。

やっぱり神保町が好き！

大人による大人のための領分

◉大塚真祐子

東京の大きな商店街のはずれで、三坪ほどの小さな本屋を営んでいた祖母、大塚紀美が亡くなったのは二〇一七年、いまから六年前のことだ。本屋「春園堂書店」を閉めたのはその二年前、二〇一五年の二月で、そのころすでに祖母は九十三歳だった。

晩年の祖母は店頭で取り扱う雑誌やコミックを、取引先の問屋から店までワゴン車で運送してもらっていたが、それまでは神保町の「神田村」へ赴き、必要な書籍を自ら仕入れていた。神田村とは、小規模な出版卸業者の集まる、神保町から神田錦町あたりまでの一角のことを言う。

小柄な祖母は書籍を包んだ、身長の倍ほどもありそうな風呂敷を担ぎ、御茶ノ水駅の長い階段を上り下りしていた。界隈では有名だったらしい。たまに親切な男性が手伝いを申し出ても、あんたよりわたしのほうが慣れている、とけんもほろろに断ったそうだ。

神田村は形態を変えて現在も存在するが、祖母が長らく取引をしていた問屋、「松島書店」は一九九九年ごろに廃業した。松島、松島、と祖母が呼ぶコミックの扱いに強かった問屋は、弘正堂図書販売の隣、現在は駐車場になっている角地にあったと記憶している。本の雑誌社が入居する「友田三和ビル」の隣の区画である。駐車場の敷地内には、同じく取次の「村山書店」もあったが、こちらは錦町に移転して営業を続けているようで、春園堂書店とも最後まで取引があった。

幼いころ、祖母の本屋へは毎週土曜日にきまって家族で遊びに訪れていたが、祖母の取引先のある神保町へは、ほとんど行ったことがなかった。祖母の商売を支える問屋と神保町は、自分のような小童が足を踏み入れていい場所ではなく、大人による大人のための領分だと子ども心に思っていた。「問屋」「神田」という言葉の響きは、意味もわからないのに当時から、妙に耳なじみがよかった。

担ぎきれない荷物がある土曜日だけ、父がわたしたち家族を乗せた車で神保町に立ち寄り、営業の終了した問屋の裏口から店舗へ入って、三和土に残された唐草模様の風呂敷の荷物を拾ったあと、祖母の家に向かう。靖国通りの車の多さと、土曜の午後の問屋街の静けさと、ビル群のすき間の空から差す直角の日光の白さを、いまよりも少し目線の低い風景で覚えている。

一度だけ祖母がわたしを、問屋の仕入れに連れて行ってくれたことがあった。たしか小学校高学年のころ、探していた小説が問屋にあればと思い、夏休みに同行を申し出た。

春園堂書店で取り扱っていたのは雑誌とコミックのみで、書籍は売れ残ったカッパ・ブックスなどが、蛍光灯の光で変色しやすい上段の棚に置かれていたくらいだったので、書籍の仕入れは日常的にはなされていなかった。だから祖母がいったいどこの問屋にわたしを連れて行ってくれたのか、いまだにわからないのだが、さほど広くない部屋に整然と白いスチール棚が並び、棚にぎっしりと同じタイトルの背表紙が並んでいる、という光景だけが頭に焼きついている。本屋とも図書館とも異なる、商人のための空間がそこにはあった。わたしは気後れし、ほしい本を探すこともねだることもできなかった。

帰りに祖母がオレンジジュースをご馳走してくれた喫茶店は、祖母が問屋仲間とときどき「駄弁る」のだと話していたと思うのだけど、この店名も、どこにあったかもまったく思い出せない。問屋仲間に孫よ、と紹介されるとき、わたしは恥ずかしかったが、祖母も少し照れていたような気がする。

松島書店が廃業したあとも、祖母は神田村へ週に一、二度はかよっていた。村山書店では本来は禁止されている、発売日より前に販売するお得意様向けの『週刊少年ジャンプ』を、太洋社ではコミックの補充品を、文苑堂ではアダルト雑誌などを、臙脂色の家庭用ショッピングカートを使って運んでいた。一度、仕事帰りのわたしの父が神保町に立ち寄ると、カートを引く祖母と路地で鉢合わせしたことがあるそうだ。

祖母の息子である父は、子どものころ祖母と一緒に、当時は神保町まで走っていた都電で、よく神保町へかよっていたと言う。渋谷から青山通りへ入り、三宅坂、半蔵門をとおる10系統や、新宿から四谷、麴町をとおる12系統を利用していたようだ。都電で三宅坂の交差点を曲がる際、最高裁判所の横にある三人の裸婦像がよく見えてドキドキした、と語った。

春園堂書店のこと、なぜ本屋を営むようになったのか、祖母が毎日のように見てきた神保町や神田村のことなどを、わたしは祖母に聞いておかなくてはいけないのではないかと気づいたころ、祖母の耳はすでに遠く、日常的な会話にも困難をきたすほどだった。二人きりのときに何度か尋ねてみたが、祖母は昔の話を好んでするような性質でもなく、一つとして聞けないまま春園堂書店は閉店し、祖母はいなくなった。

わたしが大手書店に中途採用で入社し、神保町に勤めることになったとき、祖母は仲間ができたと嬉しそうだったが、たとえば神保町での昔話や苦労話、本屋という商売についての至言を祖母が語るようなことは一度もなかった。本屋は祖母にとって単なる生業で、それ以上でもそれ以下でもなく、祖母は本を商いにして戦後から六十五年余り、ただ自らの身を立てて生きた。

わたしは二〇一八年に神保町から別の店舗へ異動し、二〇二三年の今年は、思うところあって勤務先を退職する。この先のことはまったく決めていない。祖母とわたしが日常的にかよった神保町という街や、書店という商いについて、これからどのような形でかかわっていくか、あるいはいかないのか、「書店員」という肩書を一度はずしてまっさらな場所で、考えてみようと思う。

「論飲み」の神保町

◉フリート横田

白山通り沿い、納豆丼200円の牛丼屋で腹を満たして午後の勤務に戻り、どこかの名誉教授の達筆すぎる生原稿を居眠りしながらPCへと手入力したり、南京錠のぶら下がる、壁のひび割れた埃臭い倉庫内へもぐって在庫整理していた二十余年前のこと。人の話を聞くのは好きでも、人の書いたものを編むのって苦手かも……とだんだんに気付いていきた、神保町の日々。

私は当時、仕事の悩み多き出版社新米社員でした。行き詰まると、ぺーぺーの分際なのに生来の不遜な性格を全開にして、私から上司を誘って飲みに繰り出し、話を聞くだけ聞いてもらったうえ、最後に全ておごってもらっていました。「今夜話聞いてくださいよ〜」、誘いだすのはいつも同じ上司。

若くして編集部を統括していたその女性上司は、質・量ともに他の追随を許さない仕事ぶりながら美の追求にも妥協ナシ、ネイルキラキラ、華麗なるファッション、長い黒髪を耳にかけながらタバコをふかし、口を開けば忖度なしの直言なのに愛もあって、とどめに酒の強さも部内一でした。まあ田舎育ちの駆け出し兄ちゃんが憧れるのも無理はありません。「横チン、あのやり方はダメよ」「お前の言い分はわかる」とか、成人して、成人した女性から「お前」と呼ばれるのは初めてでしたが、私から乞うてお説教をいただいていました。

大体いつもチキン南蛮が旨い、白山通り沿いの居酒屋へ繰り出します。でもある頃から足が遠のき、水道橋あたりまで足を延ばすように……。仕事の話が煮詰まってくると、どうもこの業界特有なのかもしれませんが……編集とは本とは出版とは何か、みたいな原理を問うような話に流れてゆく。酒が進むと、ちょっと現実離れした理想論にまで飛躍することもあって、だいぶ青臭い。そんな場面を、チラッ、チラッと横目で見てくる周囲の客たちに気付きはじめたのです。そうです、神保町は同業者だらけの街。おそらく、私たちの間で飛び交う用語も全て分かる人達に囲まれていた夜もあったでしょう。私がデカい声でぶつクサイ論の中身まで筒抜け。ああ恥ずかしい。

三年ほどが経って、私はその会社をやめ、紆余曲折ののち、本を編むよりも歓楽街のことを書く仕事が増えていきました。増えれば増えるほど、右の恥ずかしさは、忘れるどころかかえって強まる一方。人はものを考えるとき顔がけわしくなりますね。誰かと一緒に飲むとき、相手のそれを見たくないし、見せたくなくなってきたのです。機嫌のいい顔だけを見て、見せながら飲みたい——。酒場では、意味が宿る言葉から離れていたい。散々無意味なバカ話だけして、仕上げにスナックでお姉さんたちとデュエット歌っておしまい、こんな飲み方に強く惹かれるようになっていったのです。それは今もですが。

それでも不思議なものですね。神保町に来るとたちまち昔に戻って「論飲み」になってしまう夜があります。やっぱり飲み屋街おのおのの属性というのが関係しているでしょう。神保町はスナックもほとんどない街ですしね。

たとえば「さぼうる」でそうなります。日頃、打ち合わせなんかで午前中から神保町へ行くと、昼は一直線に「さぼうる2」に足を向け、あの完璧なナポリタンをすすり食います。「2」はランチ利用、数字のつかない本店のほうは純喫茶と思う向きもありますが、いや、夜は素晴らしいバーになるんですよ。中二階?のような席から、カウンター内で働く若い方々を見やりつつ、ハイボールの杯を重ねます。まずツレは同業者です。ハイ、気付くと「論飲み」しています。まあでも近年は論、というより……悪口かな! 荻生徂徠は古今の英雄を罵倒しながら酒を飲むのが一番旨いと言ったとかいいますが、業界人の文句をいいながらみんな笑顔で飲む酒は旨いですよ~。年々ツラの皮が厚みを増して、同業者に聞かれても平気になってきます! ……ただ、どこか笑える、他愛もない程度でおさまります。そして夜が明ければすっぱり忘れてしまいます。

ビジネス街の性格もあるからでしょうか、神保町の論飲みは、さわやかなのです。これが新宿ゴールデン街あたりになると濃厚になってきます。G街、大好きな一角ですが、狭いバラックに人の瘴気が吹きだまって、あてられ、私は何度も悪酔いしています。4.5坪の店内で肩をすり合わして飲むスタイルが論を誘発するのでしょう。隣り席の客が酒臭い息と、もっとクサイ論を同時にこちらの顔に吐き出してきた夜は一度や二度ではありません(近年、そんな気風はほとんど消えたかも)。

さて、コロナ禍を抜けようとしていたころ、あの元上司と飲むことになりました。十数年ぶりに神保町で。向かったのは、昭和20年代創業の名店「兵六」。若いころは、壁に大きく墨書された品書きなど、老舗の構えに気圧されて入りにくく感じた店ですが、いい歳になるともう平気。徳利の焼酎をヤカンのお湯で割りつつサシ飲みを始めます。元上司、歳を重ねてますます凛としています。

じつはもう、彼女や私が働いていた会社は移転して、この街にありません。というか、納豆丼を出した激安牛丼屋も、戦後まもなくに建てられた倉庫の薄暗さも、チキン南蛮の居酒屋も、すっかりありません。ひとつ残るのは、この名酒場でも長く繰り返されたであろう、さわやかな「論飲み」。ただし、だいぶほのぼのした論飲みになりました。上司も私も二十数歳、歳をとりました。

帰り際、足を組み、ハイヒールをぶらぶらさせて飲んでいた彼女が、突然居ずまいを正します。昔を思い出して若干身構えましたが、私への呼びかけ方はそのままに一言。「横チンも色々書いてきたし、私も色々やってきたよ。お互いこれからどんな本をつくるんだろうねえ」。――この街らしい、締めの一言。活字の上を走ってきた道を振り返る夜は、この街で飲む夜以外に、私にはありませんでした。私は飲んだくれ物書きに。そして彼女は今も同じ会社に勤めています。いや、経営していま す。彼女が今、社長なのです。

なぜ「神保町のオタ」を名乗るのか

◉神保町のオタ

『本の雑誌』の愛読者の皆様、はじめまして。ブログ「神保町系オタオタ日記」(https://jyunku.hatenablog.com/)の管理人「神保町のオタ」と申します。懇意にしている古書店「本は人生のおやつです!!」の坂上友紀さんが本誌二〇二〇年三月号の「直木三十五から始まる素敵な出会い」で言及しているので、御記憶の方もいるかもしれません。

また、ライターの南陀楼綾繁さんに旧Twitterで「書物ブログの最高峰」と呼ばれたのも、ちょっとした自慢です。ただ、書物ブログ自体がSNSの普及で下火になり、昔目立った活躍をされた古書現世や古書善行堂のブログが休止状態なのは寂しいところです。そんな状況の中、岡崎武志さんや畏友の書物蔵さんがブログを続けているのは心強い限りです。

さて、拙ブログの内容を少し説明しておきます。二〇〇五年から書物ブログとしての利用者が多かった「はてなダイアリー」を使って始めました。当時アニヲタの「アキバ系」が流行っていたので、対抗して古本好きを「神保町系」と名付け、更に「オタ」と「オタオタする」を掛けて「神保町系オタオタ日記」と名付けました。後から気付きましたが、「神保町系」という言葉は坪内祐三さんが『後ろ向きで前へ進む』(晶文社)で既に使っていました。坪内さんは、同書の「東京堂書店のこと」で「神保町系のベストセラー作家」と自称しています。あらためて、坪内さんの御冥福をお祈りします。

拙ブログでは、人があまり読まないような日記や購入した古本の中から見つけた意外な人物やエピソードを主に紹介しています。分析には至らず資料紹介に留まりますが、研究者や好事家には好評でした。ブログの読者で後にリアルに知り合いになった人達から、「検索すると、たいていあなたのブログがヒットして役に立った」と褒められました。ところが、当初は秀逸なブログ名と自負していましたが、各種研究書や東大の博士論文にまで引用されるようになり、「よくまあ、こんなたわけた名前のブログに言及してくれた」と恐縮しています。

最近評判になった記事を紹介します。江戸川乱歩「二人の探偵小説家」(「空気男」の原題)などが掲載された数冊の『旬刊写真報知』(報知新聞社出版部)を入手しました。その中の一九二六年二月中旬号に驚きました。「どつと沈んだ太平洋の大陸／有史前の珍しい話」という記事が、チャーチワードのムー大陸伝説の紹介だったのです。

なぜ驚いたかというと、従来ムー大陸が日本で初めて紹介されたのは一九三二年とされているからです。六年も遡ります。昨年刊行された庄子大亮『アトランティス＝ムーの系譜学』（講談社）には、日本では一九三二年六月十九日『大阪毎日新聞』へ出た記事が最初期の例とあります。この発見については、庄子さんや先行研究者の藤野七穂さんから「画期的発見」「ビッグニュース」とのコメントをいただきました。

数多くの新発見をしてきた「神保町のオタ」ですが、実は神保町に住んだことはありません。私は、静岡市清水区の出身です。初めて神保町に行ったのは、高校三年の夏に原宿で開催された受験対策の合宿の帰りに寄った時です。しかし、定番の過ちを犯しました。そうです、神田駅で降りてしまったのです。「神田の古本屋街」だから当然神田駅前に古本屋が展開しているはずという思い込みは、多くの年配の古本者には共感いただけるかと思います。ようやく辿り着いた神保町では、『ＳＦマガジン』のバックナンバーを買ったと思います。

初めての『ＳＦマガジン』は、中学三年生の時に買った一九七四年一〇月臨時増刊号の「特集世界は破滅する！」でした。前年に発行された五島勉『ノストラダムスの大予言』（祥伝社）や小松左京『日本沈没』（光文社）がベストセラーになり、終末感が漂う日本だったので、特集に惹かれて買ったのでしょう。ここで横田順彌さん（ヨコジュン）の連載「日本ＳＦこてん古典」に出会いました。この連載で「古本ってなんか面白そう」と知りました。

引っ込み思案で今でも一人でいる方が好きな私です。そんな私が京都大学に入学後、サークルに入ったのは不思議なことです。ふつうのサークルではなく、ＵＦＯ超心理研究会という団体です。一九七三年創立で、ＵＦＯ、宇宙考古学、超能力の三本柱を研究していました。良く言えば「尖った人」、悪く言えば「変人」の集団だったので、気が合ったのかもしれません。ここで、後に『神智学とアジア』（法藏館）を刊行する吉永進一さんに出会います。オカルティズムに詳しい吉永さんには、天牛書店や大丸百貨店の古本市に連れて行ってもらいました。これが、古本道への開眼となります。師匠の吉永さんは、昨年亡くなられました。

京都で社会人になってからは、古本やオカルトからやや遠ざかりました。しかし、一九九〇年神保町の今は無き書肆アクセスで『彷書月刊』（二〇一〇年三百号で終刊）に出会いました。「特集サンカの本・その世界」です。一風変わった特集が続くためハマり、毎月買うようになりました。即売会情報で古書会館やデパート展に通ったり、古書目録発行の広告を見て取り寄せるようになりました。本格的な古本者への仲間入りです。後に「神保町のオタ」と名乗るおっさんの原点は、『彷書月刊』だったのです。

あの頃のこと

◉内堀弘

白山通りを、神保町の交差点から水道橋駅へ向かう途中に友愛書房があった。キリスト教文献の古書店で、七十年代が終わる頃、私はそこで店員をしていた。

ある晩、仕事が遅く終わって、水道橋駅へ歩いていると、暗い通りの向こうから歓声が聞こえてきた。まだ東京ドームはなくて、後楽園球場の照明が夜空を照らしていた。キャンディーズの、最後のコンサートだった。

私は大学を放り出されて神保町にやってきた。小さな気負いもあったのだろう。あのとき、「普通の女の子に戻りたい」と解散する彼女たちに、七十年代の終わりが、ふと重なり合うような気がした。この前、伊藤蘭（ランちゃん）が、「今年でキャンディーズ結成五十周年」と話していて、もう半世紀の話になっている。

友愛書房の主人・萱沼肇は、博徒のような人だった。もちろん、揶揄するつもりで言うのではない。キリスト教の古本屋なのに、とても気性の激しい人というのは、あの頃の古本屋なら皆知っていた。それも、いくらかの親しみをこめて。

私は古本のことも、古本屋のことも何も知らなかった。それでも主人は「古本屋は勘と度胸だ」と言って私を雇ってくれた。

友愛書房は店売りの他に、年に六回、愛書会という即売会に参加していた。この出品目録に毎回十二〜四頁を載せる。点数にするとおよそ六百点。つまり、隔月で六百点の古書目録を発行する。外からは静かそうに見える古本屋も、奥ではフル回転していた。

その目録の下書きが仕事だった。用意された本を、一冊ごとに書名、著者名、刊行年をカードにとり、特記事項などを書く。特記といっても何を書けばいいのかわからない。いや、ろくに書名だって読めない。たとえば明治時代に出た『日本の教理』という本は、当時は書名を右から読むように印刷されているので、そのまま『理教の本日』と書いてしまう。その度に怒鳴られる。「お前は本を知らないのだから、ちゃんと見ろ」。

「ちゃんと見ろ」、その意味がわかるのは、ずっと後になってのことだ。

『古書月報』という古書組合の機関誌に、毎号、落札価格表が載っていた。『鷗外全集』『高知県史』『月下の一群』『岩波講座世界歴史』等々、直近の古書市場で何がいくらになったかの一覧だ。少しだけ仕事に慣れて、相場を覚えようと思ったのだろう。主人にこれをコピーしたいと頼んだことがある。あのとき主人は激しく怒った。「馬鹿野郎」と立ち上がると、「こんなもので何かを知ろうとする奴があるか」と、怒りで震えるように『古書月報』をビリビリに破くのだった。

私が、神保町の店員時代に教わったことは、今でもこれが全てだったと思う。情報はいくら積み上げてもたかがしれている。経験だけが何ものかになる。知らないなら、本をちゃんと見ろ。本を経験しろ。そうすれば、お前だって古本屋になれる。

あの頃の神保町の古本屋はたいていそうだったと思うが、そこの店員になるのは、入社とか入店ではなくて、主人のスタイルに入門することだった。

愛書会の目録に載せるのは古いものばかりだった。江戸時代の蘭学洋学の和本、幕末明治の外国語辞書。それから明治以降の婦人、子供、教育、貧困、社会主義等々。これは、キリスト教が移入思想なので、そこから連想されるものだ。なかでも、蘭学洋学の珍本が大好きだった。

その頃の古書業界の重鎮は弘文荘の反町茂雄さんだった。世界的な古典籍商として知られ、日頃から生涯が知識の研鑽であると自他へ厳しい姿勢を通した。

古書市場に蘭学洋学の珍しいものが現れると、主人はこの反町さんに、身を賭して向かっていくように見えた。『古書肆・弘文荘訪問記』（青木正美・日本古書通信社）に反町さんのこんな言葉が載っている。

「村口さんとか、××さん（原文のママ）とかは、いわば勘を売っている商売です。私のはそうではありません、知識を売っているのです」

村口さんもまた博徒のような大物だった。そして××は「友愛」だと私は直ぐに思った。反町さんに「これは高すぎます」と言われても、友愛は「安く買えた」と強がりを崩さない。いつも風を切っていた。

私が独立して何年か経った頃、「セカイ」という喫茶店で、主人から「みんながお前のことを頭が変だと言ってるけど、大丈夫か」と言われたことがある。金もないのに、マイナーな詩歌書を高く買っていたからだ。そのとき、後ろの席にいた鶉屋書店の飯田さんが「いいんだよ、この子の買い方で」と、身を乗り出すように大きな身体をこちらに向けた。詩集の古本屋の大ベテランだ。ありがたい言葉だった。そして最後に「第一、友愛さんのとこにいたんだからな」と飯田さんが笑うと、主人も嬉しそうに笑った。

友愛の主人は、怖くて、わがままだったが、決して権威的でなかった。上から目線で可能性や正しさを説明するのでなく、不可能性を否定しなかった。この二つは神保町という街の精神を象徴していると、私は今でも思う。

主人はとうに亡くなった。二代目の主が堅実に店を続けたが、今年（二〇二三年）の二月で友愛書房は閉店した。あの頃のことを書けてよかった。

〈特集〉

やっぱり神保町が好き！

☆本の雑誌社が神保町に越してきてまる十年。スキートポーヅは閉店して、キッチン南海は（町内で）移転したが、めんめんかめぞうは今も美味い！　というわけで岡崎武志と荻原魚雷の神保町を歩こう！対談から、シン古本屋ツアー・イン・神保町に神保町バリスタ部からの報告、夢の三省堂書店神保町本店を作ろう座談会に裏神保町探訪、豆香房図鑑におじさん三人組の揚げ物礼賛、そして地場出版社十二社のおすすめランチまで、本の街・神保町を再発見する特集なのだあ！

神保町を歩こう対談！

◉岡崎武志・荻原魚雷

岡　僕、実はね、毎日新聞のムック「アミューズ」の神保町特集をやってたのが一九九八年から二〇〇〇年くらいのことなんだけど、そのころは「神保町ライター」って名乗ってたの。神保町でけっこう仕事をしてたし、打ち合わせもしてるってことで。でも、もう今は名乗れない。というのはね、「駿河」というとんかつ屋が明治大学の下にあったんだけど、去年見たらなくなってた。

荻　閉店したのは二〇一六年ですよ。

岡　それを知らなかったくらいだから、もう名乗れない。「駿河」ショックで（笑）、少なくともこれは五、六年はブランクがあるなと。コロナ禍でどんな感じかと神保町に来てみたけど、やっぱりほとんど閉めてたね。

荻　人が歩いていない。大学がリモート授業になったことは大きかったんでしょうね。サラリーマンもリモートでいなくて、神保町はわりと早い段階で古本屋も閉めてたんですよね。

岡　**澤口書店**だけ開いてた。

荻　澤口さんにはずっと通ってました。

岡　こんな神保町を見るのも初めてで、今年は秋の古本まつりも神保町ブックフェスティバルもやるみたいだけど、それも何回か飛んだよね。

荻　コロナ前は古本まつりに観光客も来てたのに、この何年間で飲食店がいっぱい閉まった。靖国通りの三省堂の並びに博多うどんの店ができたのはコロナが始まってすぐくらいかな。けっこう応援してたんだけど、閉店してしまった。コロナ禍と関係するかわからないけど、この間、神保町でニュースになったのは、鹿島茂さんの「PASSAGE by ALL REVIEWS」とか、「BOOK HOTEL 神保町」とか。一方でそういう新しい動きも出てきている。

岡　神保町も、いつまでも夏目漱石や反町茂雄のイメージじゃないってことかな。魚雷くんは神保町に初めて来た日って覚えてる？

荻　たぶん大学受験で上京したとき。八九年の二月ですね。

岡　名古屋にいたんでしょ？

荻　予備校が名古屋だったんですけど、父親が単身赴任してたので、けっこう前乗りで東京に来て、二月くらいからずっと古本屋を回ってました。名古屋の古本屋に通ってたときから、東京に行ったら神保町に行きたいっていうのがあって。

岡　僕もそうだった。上京は一九九〇年の春なんだけど、その前から遠征と称して毎年夏に東京に出てきて、早稲田とか神保町とか各種古本市、伊勢丹の古本市とか、よく回ってた。元気やったな。一日中駆けずり回ってたからね。神保町はこれだけ古本屋が集まっていることに興奮したし、何ともいえない威厳を感じた。店に入ったら「ダメ！」って言われそうな感じがちょっとあったよね。

荻　ガラスケースの中に入ってるとか、本がそういう風に飾られてるのが印象的だった。

岡　銀座の宝飾店みたいにね。高校球児が甲子園に出場みたいな、そういう感じがあったよね。古本好きにとって神保町というのは聖地だった。僕は毎日新聞で仕事をし始めたのが九二年だと思うんだけど、そのときは毎週古書会館の即売会にも行ってた。魚雷くんは即売会はあまり行かないんだっけ？

荻　僕は即売会は高円寺ばっかりですね。若い元気なころは五反田と神保町と回ったこともあったんですけど、もう買い切れない。会館は西部だけ、というふうにだんだんなってきた。

岡　今日、古書会館を覗いたけど、ちょっとだけ置いてる本のレベルと値段が高い。高円寺の西部古書会館は、会館の中にも百円均一があるみたいな感じやからね。

荻　百円二百円の。

岡　それでお腹いっぱいになるんで、なかなか神保町の古書会館までは来ない。久しぶりに見たけど、やっぱり面白いね。

荻　最初のころは御茶ノ水、小川町、水道橋から神保町、九段下まで一日で回ろうと思ったけど、だんだん東京に住む時間が長くなると、今日は御茶ノ水からちょっとだけとか、すずらん通りだけでいいやとか、神保町に来ても三軒四軒くらいで帰るようになった。

岡　僕も大阪から上京して古本修行してるときは、一軒でも多く見ようと回ってたから、しゃぶり尽くすっていうかね。でも、その後だいたいどの店行ったらどんな本が買えるかわかるようになると、結局「均一小僧」って言われたくらい、もう表の特価台しか見てない。店の中に入らなくなった（笑）。「アミューズ」の取材で初めて店主といっぱいしゃべって、これはすごくいい経験だった。

――話すと意外と怖くない店主が多いですよね。

岡　そうそう。**一誠堂書店**で取材をしたとき、二階に行ったら、修学旅行で来ている高校生くらいの女の子がいて、ばーっと飾ってある江戸時代の和本をね、「ちょっとこれ、見せてもらっていいですか？」って言ったのよ。「やめとけ」って俺は思ったわけ。そのとき一誠堂の主人が、「あっ、どうぞどうぞ、触ってね」って言ったから、「いいんですか」って訊いたら、店主が「本は触らないとダメなんですよ」って言ったの。おおーって思った。触って覚えるっていうかな。あと、探求書を客が言うじゃない。ほぼないんだけど、「ここの角を曲がったところのなんとか書店ならあるかもしれない」ってガイドするのね。自分のとこだけ売れればいいっていうんじゃなくて、神保町全体で融通し合うっていうのがあるね。魚雷くんは神保町に来るときは御茶ノ水から？

現在はBS11が入っている文化学院跡地

荻　僕は日替わりですね。毎日新聞社に用があるときは竹橋から来ますけど、九段下から歩いてくるほうが古本屋も沢山回れるんで、そっちから来ることもけっこうあるし、新宿に用があるときは紀伊國屋に寄ってから都営新宿線で小川町まで出ることもあったり。

岡　小川町のほうには**源喜堂**とかあるしね。

荻　今は三省堂の仮店舗もありますし。

岡　僕は御茶ノ水駅で降りるときはとちの木通りを下ってくる。あそこはマロニエっぽい街路樹が並んでいるから、来るたびパリに来たような気分を味わえるんですよね。今はなき文化学院の前を通って、アテネ・フランセに向かって、男坂女坂とあるのを谷底まで降りて錦華公園の横で漱石の碑を撫でてから彷書月刊に行く。このルートというのがモンパルナスのようで（笑）。神保町をガイドするっていうのも僕は何度かやってるんですけど、そのたびにこのコースを案内しています。

荻　明大通りの坂もけっこう長いので、あまり早足で降りるとヒザに来ますよね（笑）。だから最近は歩幅を小さくするように心がけています。

岡　じいさんじゃない（笑）。僕、フリーライターになった一九九〇年代後半かな、昼に取材で誰か会いに行って、夕方にもう一件用事があるんだけどってときに、神保町に来てましたね。つまり二、三時間の時間潰しにはちょうどいいんやね。古本屋もある、喫茶店もある。**古瀬戸**、**ラドリオ**、**ミロンガ**、あと**Folio**。喫茶店文化っていうのが未だに残ってますよね。喫茶店と本ってすごく親和性がある。魚雷くんは喫煙者で、僕も時々吸ってますけど、今でもタバコ吸える喫茶店が多いのって神保町くらいだよね。

荻　それでも前よりは減りましたよね。澤口書店は店の二階にタバコ吸えるコーナーがありますけど（笑）。五百円以上買ったらチケットくれて、それでコーヒー一杯無料なんですけど、ちっちゃいベランダみたいなところでタバコも吸える。

岡　ジャズ喫茶もけっこうあるよね。今は**ジャズ オリンパス！**と**きっさこ**、**さぼうる**の並びの**BIGBOY**。最近**Donato** っていう店ができたって。昔はコンボとか響とか老舗のジャズ喫茶がありました。響の大木さんに取材をしたことがあるんだけど、村上春樹の奥さんが響でバイトをしてて、よく村上春樹が迎えに来てたって。

——神保町でバイトしてたんですか。

岡　村上春樹も水道橋のジャズ喫茶でアルバイトしてたから坂降りて迎えに来てたんですよ。ええ話でしょう。喫茶店に話を戻すと、僕と魚雷くんが好きなのは**神田伯剌西爾**（ぶらじる）だね。広いほうが喫煙スペースで禁煙席は狭いほうって珍しい。あそこに行くと今でもタバコ吸う人こんなにいるんだなって思うよね。

荻　コロナ禍の中でも混雑してましたしね（笑）。

岡　なんか禁酒法時代のモグリの酒場みたいだな（笑）。まあ僕は伯剌西爾は東京で一番美味しいコーヒーだって思ってるけどね。トロリとしていて最後の一滴まで美味しい。山小屋風というか、木を基調にした内装もいいし。それで行って座れないということはまずないし。あそこに行ってコーヒー飲んで買った古本の包みを開けるというのが神保町の最高の楽しみ。

憩いの喫茶店神田伯剌西爾

荻　だいたい一日に行く古本屋は二、三軒ですけど、最後はたいてい喫茶店でコーヒー飲んでから帰るって感じですね。

岡　神保町の食というと魚雷くんはどこでご飯食べるの？

荻　僕は**小諸そば**です。ひたすら小諸そば。鳥からうどんを柔らかくしてもらって。

岡　坂を降りるのに膝がとか、うどんは柔らかいのがとか、いくつなんだ（笑）。たまには違うもん食ってみようみたいなのはないの？

荻　ないですね。基本自炊で外食はしないので。だから神保町特集で呼ばれても、食について挙げられるのは伯剌西爾と小諸そばくらい（笑）。

岡　それも極端やな（笑）。

荻　さっき博多うどんの店の話もしましたけど、あそこもちょっとの間行ったぐらいで、やっぱり小諸そばに戻ってきた。

岡　僕はとんかつのいもやはよく行ってましたね。たぶん僕の体脂肪の二・五パーセントはいもやのとんかつでできてると思う。今は行列してる店も多いけど、僕は基本行列作ってまでっていうのはどうかと思ってね。**キッチン南海**は十分並べば食べられるってわかってるので並ぶけど、他の店に並ぶんやったら立ち食いそばでええ。魚雷くんはそんな選択肢がない。

荻　けっこう一途。

岡　今日何食べようとか考えなくていいから、それはいいよね。

荻　でも季節メニューがあるの

で、秋のその期間だけは秋の天ぷらとか。そういうのもときどきは挑戦してます。けど基本は鳥からうどん。

岡　あとひとこと言うときたいんやけども、**小宮山書店**のガレージセールを「コミガレ」って言ったのは俺なのよ。一般に流通してるけど、本当は©岡崎つけてほしいくらい。でね、NHKの「ドキュメント72時間」でコミガレをやったのよ。あそこに三日間入って撮影したわけ。そうしたら魚雷くんは二回くらい映ってる。

荻　自分は観てないけど。

岡　映りすぎやろ（笑）。二回映ったのは魚雷くんだけ。

荻　伯剌西爾に行ってるからどうしてもあの前を通る。最近は水曜日か木曜日に来ることが多いから、もう映りません（笑）。

岡　そういえば二人で映画に出たこともあったねえ。

荻　「森崎書店の日々」ですね。神保町でロケをした。僕は映ってないですけど名前だけクレジットされた。

岡　菊池亜希子主演。古本に関係のある人の名前が出てたほうがいいって、僕と魚雷くんと浅生ハルミンさんが最後にけっこう大きくクレジットされた。ギャラはなかったけど。

荻　わりと新しい話だと『百木田家の古書暮らし』（冬目景）っていう神保町を舞台にした漫画があって、ちょうどすずらん通りを描いたポスターが貼ってある。今やそういう神保町漫画も出てきたんやなあって。

岡　神保町にまだ足りないものってあるかな。僕は温泉が欲しい。

荻　銭湯はありますよね。**梅の湯**。九段下寄りのところに。

岡　皇居のマラソンランナーがよく利用するらしい、小さい小さい銭湯やね。錦華公園あたりに温泉が出ればなあ。神保町温泉っていいじゃない（笑）。古本神社もぜひ作ってほしい。小さくていいからね。植草甚一さんを祭る植草神社かな。いらなくなった本は供養する。僕が神主になりたい（笑）。

荻　古本供養。

岡　太田姫稲荷神社というのがミズノの近くにあるけど、あそこも古本神社にする。古本神社と温泉をセットで作る。あと古書会館の即売会を知らない人がけっこう多いでしょ。編集者でも知らない人がいる。行けば絶対面白いのね。今日は久しぶりに本買ってきたの。

荻　『鐵道旅行案内』（鉄道省編）。いつのですか。

岡　たぶん大正から昭和初期だと思うんですけどね。奥付が切れてるから安かった。三百円。

荻　『暗夜行路・写真譜』（大竹新助・青蛙房）これは渋いものを。写真がきれいですね。

岡崎さんの今日のお買い物

岡　驚くべきことやけど古本って百年くらい楽々読める。これは昭和三十八年刊で当時の定価が千三百円。今の物価換算でいうと五、六千円したんじゃない。それが五百円。文庫一冊より安い。得したなあ。

――得する街。

岡　魚雷くんは神保町で必ず行く古本屋はある？

荻　最近、買ってるものが街道寄りで、今までと違うルートに行くようになったんです。でも**悠久堂書店**は外の均一も中も街道関係の図録が圧倒的に揃って

本の雑誌社のご近所古書BIBLIO

いる。神保町ってもちろん店で見つけて買うっていうのもあるけど、背表紙だけでも見て覚えておくとか相場を知るために通ってる部分もありますよね。

岡　背のデザインとか文字の配列とか見とくのは大事。

荻　もちろんどうしても見つからなければ買うけど、それを一回でも見ておくと他でも見つけられたりする。ずっと単行本と思い込んでたら大判で見落としてたりとかよくあるから。

――掘り出し物を見つけるには本を見ておかないと。

荻　見て触る。触ってるかどうかってけっこう大きい。これ見たことあるとか、家にあるかどうかも忘れてしまう。

岡　それは別の話やね（笑）。

荻　あと、本の雑誌社の近くだと**古書BIBLIO**さん。たまにヤクルトスワローズの選手のサインとか松岡弘（ひろむ）のサインボールとかが均一で出ていたり。野球専門とか、文学じゃない専門店があるのすごく面白い。

岡　僕は**三茶書房**さんがなんとなく窓口というか、神保町の入口としてよく寄りますね。目を慣らすっていうかな。**大屋書房**さんなんかは中に入れない、ウィンドウを見ていく。悠久堂書店さんは僕も好きで、階段上がって二階のテラスみたいなところに山とか植物の本があって独特の雰囲気あるなあ。**田村書店**はもちろん均一の店頭（笑）。豆本の**呂古書房**さんなんかは女性を連れていくと喜ばれるね。全然もう知らない世界。**秦川堂書店**さんも面白い。昔の地図とか教科書とかね。ここも連れていくと喜ばれる。あとは児童書の**みわ書房**さん。ここもガイドで連れていくとキャアキャア言う。子どものとき読んだ本が見つかるっていうのは意外に古本の入口としては大きいんですよね。昔よく読んだ本が置いてあるっていうね。

荻　あと九段下方面の**ブンケンロックサイド**さんとか**矢口書店**さんの壁とか、このへんが均一の量が多いかな。他の街とかでは少ない雑誌専門の店は、このあたりの出版社で仕事をしてるとけっこう貴重。古い雑誌のバックナンバーを買うとか。

岡　雑誌なんかは中身見ないと買えないもんね。データだけではね。

荻　九段下のほうの雑誌の専門店に行くと若いライターみたいな雰囲気のお客さんがけっこういるんです。

岡　昔は明大とか中央とかでも大学の先生は新入生に「古本屋に行ってちょっと古本を見てきなさい」ってよく言っていたというようなことが本に書かれてますよね。学校の先生が率先して。そういうのもちょっと失われてるのかなって。

――今は明治の学生が坂を降りて駿河台下まで来ないって言いますからね。

岡　三茶書房さんの息子さんが大学生のときに、人手が要るから誰か学生捕まえてバイトに連れてこいって言われて明大の学生を連れてきたら「こんなところに古本屋があったんですか」って。明大なら目と鼻の先やんって（笑）。でも用がなければまったく行かない。御茶ノ水駅のほうに行っちゃう。

荻　僕は古本屋行き過ぎて明治をやめました（笑）。

この十年で新しくできた神保町の古本屋さんガイド

◉小山力也（古本屋ツアー・イン・ジャパン）

世界に名立たる本の街・神保町は、たとえ十年経って訪れても、昔と同じ古本屋が変わらず出迎えてくれる、そんな盤石な印象を持っている。百五十店余の個人の同種店が集まり街を形作る特殊さや、その偉大さと懐の深さが、そう思わせてくれるのだろう。だがそれはあくまでも印象の上での話であり、細部に良く目を凝らしてみれば、大勢は変わらずとも小勢には、絶え間なく変化が起こっており、それは神保町と言えども例外ではないのである。「蒐堂（あかね）」「石田書房」「大島書店」「神田書房」「古書かんたんむ」「キントト文庫」「KEIZO BOOKS」「澤口書店小川町店」「三進堂書店」「三省堂古書館」「三中堂」「山陽堂書店」「篠村書店」「菅村書店」「スーパー源氏神保町店」「古書たなごころ」「東西堂書店」「とかち書房」「中野書店」「風月洞書店」「風光書房」「ブック・ダイバー」「文省堂書店」「マニタ書房」「古書りぶる・りべろ」などがここ十年で、それぞれの理由（閉店・移転・事務所営業&ネット専業移行・建物建替など）で神保町から姿を消している。また神保町内で引っ越しをした、「いざわ書林」「うたたね文庫」「魚山堂書店」「虔十書林」「永森書店」「文献書院」などもあり、このように日々『本の街』にも、新陳代謝と言うべき変化が巻き起こっているのである。そしてその変化の中には、当然嬉しいことも巻き起こっている。新しい古本屋さんの登場である。残念ながら消えたお店の数には及ばないが、それでも新しい古本屋魂がこの地に根付いてくれるのは、頼もしく嬉しいことなのである。それでは駆け足で、東から西に向かって、ここ十年で生まれたお店を訪ねて行くことにしよう。

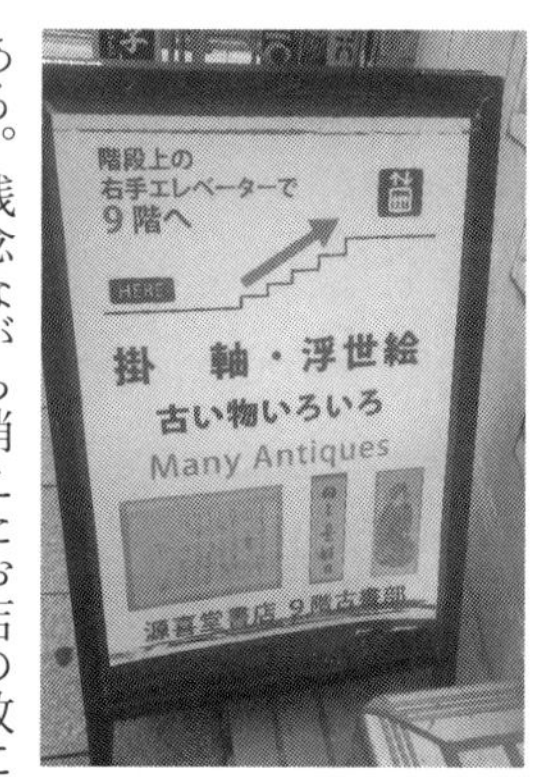

源喜堂書店 9階古書部
神田小川町3-1 9F

源喜堂書店 9階古書部

美術系のお店「ブックプラザー 源喜堂書店」と同じビルの九階にある系列店である。エレベーターで八階の店主個人宅を通過して九階で降りると、そこは逃げ場のない高級紙物が集まる森閑とした空間である。版画・リトグラフ・色紙・肉筆画・短冊・古文書・書簡・錦絵・ガラス絵・掛軸…古本も一応あるにはあるが、日本画作品集・仏像・江戸・道具など、専門的なものがメインとなっている。眼の保養には充分過ぎるが、代償として緊張必至のお店なのである。

光和書房

神保町一丁目一番地の「大島書店」跡地に入った、古典籍や硯や墨などを商うお店である。だが古本好きにとっては、店頭に出された棚がここの見どころで、古い文庫や古書などをふんだんに並べており、目を皿のようにすれば必ず何かが見つかる楽しい場所となっている。値段はわりとしっかりと付けられているのだが、それでも隙アリな珍本が紛れ込んでいるので、決して素通りは出来ぬのである。おかげで初期創元推理文庫の珍しいカバー本を何冊か安値で手に入れているが、今のところ一番の収穫は「伯母殺人事件／リチャード・ハル」の背の分類マークが時計で、表紙の分類マークが小父さんのエラー本である。

光和書房
神田神保町1-1-12 1F

山吹書房

裏路地の雑居ビル一階にいつの間にか出現していた良店である。店頭にたくさんの木箱&プラ箱を出し、古書や古い新書サイズ本や児童本が多数紛れ込んでいるのが微笑みを呼ぶ。店内は狭く細長いが、歴史小説&時代小説や日本全国の郷土本や郷土資料をこれでもか！と集めているのが大きな特徴である。値段が安めなのも好印象。ただし最近はコロナ禍のせいか、対面販売中止の日や、店頭無人販売のみになっていることがある。店内の古書箱をまた思う存分漁りたい…。

山吹書房
神田神保町1-39-1

澤口書店 東京古書店

元『auショップ』の跡地に入った、神保町に勢力を広げつつある澤口書店の系列店である。二軒隣りには「澤口書店巌松堂ビル店」がある。店内には整然と硬めの本が並び、特に入って直ぐの洋書コーナーは厳めしく圧巻である。奥にある目録販売品（ほとんどが茶色い古書である）をたくさん並べた棚を見るのは刺

澤口書店 東京古書店
神田神保町1-7 1F・2F

PASSAGE
神田神保町1-15-3 1F

激的。二階は建築&美術関連の本を集めた中で、珈琲を飲んで寛げるようになっている。ちなみに白山通りをまたぐとさらに「澤口書店神保町店」があるが、西に向かえば向かうほど、棚造りが柔らかくなって行く印象である。

PASSAGE

すずらん通りに物々しくオープンした、一人一棚のシェア型書店である。作家・ライター・書評家・出版社・書店・古書店などの小さな選書棚が美しく犇めき、本屋と言うよりはアカデミックなサロンの様でもある。出店者によっては古本を多く並べているところもあり。お目当ての作家の本を買いに行くのも良し、選書のフィーリングにグッと来て手を伸ばすのも良し。ただし精算は現金不可なのでご注意を。また棚にはところどころ空きも見受けられたので、月額五千五百円で借り受け、自ら店主となるのも一興であろう。

夢野書店

古くとも今でも立派な神保町のシンボルビル『神田古書センター』二階にあった「中野書店」の跡地に、その「中野書店」の漫画部が独立して開店した漫画専門店である。漫画本&アニメからそれに関わるグッズ&資料類までを多種多様に集めて展示し、希少性と懐かしさを宝として扱っている。しかし神保町には、同系列のお店が多数あるようで、意外に少ない。他には「かんけ書房」「くだん書房」「カスミ書房」「Naga」くらいではないだろうか。つまりはまだ展開する余地があるとも言える。もしかしたらこの手のお店が、これから神保町に勢力を広げて行くのかもしれない。

夢野書店
神田神保町2-3 2F

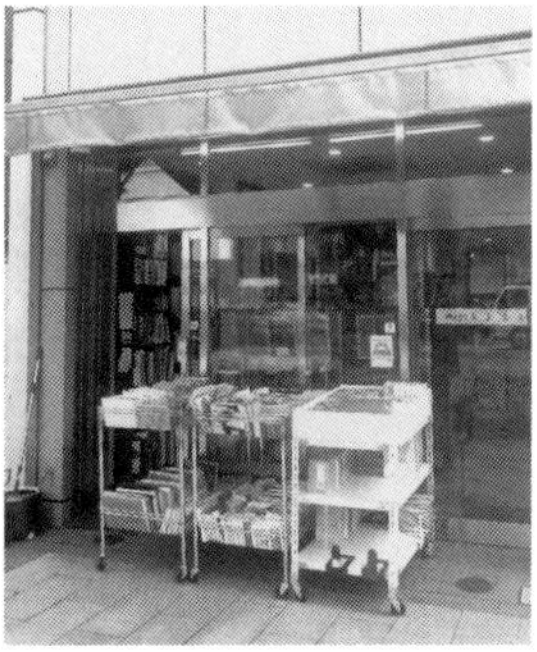

Naga
神田神保町2-5

Naga

「長島書店」の漫画や児童書などに特化した系列店である。表のワゴンにはワケアリ古書やワケアリ漫画本が安値でドバッと出されている。店内ではガラスケースの中に小松崎茂原画やセル画に原稿類、極美の貸本漫画や絵本原画や附録本が恭しく飾られており、もはや美術品の域に突入している。右壁棚には貸本系&絶版系漫画本がズラッと並び、端には児童書やミステリ古書も集められている。ミステリコーナーがそれほど多くはないが、なかなか充実している。日本公論社「文化村の殺人／G・D・H・コール」の裸本が二千二百円で並んでいるが、背がばっちりガムテープで補修されてしまっている…むぅ、読みたい！　読みたいのだがこの状態はさすがに……。

手文庫
神田神保町3-11-1 101
後日お店を偵察した編集さんが撮影。中はやはり文庫がズラズラだったそうです

手文庫

以前は小川町にあったお店が、神田神保町三丁目に移転。つまり神保町古書店街の東端から西端に移ったのである。実はこちらへの移転をつい最近知った次第で、取材時お店はカーテンを下ろして閉っており、まだ新店には入れていない。以前はほとんどが文庫本（品切れ＆絶版多し）で出来たお店だったが、今はどうなっているのであろうか。

古書いろどり

ミステリ蒐集家として有名な彩古氏が、以前から事務所店として神保町で営業していたのだが、二〇一五年についに九段下に近いビルの三階に店舗をオープン。ミステリ・SF・幻想文学・漫画・アニメ・歌集・ミステリ＆SF文庫本がメインの空間を見事に造り上げたのだが、次第に市場で落とした大量の本がその空間を圧迫。現在は入口付近やエレベーター出口の小空間で、時折販売本を並べる状態に陥ってしまっている。凄い本が中にあるのはわかっているのだが、近付けぬ状態が続いているのである。そのため店舗は現在休業状態。お店に入れるのは本の山の間を擦り抜ける技術を持つ一部関係者だけになってしまった。取材時、一階の集合ポストに閉店の札が下がっていたが一応三階に上がって見ると、ヒィっ！　エレベーターの扉が開いたら、目の前には本の山が！　というわけで、店内の本を整理整頓し、棚がちゃんと見られるようになるのを切に望む一店である。

古書いろどり
神田神保町3-2-9 3F

とこのように、色々街のそこかしこに変化はあるが、何はともあれ今日も古本屋さんは軒を並べており、古本をたくさん並べてくれている。その古本を、買える日も買えない日もあるが、この街に降り立った時に覚える高揚感は、いつ何時でも何度経験しても、新鮮で変わりがないものである。さらに十年後の神保町がどうなっているのか、想像もつかないが、〝本の街〟であるのは決して変わらぬのを信じて、相変わらず古本を買いながら、一介の古本好きの一人として、見守っていこうと思っている。

●神保町バリスタ部

神保町に珈琲の匂い流れ

◉大森皓太

本の街・神保町には、本の相棒である珈琲の匂いも漂う。書店で本を買って、そして喫茶店で珈琲を飲みながら本を読む。その一連の行動があたかも街に入った瞬間、プログラミングされるかのように、書店と喫茶店が共生している。その結果、「さぼうる」や「ミロンガ」、「古瀬戸」「伯刺西爾」などファンに愛される老舗の喫茶店は数多く、神保町の文化を醸成している。

今回は中でもわたしの偏愛の喫茶店をご紹介したい。

まず一軒目は、神保町交差点を北に徒歩3分ほど、白山通りを一つ西に入った路地にある「**オトナリ珈琲**」。こちらは２０２１年の10月にオープンしたばかりの新しいカフェだ。実は、店主が自らネット上のクチコミで最低評価、つまり★1をつけてくださいとお願いするほど、わかりにくい立地にあり、普通に歩いていると見逃してしまう。というのも、店舗は2階にあるのだが、1階がコインランドリー（そして、コインランドリーを入らないと2階にいけない）というかなり珍しいお店。なので、知っていないとほとんど辿り着くことは不可能だ。しかし、ネット上の星の数とは裏腹に、カフェとしては間違いなく★5。バリスタとして数々の店舗で経験をつまれた店主の淹れる珈琲は抜群に美味しく、値段も５００円のワンコインとおかわりも進む値段。珈琲豆は常時3種類おいてあるが、毎月異なったロースターから仕入れているという点が特徴的で、次はどんな珈琲豆に出会えるか楽しみになる。まだ好みの珈琲豆に出会っていないという方は月替わりの珈琲豆をいろいろと味わって自分の好みを見つけてほしい。また手作りの焼菓子やケーキ類も舌を喜ばせ、Instagramではプリンの店として評判になっているようだ。そのためか近隣の大学生をはじめ客層は比較的若め。しかし、そこは神保町。読書をされる方も多く、若い読者の姿を見られるのは嬉しい。

オトナリ珈琲◉千代田区神田神保町2－48 2F
営業時間：11時〜18／19時(不定) 火曜定休

続いては、「オトナリ珈琲」から歩いて1分、同じ通りを南に下ったところにある「**きっさこ**」をご紹介。こちらは古民家を改装したような一軒家で、緑あふれるかわいい外観のJAZZ喫茶だ。店内にはLPレコードやCDがたくさん並び、こだわりのスピーカーからは心地の良い音色が聴こえ、ゆったりとした時間を過ごすことができる。珈琲は浅煎り、中煎り、深煎りの3種類から選べ、おすすめのレアチーズケーキャベイクドチーズケーキとの相性も◎。また、珈琲以外にもオランダココアも絶品だ。メニュー表はレコードのジャケットをモチーフにしたものになっていて、カップソーサーも毎回絵柄の異なるもので提供されるので、眼も楽しませてくれる。お客さんは、一人客が多めで、荷物は本一冊だけという読書人憧れのスタイルで入店される方も少なくない。先日、訪れた際には隣に座ったお客さんが、座るやいなやカバンから辞書を取り出し読み始め、「あぁ、これぞ神保町」と痺れたものだ。

　ところで2軒も喫茶店をハシゴすると、本も読みきってしまうという方も多いのではないだろうか。それでは神保町交差点を渡り、

きっさこ◉千代田区神田神保町2－24－3
営業時間：12時～17時（土日祝18時まで）　無休

本を補充しよう。靖国通りやすずらん通りをぶらぶらと行ったり来たり。足が疲れ、両手が荷物で塞がる頃には、おそらく周りも暗くなっているはず。そうして本を十分に確保した読書子のみなさんはきっと、もう一読書して帰ろうと思うことだろう。しかし、神保町の喫茶店は閉店時間が早く、遅くまでやっているところがあまりないのだ。

　そこでお勧めしたいのが、三省堂書店の仮店舗から徒歩2分のところにある「**眞踏（まふみ）珈琲店**」だ。営業時間は昼の12時から夜の11時まで（日祝は12時から21時）というありがたい喫茶店。外観はグリム童話のお菓子の家を思わせる煉瓦造りで、入る前からワクワクさせる。しかし、扉を開けて中にはいると、飛び込んでくるのはお菓子ではなく、本がぎっしりと詰まった本棚だ。「珈琲と、本と、そして無駄話を愉しむ喫茶店」がコンセプトの2016年に誕生したこの喫茶店は、1階は長いカウンター席で会話が弾む造りに、2階は本棚に囲まれたテーブル席になっていて読書へ誘う。珈琲は自家焙煎したこだわりの珈琲豆をネルドリップで抽出したもので、まろやかな口当たりの中に凝縮した旨味を味わうことができる。また、珈琲以外にもビールやウィスキーなどのお酒、カレーライスやクロックムッシュなどのフードメニューも用意されているので、「珈琲はもう飲めない」「お腹がすいた」という方も大丈夫。そして店内には本好きの心をくすぐる秘密の扉があるので探してみてほしい。

　さて、そろそろ閉店の時間のようだ。しかし、神保町には明日も変わらず本が並び、珈琲の匂いが流れる。みなさんが素敵な本と珈琲の時間を過ごせますように。

眞踏珈琲店◉千代田区神田小川町3－1－7
営業時間：12時～23時（日祝は21時まで）　無休

●書店好き匿名座談会

夢の三省堂書店神保町本店はこれだ！

A　三省堂書店神保町本店の建て替えが始まって、二〇二五年くらいに新装オープンの予定ですが、では、新しい神保町本店はどうなってほしいか。

B　われわれ本好きが理想の三省堂を勝手に作るわけね。

C　会議だとお金がない、人がいない、前例がない、たいていこの「三ない」で却下されるけど、そんなの関係なく。

A　そう。現実性は考えなくていい。

C　神保町のランドマークとしてね。三省堂の住所は神田神保町一丁目一番地ですよ。

A　だからね、本の街のランドマークとして大事なことを最初に言うと、新しい三省堂はトイレを数多く綺麗にしたほうがいいと思うんですよ。

D　神保町のトイレ事情はよくないからね。

A　もうワンフロア全部トイレにしてもいいぐらい。

B　いろんなトイレがある。

C　和式が好きな人もいるだろうし。

A　うん。海外からの観光客に和式を見てもらうのもいい。

D　トイレは大事だとして、僕は地下の放心亭は残してほしい。

C　神保町グルメの閉店した店をワンフロアに揃えたい。

D　いいですね。酔(よ)の助(すけ)とかも入れてほしい。

C　思い出の味がそこで。

B　神保町メモリアル食堂。

A　酔の助はまず一等地。それからスキートポーズ、あと味噌やに徳萬殿、そして柏水堂！

B　フードコートみたいになってきた。

A　ビアホールが地下一階。地下二階にフードコート。

C　その前に神保町の駅とつなげてほしい。

B　雨でも濡れずに駅から来られるように。

A　じゃあ、すずらん通りの地下を新宿の地下街みたいにして東京堂に行く通路と。

C　書泉グランデに行く通路と。

D　A1が三省堂、A2が東京堂、A3がグランデ。

A　新御茶ノ水からも地下道を通しましょう。新御茶ノ水まで通れば小川町、淡路町までも行けるし、日販につながってると営業も行きやすい（笑）。

C　やっぱり神保町を町ぐるみで盛り上げたいわけで、三省堂だけの話じゃないんですよ。

B　だからビアホール直結で（笑）。

A　まずは飲んでから上にあが

る（笑）。心が緩くなってから売り場に行ってもらう。

D　本を買ったらビールが安くなるとか、そういうサービスも欲しいね。五千円買ったらビール一杯無料とか。

C　売り場は最低でもこれまでの一階から六階を超える増床をしてほしいですよね。

D　前の本店は約一千坪でしたよね。

A　ジュンク堂の池袋が二千坪でしょ。三千坪いっちゃいますか。

C　そうですね。世界一の売り場面積。

B　三千坪として、一階に何を置くかですね。前みたいに集中レジはしょうがないですか。

C　やっぱり各フロアですよ。集中レジは買いづらい。

A　セルフレジで新時代型にするか、逆に超接待型のレジにするか。

C　二タイプに分かれますよね。丁寧に接客してほしい人もいれば、スピードを求める人もいるので、両方あって選べるのが一番の理想ですよね。

B　それで各階でも買えるし、一階でもまとめて買える。

C　そのへんは柔軟になってほしいなあ。集中レジにしなきゃいけないって理屈はわかるけど。

B　今日は予算は関係ないので（笑）。

A　僕はメインの売り場、一階で学校の教科書を買えるようにしてほしいんですよね。子どもがなくしたとか、そういうときのために教科書が日本で唯一店頭で買える場所にしてほしい。

D　あそこに行けばあると。

C　三省堂書店も一応千代田区の検定教科書を扱ってるんですよね。販売店は行政区ごとに決められているので、他のエリアのは取り寄せになっちゃう。

B　全国の教科書が全部集まってたらすごいけどね。

A　ここでもう一回、学参の三省堂に戻るんですよ。

C　それは大事な発想。辞書・学参・教科書を出してる会社という信頼感があるのが三省堂の一番の強みなんですよ。親子二代三代が春先に地方から辞書を買いに来るくらいだから。

A　じゃあ、少し教育に振ってみましょう。

B　改装前は学参は六階だったよね。

C　六階に磁石があったわけですよね。強みが。

A　シャワー効果だ。

D　児童書と一緒でしたよね。

C　そう。児童、コミック…でも児童は上にあると不便なんですよね。ベビーカーを押してるお母さんも多いから。

D　じゃあ、児童書も一緒に一階に下ろしちゃおう。ベビーカーでもすすすっと入れる。

A　斬新ですね。全国の検定教科書が買えて、絵本も児童書も買える。

C　一階児童書はアリですね。バリアフリーな感じで。

D　お父さんお母さん子どもも、おじいちゃんおばあちゃんも来るわけじゃないですか。

B　じゃあ年配の人向けも一階に置きますか。

A　「高齢者向け」っていう売り場を別に作ったほうがいいんじゃないですか。シニア売り場。今までの本屋さんではないですよね。
D　二階がシニア。
A　家庭医学書とか佐伯泰英とか（笑）。
D　あと終活とかでしょ。
B　ちょっと金持ってる人向けに株とか遺産相続の本とか。
C　相談所を置いてね。遺言書の書き方とか。
A　木村晋介さんを派遣しましょう。なぜか落語の話をしている（笑）。
C　そういうのいいですよね。遊び心があって。人が来て法律相談したりとか。
D　ラウンジっぽいのがあってもいいかな。オープンスペースでコーヒーがあって。
A　本じゃない場所としてはラウンジがあって、版元がそこの個室を使えるとか。サブスクで、本の雑誌社はグリーン会員だからいちばん狭い個室まで、ゴールド会員は応接間のすごいロビーが使える。取材が受けやすいといいと思うんですよ。作家のインタビューとか。
B　映えるスポットでね。後ろに本を並べておくわけですよ。それを版元から金を取って並べれば三省堂にお金が入る。
C　いいですね。ちゃんと予算のことも考えてる（笑）。
A　ビル全体で出版産業のお金が回ればいいんですよ。取材スペース、執筆スペース…。
C　著者訪問とかも公開すればいいんじゃないですかね。
A　外に掲示板を作って案内する。ホテルの入口の何の間は何々みたいに。それで工場見学みたいにガラス越しに見られればいいんですよ。作家がサインしてるところとか。
C　仕事の見える化をある程度するべきだと思ってて、仕入れとか一部見せてもいいんじゃないかって。今トラックが入ってきて新刊が届いたとか。
D　返品場面は見せられないですよ。今返品されてる！みたいな（笑）。
A　見たいな。そこは有料で（笑）。
C　書店のバックヤードって、こんな仕事をしてるんだっていうのをある程度見せる。雑誌の付録を付けてたりコミックのシュリンクをしてたり。よかったら一緒にシュリンクしてみませんかって。
A　手伝わせるんだ（笑）。
C　子どもに職場体験しながら書店の仕事っていうのを知ってもらいたい。
B　キッザニアの本屋バージョン。
A　入口に受付を作って代わりに営業してみませんかっていうのもいいんじゃない。今日はダイヤモンド社と本の雑誌社の営業を代わりにできます（笑）。
D　注文書を置いておこう（笑）。ここにハンコをもらってきてねって。スタンプラリーにして、番線印を全部集めると豪華景品が（笑）。
C　相手が子どもだから断れない（笑）。
A　三階にはちゃんと本を置いたほうがいいね（笑）。
C　やっぱり人文かな。人文は定評があったし。
B　文芸はもっと上？
C　文芸書はもう専門書だからなあ。
A　そうですよね。人文を三階にしましょう。人文書はガチッと揃えてほしいですね。明治大学の先生の協力を得ますか。せっかく大学が近いんだから。
C　そうなんですよ。明治の先生と話をすると、学生たちはこんなに本の街が近いのに坂を降りてこないらしいんですよね。

だからそこを何とか降りてきてもらえるようにしたい。
B　じゃあ、御茶ノ水からも地下道を作っちゃう（笑）。
A　三方向から地下道。御茶ノ水からはずっとエスカレーターで。
C　スキー板で降りられる。スキーの街だから。
A　それだ（笑）。スポーツ用品店も儲かるし。
B　楽器屋も絡めてほしい。
C　楽器屋とコラボですよ。コンサートホールとか劇場も上の階に欲しいですよね。
D　上にホールがあれば講演会もできますしね。
C　学生が楽器の練習に使ってもいいし。
B　ライブやってもいいし。
C　常にそこを稼働させるってイメージですよね。
D　何階にします？
B　二十五階（笑）。講談社と張るんですよ。
C　あとはジャンルとしてはビジネス、政治経済とか法律とかの専門書。
A　それと理工書。三省堂って実は医学書が定評ありますよね。メディカルブックセンター。

D　文芸と文庫は？
A　仮店舗のままにしておきますか（笑）。仮店舗を文芸別館にする。
B　地下でつながってるからね。
C　文芸は逆にそのくらいの聖地にしたいですね。
A　なんだったら古本もまぜて。
C　僕は神社をどこに置くかってのが…。
B　やっぱり神社置くの（笑）。
C　神が保つ町ですよ。学参が強いんだから天神様を持ってきたい。
A　じゃあ湯島だ。菅原道真。
B　天神様ならグッズとかお守りも売れるね。
C　受験の神様ですもん。あと亀のゆるキャラを作りたい。
B　社長が亀井さんだから。
C　亀は万年だからめでたいですよね。入口に亀の銅像を置いて。本屋ってパワースポットなので、そこで何かをするとすごくご利益があるよっていうのを作りたいんですよ。
D　菅原道真と亀がいれば合格祈願はバッチリですよ。
C　そうでしょう。作ったもん勝ちなんで。何かグッズとか、名物を作るべきですよ。それを買ったらラッキーになるよって。一階に泉も作るべきなんですよ。お金入れちゃうじゃないですか。
B　トレビの泉（笑）。
A　「今月ちょっと泉の売り上げが悪いから版元さんお願いしますね」って。
B　七五三セットみたいな本も作れますよね。
D　地方に配送でお孫さんに送れますよって。
B　全国から来ますよ。三省堂詣で。
A　そういう人たちってバスで来るかもしれないね。はとバスが停まれるようにしよう。靖国通りの前にはとバス三台分お願いしますと。
C　駐車場でワンフロアいりますか。
D　車より自転車で来ても停めるところがないから。
A　自転車置き場はいるかもし

れないですね。盲点だった。

B　地下三階を駐輪場にしよう。理工と医学が四階、法律、政治経済が五階。コミックは？

D　三省堂といえばコミックステーションですよ。

C　渋谷が発祥ですね。

D　あと新宿にあった三省堂サウスブックポートとか。日本一BLを売る店。

A　コミステ復活、サウスブックポート復活。そういうノスタルジー大事じゃない？

C　三省堂っていろんな先駆けをやってて、コミックステーションもそうだし、ポイントカードも先駆けでやってた。タワー積みも最初に始めた。一階はタワー積みをやってみましょうコーナーにする。

A　レゴの売り場みたいに本がいっぱい床に置いてある（笑）。

B　本は版元が提供しましょう。

D　束見本でお願いします（笑）このあと出る本の束見本を用意しておくことで宣伝になるじゃないですか。十二月発売の本を十月に並べよう。

A　勝手に拡散しますもんね。

C　いちばんカッコよく積んだ人には賞品をあげる。

A　あとは地図ガイドと雑誌ですね。

B　地図ガイドの読者は山好きな人たちばかりだから、山と溪谷社の社屋と同じ高さくらいまで登ってもらいましょうよ。

C　ボルダリングするとか。

A　それはありだね。吹き抜け作っといて三階くらいにボルダリングコーナーを作る。頂上に着いたらヤマケイ文庫が買える。

C　八階くらい登ってもらってもいいですよね。壁面も登れるようにしましょうか。「今日は○○さんがチャレンジ」って話題になりますよね。

B　「今日は何人滑落しました」（笑）。

D　命懸けですか。

A　じゃあ地図ガイドは七階で、あとは雑誌だね。

C　今は雑誌売れないから。上でいいかもね。

A　さみしいなあ。でもマガジンハウスとかの雑誌で、表紙がジャニーズ系のときなんかは置いておきたいですよね。

D　ジャニーズショップ入れますか。

A　なんだったら事務所移転してもらってもいいですね。

C　ジャニーズのタレントがいる。会えるかもみたいな存在。なんとか坂もいいですよ。

A　教育で詣でてジャニーズで詣でて。

C　劇場もあるしステージもあるから。

B　映画の舞台挨拶も必ずそこでやる。

C　これは聖地になりますよ。

A　これで新刊はほぼ埋まりました。

D　文具も置いてほしいですよね。

A　文具は八階。あんまり玄人向けじゃなくて普通の文具がいっぱいあるところにしてほしい。丸善みたいに万年筆をきちっと揃えて。

C　文豪の部屋みたいな、理想的なモデル書斎を作っておく。

B　本棚も置いて。

C　ライフスタイルを提案する。

A　机から全部一式入れて三百万ですみたいな。「俺本選べないからちょっと選んでくれ」ってその棚に入れる本もスタッフが選んでくれる。

D　本棚ごと成約。今月は京極夏彦セレクトですとか。色紙もつけよう。「君の荒野は何処北方謙三」みたいな。

C　それにちゃんと価値をつけないといけないですよね。芥川賞・直木賞作家が必ず神保町でサイン会やるってものすごい価値なんですよ。初版本とか一枚目のサイン色紙とかが神保町にはあるんです。それをちゃんと継承していかないといけない。

A　九階にそういう作家をリスペクトしたギャラリーみたいな文学館を作ったほうがいい。神保町文学館。

C　創業百四十周年ですから。アーカイブは大事にしないと。三省堂としてもう一回ドーンとやってほしいわ。

B　そのためにも文芸書と文庫は仮店舗別館。

D　文芸、文庫なんでもありますって。貴重な古書も。文芸はやっぱり柱だから。

A　サンリオＳＦ文庫も全点並んでるんですよ。古本だけど、過去に出たすごい全集も全部ある。

D　希少本コーナーもサイン本もある。

A　文芸書別館っていいアイデアですよね。百貨店のすごいブランドの別館みたい。講談社文芸文庫も全部ありますよ。

D　選書も置いといてほしいですね。

C　新書、選書の売り場はどこかな？

B　それも文芸別館？

C　ちょっと悩みますね。人文のところがいいかな。

A　この店ならみんな行くよ、なくなった版元の本まであるんだから。

B　地下一階しか行かなかったりして（笑）。今日何食おうってずっと入り浸りで。

C　地下で用が足りちゃったらなあ。絶対上に行かなきゃいけないっていうのを作らなきゃいけない。

A　じゃあトイレが上だ。

B　地下で飲んだ人は九階のトイレに行かなきゃいけない。シャワー効果（笑）。

A　トイレフロアにはエレベーターで行けるんだけど、下りのエレベーターはないの。階段かエスカレーターで降りる。

D　それでみんな本を買って帰る。トイレ効果（笑）。

C　飲んでるから気が大きくなって買っちゃう。

B　それでレジで会計するときに「えっ三万？」みたいな。「お客さんさっき上でこの本お買い上げになりましたよ」って。

C　ここまでいくとないのはホテルくらいですね。

A　ホテルはいいな。受験生が受験に来たときに泊まる。

C　作家も缶詰になる。

A　ホテルは十階から十五階。

D　出たところで「行ってらっしゃいませ」って神主が合格祈願してくれる。

A　地方から受験に来てる子にはコンシェルジュが電車のルートを教えてくれる。

C　鉄板だなあ。泊まったら本当に受かりそうですもんね。

A　十六階には河合塾とか教育産業を入れる。

B　もしもだめだった場合はもう一度こちらに来ていただく。

A　もう一階上がっていただければ受付があります。

C　至れり尽くせり。

D　お父さんは下でビール飲んでる（笑）。

●ハモさんの神保町探検

裏神保町・錦華通りが楽しい！

＝浜本 茂

裏渋とか奥渋とか、渋谷駅から十分ほど離れた、人が多くない落ち着いた、それでいてシャレた店が並ぶ一画が大人の街として人気らしいが、では「裏神保町」はどこだ！

というわけで、美味いランチのためなら北は神田明神から東は西神田、西は九段下に南は竹橋まで歩き回る、神保町の路地裏マイスター、ハモさんこと浜本が勝手に裏神保町を決めてみた。

それは「錦華通り」である！

靖国通りの三井住友銀行とマクドナルドの間から、かえで通りに突きあたる小栗坂までの八百メートル程度の短い通りで、一方通行だからか、車通りも比較的少ない。散歩にはうってつけの道だ。

本の雑誌社が神保町に引っ越してきた当初、カレーの街のイメージにとらわれていた私は、ボンディやガヴィアル、共栄堂などの老舗名店からボルツ、エチオピアなどのインドカレーまで、週に二回のペースでランチにカレーを食べていたのだが、そんなある日。今日は**カーマ**★のチキンカレーを食べようと、マクドナルドの角を曲がって、店に向かうも臨時休業。とぼとぼと錦華通りを歩いていて見つけたのがメーヤウというカレー店で、すっかりカレーの口になっていた私は思わずその店に飛び込んで、チキンカレーに舌鼓を打ったのである。

男坂の急な石段にクラクラ

以来、メーヤウに通うようになったのは、塊肉がどーんとのっかったポークカレーが好みだったからでもあるが、ランチビール付きのセットがあったから（笑）。昼間だけど、小さいグラスだから許されたい。

メーヤウはその後、ばんびと名を変えて営業していたが、いまは住友銀行から明大通りに抜ける路地に場所を変え、倍の広さで営業中。ポークカレーの肉の大きさは健在だ。ちなみにばんびの跡地は**ふらっと日な田**という小料理屋になっている。

ふらっと日な田の向かいに並ぶのが**パンチマハル**と**仙臺**。ともに「わが社のおすすめランチスポット！」に名があがるカレーの名店で、さらに靖国通り寄りにはインドカレーのカーマまであるから、錦華通りはカレーの街神保町を代表するカレーストリートといってもいいくらいなのだが、カレーだけではない。東京一讃岐うどんが美味いと評判の**丸香**（十四時くらいまではいつも行列ができているが、回転が速いのと並んでいる最中に注文をとってくれるので思ったほどは並ばない）、一時の閉店から復活したつけ麺の名店、**神田勝本**（十四時近くまで行列ができているが、十七時まで通し営業なので十四時過ぎに行くのが吉）、**汁なし担担麺 くにまつ**（安くて美味いのに比較的空いている。激辛の「DEATHMAX」にチャレンジしよう）、ボリューム満点の**排骨担々五ノ井**（この店の隣にも「麺処リユウグウ」というあさり・しじみ出汁のラーメン店があるのだが、ずっと閉まっている）、麻婆豆腐が刺激的な**四川大衆ハオワール**（炎の営業おすすめ）、そばですよにも登場したコスパ最高の立ち食いそば、**肥後一文字や**など、各ジャンルの美味しい店が点々と並んでいるのである。

さらに五ノ井の先の路地を入ったところにはひじき飯が最高に美味い和定食の**菊水**が幟をひるがえしているし、**ジロトンド**、**PRELUDIO**といった入りたくても入れないイタリアンの店もある。錦華通りは神保町の隠れグルメストリートなのだ！

しかし、それだけではない。健脚にもなれる歴史スポットでもある。あらためて裏神保町巡りのおすすめルートを紹介しよう。

まず、錦華通りに入り、丸香の行列の前を通る。最初の信号を右に折れ、猿楽通りに入ると「吾輩は猫である碑」が鎮座して…、いたのだが、今はいずこ？　漱石の母校「錦華小学校」は一九九三年に小川小学校、西神田小学校と統合されて「お茶の水小学校」となり、現在は新築工事中。そのため猫の碑も移転、保管されているらしい。

隣接する「錦華公園」の先を登ると正面に山の上ホテルが見える。作家たちがカンヅメになっては脱出を繰り返した文人御用達ホテルである。文人たちに思いを馳せながらホテルの手前を左に曲がり、錦華坂を登り切ると左手に建つのが本の雑誌社社員一同も健康診断を受ける「出版健保会館」。出版健保会館の先がとちの木通りで、目の前に旧「文化学院」のシックな建物が出現する。ここからは岡崎武志氏も推奨するマロニエコースだ。

おじさんもくつろげるブックカフェ「エスパス・ビブリオ」でひと休みし、「男坂」の一直線に七十三段続く石段に目がくらんだら「アテネ・フランセ」の手前にある「女坂」を下りよう。女坂は八十二段と段数は多いが、曲線的に緩やかになっているうえ踊り場が三か所あるので、男坂に比べ気持ち的にラクなのである。

女坂を下りたら左に出版社の「未知谷」のシブい事務所を見て、神田女学園の横の路地から錦華通りに入りたい。正面にカトリック神田教会の優美な姿が目に飛び込んでくるだろう。一八七四年に創建された東京でも有数の歴史を持つ教会で、教会堂名はなんと「聖フランシスコ・ザビエル」！

カトリック神田教会の優美な姿

ここから錦華通りを靖国通りに戻ると、途中、カフェや喫茶店が意外に多いことに気づく。Cafe by 函館 美鈴と看板にある画廊のような小さなカフェ、**スペース ココ**、コーヒーテイスティング百円の立て看板が出ている**青海珈琲**、ガレットが名物らしい**Muusa**、アイスクリームが美味そうな**SR coffee&ice cream Jimbocho**など、おじさんひとりでは入れないオシャレな店が点在しているのである。さすが裏神保町と言えるのだが、おじさんだってSR coffee&ice cream Jimbochoの宮崎マンゴーミルクアイスを食べてみたい。誰か誘って！

趣味の焙煎小屋から神保町の街角へ

＝すずきたけし

コーヒーの香りは精神を安定させると云われ、読書にはコーヒーは良く似合う。

書の街神保町で「旨い」コーヒーを楽しむなら、やはりこだわりの自家焙煎店でコーヒーを買うのがおススメ、というか必然である。

コーヒースタンド「豆香房 神保町本店」は本の雑誌社から歩いて1分、神保町シアターの斜め向かい、移転したキッチン南海のお隣にお店を構える自家焙煎のお店である。

扱うコーヒー豆は四〇種以上で、それぞれに原産地や農園までが記されていてコーヒー好きにはたまらない。本に喩えるなら農園が出版社、コーヒー豆の品種が作家のようなものである。また取り扱う豆はスタッフ全員によるカッピングと呼ばれるテイスティングで合格したものだけというこだわりである（カッピングとは同じ条件で淹れたコーヒーの苦さ、酸味、甘味、後味や香りなどに得点をつけていく）。

店長の東端佳織さんもカッピングは毎年違う味に出会えるので楽しいと話す。

たくさんのコーヒー豆を取り揃えたお店には「神田ブレンド」「豆香房ブレンド」などコーヒー初心者にも親しみやすいラインナップから、ジャコウネコの糞から採取されるコーヒー豆ジャコウネココーヒー（百グラム七七三〇円！）といったコーヒーファンを唸らせる希少な豆も扱っている。ちなみにジャコウネココーヒーは野生のジャコウネコの体内で消化発酵されたコーヒーの実を集めたもので、ほどよい苦みと豊かな香りが味わえる。

お気に入りの作家を見つけて読書をするように、お気に入りの豆に出会うために読む本ごとに豆を換えてコーヒーを楽しむのもいいかもしれない。

豆香房 神保町本店
東京都千代田区神田神保町1丁目39-9
電話　03-3518-4123
定休日　祝日
営業時間　月〜金　7:30〜18:30／土　9:00〜17:30／日　12:00〜17:00（変更の場合あり）

コーヒーの楽しさはその品種による味わいの豊かさである。しかしコーヒー豆は工業品ではなく農産物である。例えばブルーマウンテンなど品種が同じものでも生産地の気候や土壌によって大きく味が変わってしまうという。なかでもゲイシャコーヒーで知られるゲイシャ種は、もともとはエチオピア原産の豆で、一九六〇年代に中米パナマに渡った品種。しかしゲイシャ種は収穫量も少なく生産性が悪いとあって当初はあまり注目されなかった。当時、それまでのコーヒーの取引価格は豆の大きさや標高の高さといったことが評価され価格がつけられていて、「味」や「品質」が価格に反映されることはなかっ

豆やドリップバッグが並ぶ店内。オリジナルの「神田ブレンド」はリニューアルした

豆香房 神保町本店 Take out Menu
(2023,11,1〜)

■日替りホットコーヒー S 270円〜
■アイスコーヒー S 270円〜
■水出しコーヒー(夏季限定)
　アイス M 520円〜／オレ M 540円〜
■カフェオレ
　ホット・アイス S 320円〜
■豆乳オレ
　ホット・アイス S 350円〜
■ジンジャーオレ
　ホット・アイス S 370円〜
■アイリッシュコーヒー
　ホット・アイス M 540円〜
■エスプレッソ S 320円〜
■カプチーノ M 420円〜
■ハンドドリップ　660円〜　　　他多数

たという。しかしスペシャルティコーヒーとしてコーヒーを味覚によって評価する時代が訪れると、それまで注目されていなかったゲイシャ種のコーヒーが評価され始め、二〇〇四年の国際品評会では優勝。ブルーマウンテンやハワイコナといったトップブランドを遥かに凌ぐ価格でゲイシャ種が取引されるようになったとか。これを「ゲイシャショック」と呼ぶ。本当に。

そんなコーヒー豆の物語をお話ししてくれたのが豆香房の創業者で代表の田村保之さん。

今年でコーヒーに関わってから35年になる田村さんは、豆香房で取り扱うコーヒー豆の産地へ直接赴き、自分の目で確かめて買い付けをしているコーヒー愛に溢れる方である。

もともとは印刷会社のサラリーマンだった田村さんは、あるときコーヒー関係の販促のお手伝いをしたことでコーヒーと焙煎の魅力に惹かれ、趣味として自宅の子ども部屋を改造してフライパンや手網焙煎器で焙煎をして遊んでいたという（もちろん煙と埃で家族からは嫌がられた）。しかし趣味というのはハマるぶんだけ仕事よりも厄介なものである。田村さんは趣味だ遊びだと言いながらも業務用の焙煎機を購入してしまう。はじめは家族でコーヒーを淹れて飲んで楽しんでいただけだったが、焙煎も淹れたコーヒーの味も整ってくると近所に配り始めるようになった。

豆香房のオリジナルキャラクター「豆おじさん」がコーヒーカップやドリップバッグに

田村保之代表　本部焙煎工房にて

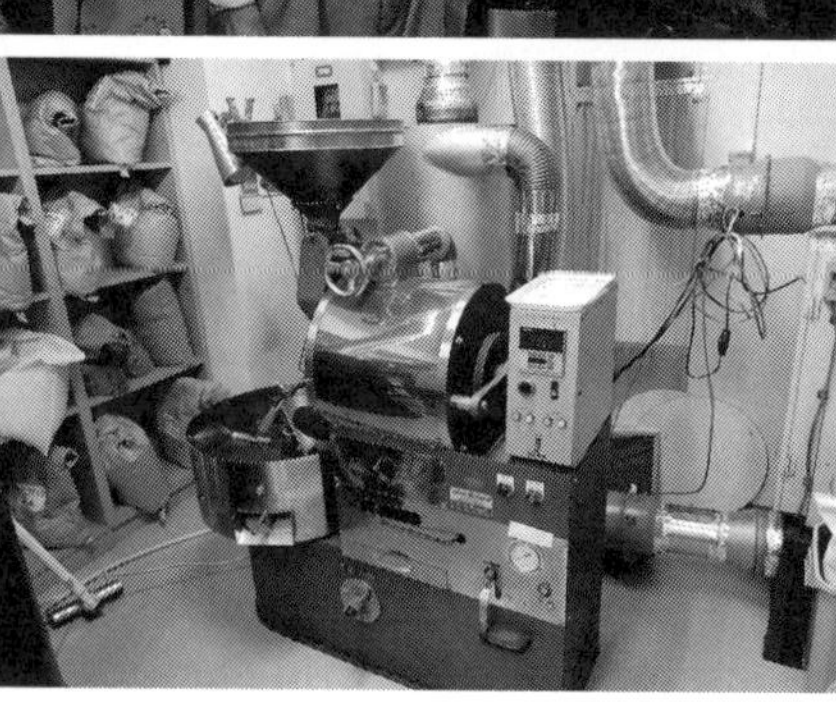

業務用焙煎機

すると「お金を払うから」という声も上がり、遂には自宅駐車場にスウェーデン直輸入のログハウスを建てて商売を始めてしまう。これがそこそこ売れたのだとか。

そのころ、サラリーマンを辞めて印刷業として独立していた田村さんはバブル時代こそ忙しかったものの、バブルがはじけると仕事も減り、また印刷もデジタルへと変革していく中で仕事がやりにくくなっていた。そこで焙煎のほうも事業として始めてみようと一九九六年、目白に自家焙煎店を出店したのが豆香房の始まり。

ちなみに目白の1号店の滑り出しはどうだったかというと、

「目白は生活レベルが高い人が多いのでそこそこ数字がでていた」

とのこと。

数年後、もともと神保町にあった奥さんの実家が再開発のため引っ越さなければならなくなったが、幸い同じ界隈に物件が見つかり、これを機会に店舗として改装。2000年10月に現在の豆香房 神保町本店がオープンするのであった。

しかし当時の神保町店周辺は再開発の真っ只中。店は工事の壁で囲まれ、しかも前の道路の先は行き止まり。人の流れがほとんどなく、店の前を通るのは犬や猫ばかり。それが3年ほど続いたが、工事が終わると人の流れが変わりお客さんも増えていったという。

現在も店に並ぶ豆は田村さん自らが毎日焙煎を手がけ、一日二〇回以上は本部にある焙煎工房に立っている。焙煎機は神保町出店時には店頭で焙煎をしていたため、インパクトを狙いブランドカラーのオレンジ色に特注したものである。田村さんの長女で本部マネージャーである田村美奈子さんも焙煎を手がけるが、同じ条件で焙煎をしても田村さんからOKが出ないこともあるという。

「より一層、お客様に世界中のスペシャルティコーヒーを知ってもらいたい」

愛とは伝えることである。田村さんのコーヒーへの愛は豆香房から人々に伝わり広がっていくのだろう。

実は本の雑誌社があるビルの階下に豆香房の本部があり、田村さんが焙煎しているときにはそのコーヒーの香りが編集部に漂ってくる。本の雑誌社の人々の精神が常に安定しているのはそのためなのかもしれない。

紙とインクの匂いにはコーヒーの香りがよく似合う。

そしてそれは神保町の匂いでもあるのだ。

●かぐわしき油の誘惑

おじさん三人組、神保町の揚げ物を語る！

杉江　神保町というとなんといってても本の街なんだけど、それ以外にもスポーツ用品の街、楽器の街、カレーの街などいろんな面がある。

浜本　ラーメンの街でもある。

杉　そう。いろんな街でもあるんだけど、では本物の神保町はなんの街なのか。実は本物の神保町は揚げ物の街なのです。

前田　揚げ物！　おじさん好きですよね。

杉　そもそも神保町といえば「いもや」が揚げ物のランドマークだと思うんですよ。

浜　いもやね。とんかつと天ぷらと天丼の店が、それぞれ何店かずつあった。

杉　今は天ぷら定食のいもやが一軒だけ残っている。

浜　のれん分けの店らしいけど、いつも並んでる。人気店。

杉　僕、十八歳の時にとんかついもやに初めて行ってめちゃめちゃ感動したんですよ。

浜　俺は天ぷら定食のいもや。三十年以上前かな、神保町に来たら大体あそこで遅い昼飯食ってた。

前　僕も以前、神保町に勤めていた時によく行ってました。

杉　どのいもやに行ってたの？　とんかつ？

前　とんかつも行ってました。

浜　天ぷら？

前　天ぷらも行ってました。

杉　はっきりしろよ、天ぷら派なのかとんかつ派なのか。

前　すみません。天丼です。

杉　お、三人分かれましたよ。

神田 天丼家の天丼700円

前　パチンコ屋の人生劇場の裏のほうのいもやですね。あそこで天ぷら揚げてた人が今の「**神田 天丼家**」の大将なんじゃないかという気がします。

杉　ああ、天丼家は元々いもやだったんだけど、独立したんだよね。実は今回、おじさん三人組は神保町の揚げ物に挑むということで四軒回ったんですが、まずはいもやリスペクトで天丼家からいきますか。

前　美味しいですよね。

浜　いもやよりタレが辛めなんだけど、それが美味い。

杉　タレは違うね。でも味噌汁はいもやの香りがする。

前　ごはんもほかほかで。あれで今時七百円ですからね。文句のつけようがない。

浜　僕、ひとつだけ注文をつけるとしたらですね。天ぷらがもう一品欲しいんですよ。

前　追加できますよね。

浜　うん。できるんだけど、足せる具材はエビ、イカ、キスでそれは元々どんぶりに入ってるの。違う具材、できればナスが欲しいわけ。

杉　ナス好きだねー。

前　たしかに、締まる感じがありますよね。

杉　僕はナスが食えないから。あそこの天丼のいいところはナスがないところ。あれにナスが入ったら俺は行けなくなる。

浜　そうか。じゃあ、嫌いな人がいるかもしれないから、トッピングでナスを用意してほしい。百円で（笑）。

前　十一時開店なんですけど、十一時十五分くらいに着いたらもう並んでましたね。

杉　開店と同時に八人か十人入ってて。

前　僕が席に着いたら壁に六人並んでいました。

杉　でも、回転が速いよね。作るのが手際いいしお客さん何にしますかって先に聞いてくれるから。僕が行くのは十四時くらい。遅めに行くと並ばずに食べられることもある。

前　天丼家にはいつまでも続けてほしいですね。

杉　天丼家から本の雑誌方向に歩いてくると次の揚げ物はマミーですよ。「**★キッチン マミー**」。

前　出た出た出たー！　僕、初めてマミーでランチを食べてから「**キッチン南海**」へ行く回数が減っちゃいました。

杉　南海並びすぎだもんね。

浜　南海とさぼうるは観光地化してるから。

杉　サラリーマンが並んでたら休憩終わっちゃう。開店前から十五、六時まで並んでるでしょ。食う機会がないよ。

浜　でも、人気なのもわかるよ。安いし量は多いし、カツカレーにもキャベツが山盛りになってる。健康志向だなと思う。

前　健康志向ですか!?

浜　いや、南海はカツカレー以外の生姜焼きセットとかにも山盛りのキャベツがついてるでしょ。神保町ではキャベツが大事なんです。キッチン マミーもキャベツを大事にしてるじゃない。

杉　ああ、大事にしてる。

浜　実は揚げ物を食べるおじさんは気にしてるわけ。あのキャベツがあれば野菜を食ったって安心して帰れるんだよ。

前　チャラになる（笑）。

キッチン マミーのメンチカツセット八五〇円

浜　ただ、南海は圧倒的に量が多い。カツは半分でいいや。キャベツは同量でね。

杉　「カツハーフで」って言いたくなるよね。それはオレもそうだった。

前　僕はチキンカツと生姜焼きのセットを頼んじゃった。

浜　還暦過ぎにはチャレンジなんですよ。完食したけど（笑）。

杉　あらためてキッチン マミーにいきましょうか。僕からははっきり言っていいですか。マミーは神保町の宝ですよ。

浜　うん。最高だよね。

前　僕は五月から本の雑誌社に勤めていて、初めて行ったんですけど本当にすごい！

杉　なにを頼んだ？　僕はメンチカツセットだけど。

浜　俺も一緒！　なぜかというと八五〇円でいちばん安いわけ。ということは量が少ないんじゃないか、これなら食えるだろうと思って。でもそんな心配は不要だった。

杉　コロッケが美味しい。

浜　ポテトコロッケ。あれめちゃくちゃうまいよね！　三つくらい食いたくなる。

前　一応二個ついてますけど、もう一個って感じでね。

杉　違うよ。君が頼んだのはヒレコロセットだから二個ついてるけど。

浜　メンチカツセットはコロッケひとつなんだよ。君のは二個ついてるの？　そっちにすればよかったなあ。でも揚げ物全般に美味しいよね。メンチカツもさくさくしてるしヒレカツもしつこくなくて。

杉　味噌汁のキャベツの煮たやつみたいな具もいい。あとハムね。山盛りのキャベツの上にハムが乗ってる。それも三枚。

浜　その上にマヨネーズがかかってる。マヨラーも安心。

前　特筆すべきはご飯の量。

杉　俺は少なめって頼んだ。

浜　俺も。普通盛りだと多いよね。俺が行った時は老夫婦が二人で食べてて、奥さんのほうが体が大きいんだけど食べきれなくて、チキンスティックを「食べられる?」って聞きながらお父さんのほうに入れてた。

杉　食べきれない人は持って帰ったり。ただ、追加する人もいるよね。「チキンスティック二本追加」とか。あれはすごい。

前　ピラミッドみたいな盛り合わせ。でもわりとさわやかなんですよね。

浜　油がそんなに胃にこない。マヨネーズとハムがあるからいいんだよね。中和される。

杉　キャベツとの相性がいい。

近定のランチ七五九円！

浜　神保町のおじさんにはやっぱりキャベツが大事（笑）。

前　あとホスピタリティがある。店がきれいだしお母さんとおばあさんの対応もすごくいい。店を出る時、お母さんに「行ってらっしゃい」って言われるんですよ。

杉　もう一回午後の仕事頑張ってねって感じだもん。

浜　いいよね。みんなに行ってらっしゃいって。

杉　あと、揚げ物といえば王様はやっぱりとんかつでしょう。神保町でとんかつといったら「ポンチ軒」なんですよね。

浜　必ず紹介される有名店。

杉　ただちょっと高い。千円オーバーですよね。行列の店だけど入りにくいので我々は靖国通り沿いのスポーツショップの地下にある「**近定**（きんさだ）」に行く。

前　ああもう素晴らしい店ですよ。大好き。

杉　ここも量が異常なんですよ。ランチと日替わり定食というのがあります。今日のランチはヒレカツ、チキンカツ、二重カツ、オクラフライ。二重カツっていうのは薄めの肉が二枚入ってる。これにご飯と味噌汁がついて七百五十九円。

浜　破格だよね。

杉　さらに日替わりというのが笑える。ランチにプラス、ヒレカツ、ハムカツ、卵フライ。豚汁付き。少し多めですって書いてある（笑）。

前　日替わりの揚げ物アラウンドがやばい。

杉　これが九百三十五円なんだよね。

浜　ランチプラス百七十六円でこれだけついてくると考えると安いよね。すっげー安い。

杉　揚げ物の代わりにカツ煮とか生姜焼きが付く時もある。これは行ってのお楽しみ。

前　ここも八年前からあって、チーズカツが美味しいと思って行ってました。

杉　近定は逢坂剛さんに教わったんじゃないかな。

浜　でもやっぱりイチ押しはキッチン マミーだなあ。マミーには優しさがある。

杉　優しいですよね、お母さんを思い出すようなコロッケ。

前　わかります。郷愁をさそいますよね。軒先のテントもキッチン南海と一緒の緑色で。

浜　あの色がいいよね。揚げ物屋には緑がよく合う。

杉　健康志向っぽくて（笑）。

浜　そう。おじさんは緑のテントと黄緑のキャベツが大好きなんだよ（笑）。

わが社のおすすめランチスポット！

☆神保町の出版社12社におすすめランチスポットを聞いてみたぞ！

つり人社

☆「編集者は行きつけの店を作らなくていい」と駆け出しだった頃、当時の編集長に何度か言われた。「これは旨い！」と思っても、もっと旨い店があるかもしれない。「店主が魅力的」と思っても、もっと魅力的な店主がいるかもしれない。現状に満たされるのではなく、常にアンテナを張り巡らせ、新規開拓や新しい発見をして引き出しの数を増やせというのが真意だった。以来30年、私は愚直にそれを実践してきた。その伝統(?)は今でも編集部員に受け継がれている（はず）なので、おすすめのランチスポットを社内掲示板で掲げたところ、実に多彩な顔触れが集まった。それらを参考に私が勝手にランキングしたのが以下。

1位　★インドカレー カーマ

猿楽町1丁目のカレー屋。釣り好きの夫婦が脱サラで心機一転開店させたのが1995年。若かりし頃にインド人から手ほどきは受けたことがあるものの、ご主人がほぼ独学で今のレシピを考案。人気はチキンカレー。無性に食べたくなる中毒性あり。各席に置かれている玉ねぎのアチャール（漬物）も病み付きになる。

インドカレー カーマのチキンカレー1000円

2位　魚玉

神保町1丁目、弊社のすぐ近くにある魚定食屋。神保町で魚定食屋といったら白山通りの路地を入った「近江や」が有名だったが、残念ながら数年前に閉店。よってランチに魚を補給したいと思ったら、真っ先に候補に挙がるのがここ。おすすめはイワシ刺身定食。なんだかんだで、社員が一番世話になっているお店。

3位　パンチマハル

神保町1丁目のカレー屋。カレー好きのお客さんを案内して一番喜んでもらえるお店がここかも。ただし、店主がワンオペで回しているため、さまざまな制約あり。会話を楽しみながらのランチには不向き。おすすめはチキンカレー。アジア各国を旅したという店主が編み出したスープカレー。フレッシュトマトの酸味とキャベツの甘さが後を引く。

（代表取締役社長　山根和明）

アートボックス

☆本の街、神保町でのおすすめランチスポットベスト3。神保町は本の街であるとともに学生の街でもある。学生さんたちのために安くてボリュームのあるお店が多数あるのだが、その中でもおすすめのお店を3つ挙げてみよう。

まず神保町と言うならば外せないカレーのお店、「**仙臺**」。少し神保町駅からは歩くのだが、その価値はある。本格的な欧風カレーがワンコインでいただけるのだ。コストパフォーマンスという点ではこのお店が最高だ。

次は学生さんが大好きな揚げ物のお店。高くて美味しいお店は多数あるが、比較的リーズナブルでたくさん食べたいならば「**近定**(きんさだ)」がおすすめ。759円でとんかつ、ヒレカツ、エビフライ、コロッケ、唐揚げなどの複数の揚げ物の盛り合わせのランチがおすすめ。

学生さんも大人も大好きなお店ということで最後に洋食のお店を紹介しよう。「**キッチングラン**」。メニューはとんかつ、ハンバーグ、しょうが焼き、メンチカツでトマトソースのパスタとキャベツ、味噌汁とともに供される。とくに赤いケチャップ風味のしょうが焼きは懐かしさを感じる味付けでご飯がすすむ。

（編集部　後藤恒弘）

仙臺のポークカレーは500円！

青土社営業部

☆弊社は本社と営業部が別の建物にあります。本社は神保町一丁目、営業部は神田猿楽町にあり、厳密に言うと神保町ではありません。しかし、少し歩けば神保町、ランチは神保町圏内かつ神保町ではない西神田、駿河台方面へ出かけることも可能な場所にあります。ですので、今回はあくまで小社営業部のおすすめランチを三店紹介します。

①居酒屋なごみ

夜は居酒屋、昼は定食を提供しています。神保町一丁目、しかし営業部からだと靖国通りを渡ることなく辿りつけるので重宝しています。アジフライ定食とからあげ定食が絶品、小鉢もおいしく、お米を食べたくなると出かけます。

②洋飲食

西神田は神保町から水道橋方面に白山通りを歩くと左手にある、洋食メインのカウンターだけのお店です。バターをたっぷり使ったオムライスがおいしいです。筆者はもっぱらオムライス（小）にトッピングミニハンバーグばかり食べていますが、メニュー、トッピングともに数も豊富なので自分の好きなパターンが見つかるはずです。

③伊菜屋(いさいや)**ＴＡＫＡ**

神保町と西神田と猿楽町の接点のようなところにある路地裏イタリアンです。本格パスタがリーズナブルに食べられてドリンクがつくので、食事をしながらゆっくりと本を読みたいという方には特におすすめです。

いずれも神保町から少し歩くことになりますが、猿楽町方面にご用がある際や散歩がてらにぜひお越しください。

（営業部　榎本周平）

洋飲食のオムライス（小）はサラダ、味噌汁、パスタ付で750円。ミニハンバーグ250円をトッピング！

小学館

☆「おすすめのランチ」を尋ねるとたくさんのお店の名前があがり、収拾がつかなそうでしたが……ダントツで多かった「**ひげ勘**」を弊社のベスト1としてご紹介します。

夜は少し敷居の高い鮨店（との噂）ですが、ランチは千円ち

ひげ勘のいわし刺身定食1100円

ょっとで定食をいただけます。人気メニューはあじのたたき。出遅れると売り切れのこともあるのでご注意を。個人的なおすすめは、いわしの刺身です。ツヤツヤのいわしはほどよく脂がのり、生姜と青葱をのせてお醤油をちょっと。口の中が幸福で満たされます。ごはんも、しじみのお味噌汁もしじみと美味しく、ツマが海藻であるのもポイントが高いです。現在は日本教育会館の地下1階に入っていますが、弊社から徒歩1分以内だった旧店舗には、行けば社内の誰かに会うので「小学館の社食」と言われていたとかいないとか。某作家さんもいらっしゃるそうですよ。

　この勢いでおすすめのお魚の店をご紹介しようと思っていましたが、週末はお休みのお店が多いようです。というわけで、独断と偏見混じりのおすすめパン情報です！**「ブックハウスカフェ」**のカレーパン。辛さは2種類、辛いものが好きな方はぜひ辛口を。**「ベジビー」**のホットサンド。野菜たっぷりのスープとのセットは満足度120%。神田方面には**「ポワンエリーニュ」**。パンを盛り合わせで食べられるランチがおすすめです。（編集部　匿名希望）

平凡社

①ランチョン

　吉田健一が愛した店として有名（ここでビールを四、五杯飲んでから、中央大学の講義に行っていたとか）。ビールを飲みながら食べられるメニューを、という吉田のリクエストで作られた「ビーフパイ」をはじめ、どこかなつかしい洋食が並び、ひとりで、友人と、同僚と、仕事の関係者と、と使い勝手もよいお店。

②セブンズハウス

　弊社会長もお気に入りの、学士会館の中にある洋風レストラン。建物は格調高いが、値段はランチには少し高め、くらい。あのクラーク博士が考案したと言われる「新クラーク・カレー」が看板メニュー。

③神保町 可以（かい）

ラーメン激戦区の神保町では比較的新しいお店。煮干し中華そば、生姜醤油ラーメンともに上品な味。おいしいのになぜかいつも比較的空いているので、このままあまり混まないでほしい。（編集部　岸本洋和）

神保町 可以の煮干し中華そばは850円

晶文社

☆編集部の数人に聞いてみたところ、見事にバラバラだったので絞りきれず、一言コメントとともにご紹介します。

・**ギャラリー珈琲店 古瀬戸**：海老カレーなど＋シュークリーム（↑このデザートが目当てです。脳が糖分を欲しているとき）

・**アボカフェ**：アボカド専門店（脳がアボカドを欲しているとき）

・**オステリア ラウロ**：生パスタのランチ（何を頼んでもおいしいのですが、付け合わせのバゲットについてくるバターがう

まい。別売りしているので、たまに買って帰ります）（K）

・**広島お好み焼き・鉄板焼き なごみ**

・**粤港**(えつこう)**美食 二号店**

・**★インドカレー カーマ**（E）

・**小諸そば**：小社から徒歩1分、滞在5分で昼食が済む。

・**はなまるうどん**：同上。唐揚げが案外おいしい。

・**ガチマヤ**：数少ない神保町の沖縄料理屋。ポーク卵がおすすめ。（A）

・**三燈舎**：都内でも屈指の南インド料理屋。お代わり自由のバスマティライスを毎回2回は頼んでしまいます。

荻原魚雷氏も愛する小諸そばの鳥からうどん510円

・**鴻（オオドリー）**：ひとりで考え事をしたいときによく訪れます。

・**新潟カツ丼 タレカツ**：ジャンクさと優しさの間をとったような味。野菜カツ丼のヤングコーンが好みです。（I）

（編集部　出原日向子）

山と溪谷社

☆ヤマケイはコロナ対策のため在宅勤務が推奨されていて、出社している人が少ないので、全社メールでおすすめランチスポットを聞きました。返信は13通。全部で38軒のおすすめ店が集まりました。複数の人が挙げたお店は6店舗しかなく結構バラバラな感じです。2人の人が挙げたのが、回転寿司「**もり一**」、中華料理「**上海庭**」、イタリアン「**デニーロ**」、焼肉「**京城園**」、タイ料理「**メナムのほとり**」。以上5店舗が同率2位。みんな近場で済ませていますね。

そして3人が挙げたのがカレーの「**パンチマハル**」。

実用図書出版部Hさんのおすすめ理由。

〈カレー名店がしのぎを削る神保町にあって、個人的ベストといえるのが「パンチマハル」。辛みの奥に豊かなうまみが広がるサラサラ系のカレーで、チキン、キーマ、野菜、ヌードルと種類も豊富。どれも本当においしい。値段も1000円以内と手頃。辛さも段階的に選べて、食べている間は汗と多幸感に包まれます。…ですが、ワンオペでお店を回す店主のルールに沿った行動がキビシく求められるのもファンの間では知られており、おもむろに入店する、勝手に座る、水を頼む、勝手に注文コールをする等の行為は御法度とされています。ゆえに、店内には、店主の動きを察し、リズムを乱さないようにふるまうお客たちの、ピリリとした緊張感が漂います。その緊張感もまたスパイスとなり、パンチマハルのカレーはますます体の深部にしみわたる味になるのです。〉

たまたまこの話を横で聞いていた「いきもの部」のブチョーもあそこはおいしいねと言っていたので、ヤマケイのおすすめランチスポット第1位は「パンチマハル」で決定。

（営業本部　辻本達男）

亜紀書房

☆ランチスポットではなくランチメニューになってしまいますが、「**ライスカレー　まんてん**」のカツカレー一択です。内勤の日でも外回りをしていても、ほぼ毎日まんてんのカツカレーを食べていました。お店の方から「（一年間の来店回数は）ベスト3に入ります」と言われるくらいに。過去形なのは、病気になってしまい、半年ほど食事制限の影響で辛い食べ物を食べられなかったためです。最近は体調も少し回復したため、週に二回ほど行けるようになりました。ルーはキーマカレーで、カツカレーに合います。七〇〇円とリーズナブルで、アイスコーヒーも付いてきます。コロナ禍では、大学生が登校していなかったために経営は厳しかったかもしれませんが、学生も増えてきて盛り返してきたような気がします。訪問時間のお勧めは一五時くらいです（ランチタイムではないですが）。外に並ぶことなく食べられます。読者のみなさんには一度とは言わず二度、三度、足を運んでもらって、味わっていただきたいです。

まんてんのカツカレーはすごいボリュームで700円！

（営業部　岡部友春）

白水社

☆ターミナル駅の繁華街でもないのに、チェーン店から個人経営まで飲食店がひしめき合っているこの界隈。

なのでランチの選択肢は無限大、知り合いに会うことなんてないかと思いきや、なぜか同僚と鉢合わせすることが多いお店があります。

そんな、小社が勝手に「社員食堂」的に愛用しているランチスポットベスト3をご紹介。

①三燈舎

TVドラマ「孤独のグルメ」にも登場した南インド料理の有名店。辛口・中辛・マイルドが揃った日替わりのカレーはどれも個性的で、3種類すべて味わえるBセットを選びたい。オープン当初から社内人気が高く、先週も同僚と連れ立って行ったら隣席で別の同僚が食べていた、勝手に社食ナンバーワン。

三燈舎のBセット1000円はカレー3種類が味わえる

②★ディラン

寡黙なマスターの作るカレーは、スパイシーでありながら優しくヘルシー。ラムキーマとダルのハーフ&ハーフ（2種盛り）がおすすめ。カウンターに座ってみたら隣りが同僚ということがよくある、勝手に社食ナンバーツー。

③★インドカレー カーマ

うどん丸香の行列をしり目に、爽やかな辛さのチキンカレーを求めて一直線。現在は創業ご夫婦の息子さんが厨房を任され、ちょっと老舗感も醸している、愛され続ける勝手に社食ナンバースリー。

カレーばかりになってしまいましたが、三省堂書店地下にあった放心亭も社員遭遇率の高いお店でした。復活が望まれます。

（営業・宣伝部　小林圭司）

岩波書店

①バイン ミー☆サンドイッチ

ベトナムサンドイッチを食べたいならここ！

②菊水

季節ごとに変わる炊き込みご飯と、副菜の小鉢までおいしい和定食屋さんです。

③粤港美食（えつこう）

本格的な広東料理がお手軽にいただけます。どれも美味しい！

（営業部　松永研）

有斐閣

☆**REALTA**　https://realta-jimbocho.com/takeout/

コロナ禍となり、会社のデスクでお弁当を食べる日が多い中、大きな喜びを与えてくれるのが、REALTAさんのランチ弁当です。REALTAさんは以前、とっても美味しいイタリアンのお店として、ランチ・ディナー共に賑わっていたのですが、コロナ以降、TAKE OUT専門のお店となっています。お昼は、パスタ、肉料理、サラダ、デザートのほか、こだわり野菜まで、リーズナブルな価格で購入できます。どのお弁当も美味しいのですが、特筆すべきは、なんといってもそのボリューム。800円～1000円という価格帯でありながら、食べ盛りの若い方でも大満足の嬉しいサイズだと思います。デザートも、350～400円で、一人で食べてしまうには、若干の罪悪感さえ感じてしまうボリュームですが、お弁当同様に、サイズを感じさせない、ハイクオリティな美味しさです。夕方以降は、夕飯のおかずにちょうどよい肉料理が中心に並びます。山梨の桃や巨峰も、デパ地下で売っているような品質のものが、とってもお得な価格で手に入るので、夜食として食べたい果物も、ランチのついでに、こちらで一緒に購入しちゃってます。

（営業部　伊丹亜紀）

集英社

☆集英社（本社ビル）から徒歩1分、「**ムアン・タイ**」は、本格的なタイ料理ランチが食べられる、「うまい、早い、営業が午後3時まで」のお店。午後2時を回ると界隈の出版社の社食状態になっている？　自分も「食べ損ねたお昼ご飯、いまなら時間取れるな！」と思うとこちらに足が向かいます。パッタイ（タイ風焼きそば）のピーナッツの香ばしさとレモンの酸味が病みつきで週4で食べているかも。（※現店舗は9月で閉店、10月以降は近くで再開するとのこと。ランチ死活問題にかかわるのでなくなったら困る～!!）

☆神保町はかつては横浜に負けない中華街でした。街の歴史を調べながらの名店通いも面白いですよね。留学中の孫文や魯迅がこの街で食していたメニューを自分も味わえるという不思議。ネットに出ていますので是非。

ムアン・タイは10月より神田神保町1－35－2に移転

☆死ぬ前に最後に何が食べたいかと聞かれたら、「**新世界菜館**」の上海蟹と紹興酒！と私は答えます。ドラマ「半沢直樹」の撮影場所でも有名な学士会館にある「**紅楼夢**」は、高い天井と落ち着いた調度品で非日常・プチ旅行気分を味わえます。こちらの夏季限定の翡翠冷麺は見た目も麗しくておすすめです。九段下に近い繁盛店、「**源来酒家**」は麻婆麺で有名ですが、食べきれる気がしない自分としては、豆乳ベースの海老ワンタン入り野菜麺（胃にやさしい）。総じて美味な炭水化物メガ盛りメニューが多いので、うっかりすると自分が増量しちゃうのが神保町ランチの罠ですね…。

（宣伝部　平あすか）

☆古書いろどりは今どうなっておるのか！2023

復活の日は近い!?

――うわあ！　天井まで本で埋め尽くされて、足の踏み場がもはや獣道しかない。二〇一九年に伺った時はこのへんに棚があった気がするんですが…。

彩　ええ、入口脇とかに棚があって見られる状態だったんだけど、今は埋もれてます。

――ポンペイ遺跡を見る気持ちです。何がどこにあるかはわかってるんですか。

彩　ネットに出してるものはわかってます。少しずつ自宅に持ち帰って、自宅で出品してますね。

――以前は奥にスペースがあって、ネット用の本を出しているとのことでしたが。

彩　バックヤードはまだ生きてます。ただ、去年の九月末に大腿骨を骨折して、その時必要な本は全部引き上げたので、今はそんなに機能してないかな。

――二〇一二年のオープンから十一年目で、どうしてこうなったんでしょう。

彩　コロナの直前くらいに大きな買い取りがあって、いきなり

埋もれてしまった入口脇の本棚

事務所に荷物が増えたんですね。そこから今のような状態に。

――そんなに大きな買い取りだったんですか。

彩　大きいというか…知り合いだったんですけど、主だった荷物を市場に出した後に残ったものを「好きに持ってっていいよ」と言われて、好きに持って帰ったらこうなりました。

――好きにしすぎでは…。

彩　いや、雑誌とかね。売りづらいけど、救い出したほうがいいだろうというものを、いろいろサルベージした結果、あの…すごいことになりました。かなり減ってはいるんだけど。

――これで減ってるんですか!?

彩　減らしながらもどんどん入ってくるので。で、その時から事務所営業に変えて、週一回、金曜日に入口のところだけ開放して店をやるというふうにしたんです。入口脇の本棚と、木箱を何箱かおいて。でもそれも一年くらいで、その後は春と秋の古本まつりしかやってない。

――その営業形態でどうやって成り立つのか謎なんですが…。

彩　少なくともヤフオクだけで最低限、家賃と倉庫代くらいは出てます。

――ネットってそんなにガンガン注文が入るんですか。

彩　一日平均五、六通くらいかなあ。千円平均くらいだけど、ものによっては値段が上がるので一日一～二万は売れる感じ。

――すごい。コロナの間は大丈

ポストにかかる閉店札

夫でしたか。

彩　コロナの期間中は二年くらいは赤字決算でした。古本まつりがなくなって、ネット注文は若干増えたけど、それじゃ賄いきれなかった感じかな。古本まつりは年二回で六十万円くらいになるから、痛かった。

――ちなみに今、ここには何冊くらいあるんでしょうか。

彩　うーん。三万冊はあるのかなあ。片付けようとはしてるんですけど、増えるときは増えちゃうので。古書市ででかい買い物をしたとか。あとフットワークが悪いので。やっぱりね、本当は市場にどんどん持っていかなきゃいけないんですよ。持ってくるだけで出してないので。

――市場で買い、市場に出すのが本来のスタイルであると。

彩　それを溜め込んじゃってるので、改善したい。たとえば市場で五本買う。その中からほしい本を十冊くらい抜いて、残ったものを再出品するっていうのは今でもやってるわけですよ。ただ、一度事務所に持ってきちゃうと、それを持っていくパワーがなかなかない。

――五本というのは何冊くらいなんですか。

彩　一本が単行本だと十六、七冊、文庫だと二十五、六冊くらいかな。

――百冊前後買って十冊抜いて戻すと。前回のインタビューでは月に二～三千冊は買ってるということでしたが。

彩　今もそういう感じでしょうね。ただ、去年の九月、怪我をして以降は事務所の本は増えてない。家に増えてる。

――家に？

彩　この前は二十万円分くらい買って全部自宅に持ち帰りました。今仕分けと出品作業をやってます。

――自宅も大変なことになるのでは！

彩　まだ今のところ大丈夫なんだけど。まあ今後の目標としては、雑誌を市場に出して、スペースを作る。いわゆるエロ雑誌とかエロ漫画雑誌とか。太陽やイラストレーションなどのグラフィック系の雑誌も結構あって、そういうのはもう安くても全部市場に出してしまおうと思って。スペースを作って、また週一営業くらいはやりたいなと。でも一年くらいかかるかなあ。

どこを撮っても本の壁！

――一年でこの山を。

彩　雑誌がなくなってスペースができたら手伝いに来てもらうこともできるので。もうちょっと涼しくなったらね。

――二〇一九年に「五月の連休明けには店を開けたい」と語っておられますが…。

彩　まあ徐々になんとかします(笑)。今は赤字にならなければそれでいいやって感じなので。新宿の純喫茶エジンバラの棚もまた補充したいですね。

――これからもりもり復活を。今年の神田古本まつりはどうですか。

彩　去年は怪我で準備ができなかったんですが、今年は準備期間がちゃんとあるので、新しく仕入れたものばかりを出そうと思ってます。前回よりは期待できるんじゃないかな。

――秋の神田古本まつりは古書いろどりへGO！ですね。

もう一度行きたい神保町

☆東京が変わり続けるのと同様、神保町も変わっていく。されどこの街を愛する十二人の記憶に残る、なくなった神保町のあれこれは永遠だ！

髙橋信勝
（明治大学政治経済学部教授）

①はらの
②柏水堂
③篠村書店

私の記憶の片隅にある、いまは無き店。1つ目は「はらの」。おひとり様のすき焼きを出す店。通学路から逸れて、一度だけ、ひとりで入った店。すき焼きを食べて、実家の家族を思い出し、なぜか悲しくなった店。

2つ目は「柏水堂」。美しいステンドグラスがあった洋菓子店。学生の頃はご縁はなく、定職に就いてから、昇格のお礼や人事異動のお祝いなどで使った店。私自身は、一度もその銘菓を口にしたことはありません。おつかい物は自分では食べない流儀。無くなるものなら、流儀を曲げて食べればよかったと後悔。3つ目は「篠村書店」。社会科学の古書の店。恩師の薦めで最初に研究した経済学者の邦訳が十二万円で販売されていた店。値切ったものの、「値切るような人には売りません」と年配の奥さんから断られた店。後日、研究室が隣の某先生のお名前を出したら、奥さんは人が変わったように親切になりました。経済学者は、需要が小さいところから需要が大きいところへ人も資源も移りつづけると教えます。閉店、開店もまた然り、消滅した店が私たちそれぞれの思い出と結びついて、プルーストの失われたときの如く、その人なりの名店となるのは、年を重ねた証でしょうか。

大西香苗
（三省堂書店）

①ジャニス
②アミ
③三省堂書店神保町本店

大学入学で上京した地方出身の私。老舗CDレンタル店「ジャニス」へ東京生まれ東京育ちの新しい友人に連れてってもらいマニアックなラインナップに驚愕&歓喜。タモリ倶楽部の「空耳アワー」の下調べと歌詞部分を担ってたというのも納得。スポーツ用品店の横のエレベーターに乗って9階に行くまでの高揚感を昨日のことのように思い出す。

パブレストラン「アミ」は20年近く前に東京堂書店でアルバイトしているときに上司から教えてもらった。やきにくライスが確か500円前後で懐と心に優しい味わい。よくアイスコーヒーとともにランチでお世話になった。

三省堂書店で働くようになり15年。2022年5月に旧神保町本店が閉店、その翌月に小川町仮店舗が開店。お客様からは本当にしょっちゅう「いつ戻るの」「いつ出来るの」と日々お声がけいただけています。新本店開店予定は2026年です。最新の店舗で働く未来は当然楽しみなのですが、あの7階建ての昭和丸出しの建物をたまに思い出します。

逸見正和（KADOKAWA）

①三和図書
②BEER膳放心亭
③酔の助

神保町には「小売はいたしません」という貼り紙がある、一見、書店のような中小取次（本の卸）が多数集まっており、出版業界では神田村と呼ぶ。今はなき「三和図書」は、製本所や出版社から次々届いた本を、数名の社員が忙しく手作業で発送していた。現金仕入れに来る書店もいた。まさに人が本を届ける原風景があった。「すぐ持ってきてくれる」「店頭になかったら三和（の店頭）を見に行く」と近隣書店で言われていた。これからも神保町は〝神田村〟であり続けてほしい。

三省堂書店でのイベント打ち上げといえば、地下1階の「BEER膳放心亭」。実は7階の事務所からエレベーターで、入り口前へ直行できる。すぐに乾杯できる、昼から飲める、喫煙可、広い、適度に賑やか。ビールにあうつまみ多数というまさにビアホール。ランチョンとはまた違う魅力にあふれていた。多数の作家さんの色紙を眺めながらの乾杯はまた格別だった。

そして、神保町の居酒屋といえば、やはり「酔の助」。ちなみに上階は昔、「ミッキー」というゲーセンだった。数人で飲んで楽しく話す。各自好きなものを食べるという居酒屋の醍醐味が詰まっていた。「次、なに頼もうかな」と店中に貼ってある短冊を眺めるのが楽しかった。

テーブルの星座おみくじを引けないまま閉店してしまった。もう一度、古代岩塩のピザが食べたい。

向井透史（古書現世）

①ハトヤ
②書泉ブックマートの地下
③書肆アクセス

一九九一年に高校を卒業して店を継いだ。同時に神保町の古書会館の市場で週一で働き始めた。詳しく忘れてしまったが二〇〇五年くらいまで週一神保町生活は続いた。仕事終わりに良く通っていたのが書泉ブックマート地下の格闘技コーナー。当時はプロレスも会場によく観に行っていたからここでチケットも買っていた（席が選べるのだ）。降りていく階段の壁にはほぼ全団体の興行ポスターが貼られていてそれを見るだけでも楽しかった。ここで早売りの「週刊プロレス」を買って錦華通りに向かう。喫茶店のハトヤで先ほど買った週プロを読む。昼は先輩古書店主がたくさんいて居心地が悪い店だったが夜はあまり人がいなくて居心地が良かった。なぜかバナナジュース以外を頼んだ記憶がない。やや暗くて読みづらかったが。

とはいえ自分にとっての神保町といえばやはり書肆アクセスだ。嫌なことがあっても、畠中店長と少し話して、ブログなどで話題になっていた小出版の本やミニコミを買って帰るのは楽しかった。他の店になってしまった今でも、前を通るとなんとなく店内を横目で見て、かつての風景を探してしまう。

浜田公子（本の雑誌社）

①シュヴァルツヴァルト神保町
②柏水堂
③スヰートポーヅ

会社の並び、現在のキッチン南海の場所に、「シュヴァルツヴァルト神保町」はあった。壁一面に壁面が見えないほどたくさんの鳩時計が飾られていて、時計店なのかカフェなのか。日本橋の鳩時計専門店「森の時計」が、鳩時計に親しんでもらうために開いたカフェであった。樽生のケーニッヒ・ルードヴィッヒ・ヴァイスビア・ヘルは、500㎖で1000円。仕事帰りの待ち合わせに、0次会にと、通いました。

SNSで柏水堂の閉店のニュースを知ったとき、仕事中にもかかわらず、悲鳴をあげながらもがっちり財布を握りしめ、会社を飛び出した。ケーキ全般が苦手なので、洋菓子店に行っても買うのは焼菓子だけ。柏水堂の焼菓子は私史上最高だった。またあの焼菓子が食べたい。いつの日か、また食べられると信じている。

上京してきて神保町デビューの日、初めて入った飲食店がスヰートポーヅだった。雑誌を読み漁る青春時代、田舎にもスヰートポーヅの名はしっかり届いていた。会社が神保町に引っ越してからも行くたびに、初めて入った時のことを思い出す。緊張して食べた気がしなかったことを。

中野雄一（博報堂）

①ジャニス
②魚ふじ
③アムールヱーパン

一九八四年に博報堂に入社し、神田錦町のオフィスで働くことになった。取引先も神保町の出版社だったので、すずらん通りを歩かない日はなかった。そして昼休みや仕事の帰りに、書店、楽器屋、レコードショップに立ち寄ることが嬉しくてたまらなかった。神保町界隈は自分を育ててくれた街であり、いまでも理想のエリアだ。

「ジャニス」は、自分が通い始めた頃はお茶の水のビルの上の方の階にあった。やたらと攻めている店で、日本のインディーズ、パンク、当時流行り始めたラップ、UKスカなど、レンタルだからこそ冒険できた。ジャニスは新しい世界への扉だった。

「魚ふじ」は小川町にあった天ぷら屋。カウンターで揚げたての天ぷらを肴に盃を傾けている先輩を見ながら、いつかは自分もこういうお店の常連になってみたいものだと憧れていたのだが、惜しくも百年の歴史に幕を下ろすことになった。

錦町にあった「アムールヱー

パン」も思い出深い。二十年前、本屋大賞設立のお手伝いをすることになり、当時はもう旧社屋となり空いていた博報堂の会議室に夜な夜な書店員さん達と集まり、「アムールヱーパン」のおかずパンを片手に会議をしたのは懐かしい思い出だ。特にコロッケパンが人気だった。いつも閉店直前に買いに行くので、残り物を全部おまけで袋に入れてくれた。いつもニコニコしていたご主人の笑顔が忘れられない。

佐瀬芽久美
（東京堂書店神田神保町店）

①三十年前の東京堂書店

……気が付けば新卒で拾ってもらった書店のおかげで人生の半分以上を神保町に出勤する生活を送ってきたにもかかわらず、もう一度行きたい！と痛切に懐かしむような場所を思い出すよりも年齢がむしろ後悔を際立たせる。老舗のごはんどころ、何かに出会わせてくれそうな無数の路地にレトロと言えば聞こえのいい怪しい建物。ああ！なんで私はもっと神保町を楽しまなかったんだろう？ 今からでも遅くはない？ いやしかしもはや体力・気力が……ととりあえず書き始めて気が付いたことが！一つだけ行きたい場所があるじゃないか！

それは三十年前の「東京堂書店」。入社前は「古本屋」と見まごう暗い店内に一階から二階へは店の中央にエスカレーターがあり、てっきり二階までの書店だと思っていたあの場所。入社して四階までエスカレーターがあることを知り、二階中央が吹き抜けになっていて、お客様の問い合わせの回答が上から「あるよー」と降ってくる。一階から二階へのエスカレーターはしょっちゅう止まっては二階の店員が再起動するという。六階には謎の会議室？「文化サロン」。勤務先の書店が好きってどんだけ変人？というオチの無い話……。

門野邦彦
（地方・小出版流通センター）

①赤と黒

私が神保町で過ごした時間は、この街の古本屋さんでアルバイトを始めた一九八四年の春から、三省堂神田本店さんの取引先担当者を交代した二〇〇四年までの二十年という年月になります。古本屋を辞めた後さくら通りに移転する地方・小出版流通センターで勤務を始め、その直営店書肆アクセスでの店番（土曜）もしていました。

業務以外で一番長く過ごした場所はきっと赤と黒という喫茶・スナックのはずです。貧乏学生のご多分にもれず、昼ごはんはアクセス向かいの立ち食い蕎麦屋・柏木さんやその隣のたつやさんでかきこむか、たまに事情の許す時は、すずらん通り裏のタカオカのカレーや禮華楼（通称：巨人亭〈失礼〉）でタンメン、徳萬殿では炒飯、あるいは赤と黒でセットメニュー、そうそう待ち人少ない時はスヰートポーヅの水餃子ということも。つまりアクセスの半径三十m圏内で昼食を完結させ、それから赤と黒にしけ込んで本を読んだり、書きものをするといった日常を、延々誰の邪魔なく飽きずに毎日繰り返してくれたのは、間違いなくその店の方々の人柄と味ゆえだと言い切れます。

　極々狭いエリアの信じられないほど名店に恵まれた街で紡がれてきた、私にとっての「もう一度行きたい神保町」、それは本屋さん以上に、味覚という鮮明な記憶で想起されるいずれも再訪かなわぬお店ばかりだが、どこかしら居たたまれぬ思いが拭えず、空を見上げずにおれません。

加藤文

（何度転職しても勤務地が神保町）

①黄金のいもや三角地帯
②ジャニス
③スヰートポーヅ

　人生最初の記憶が神保町にあります。見上げると、はるか彼方の天井まで延々と聳える本棚の壁…、に立てかけられた可動式の梯子に登って上の方の本を手に取る父…、を驚嘆し見上げている自分のイメージ。夢か現かわかりません。でも、靖国通りを都電が走っていたのはハッキリと覚えています。現在ツツジが植わっている中央分離帯が停留所でした。

　何度か父の「ダッコちゃん人形」として神保町に連れて行かれ、ある日食べたいものを聞かれたのでハンバーグと答えたら、何やら三角形の地形の地下の店に連行されました。ハンバーグではなかった気がしますが、おいしい挽肉料理を食べました。実はこの記憶が鮮明なのには訳があります。料理を給仕してくれたのが、金髪碧眼の白人のオバさんだったのです。帰る道すがら、あのオバさんはロシアから逃げてきた人だと父から聞きましたが、私には意味が分かりませんでした。

　後年（一九八〇年代）、記憶を頼りに三角形の角を覗いて見たら、地下へ降りる階段の先に「ロシア料理・サラファン」がありました。そして壁には「食品衛生管理者：エカテリーナ岡本」の掲示が。代替わりはしたそうですが、このお店は今でもあります。※冒頭①～③と関係ない話ですみません。

杉江由次

（本の雑誌社）

①橋
②アミ
③名前を覚えてない喫茶店

　一九九三年に就職した会社が御茶ノ水駅から徒歩2分のところにありました。社員30人ほどの歯学書の専門出版社でした。お昼になると先輩と連れ立って錦華坂を下り、神保町でランチをしていました。

　とんかつ、天丼、天ぷらの「いもや」が並ぶ路地にあった「橋」という居酒屋のランチが定番でした。入口で食券を購入し、カウンターで受け取るかたちでした。22歳の僕は、肉豆腐という食べ物を初めて知りました。テーブルの上に生卵が置いてあり、ひとり一個食べてよかったと記憶しています。

　それからすぐ近くの「パブレストラン　アミ」にもよく行きました。やきにくライスが有名でしたが、エビフライやカキフライを食べてました。胡椒中毒の先輩がそれらにもりもり胡椒をかけていました。

　そうしてランチを済ますと、「アミ」の目の前にあった喫茶店に入り、スポーツ新聞を広げて、先輩達とタバコを燻らせていました。毎日のように通ったのにその喫茶店の名前がどうしても思い出せません。年配のご夫婦が営むとても居心地のよい喫茶店でした。

飯田昌宏（小学館）

①旧小学館ビル
②六法すし
③BAR燭台

私が入社する前の話だが、「オバQビル」と呼ばれた旧小学館ビルにはマッキャンエリクソン博報堂が入居していて、コカコーラのCMで賞を得て会社で祝杯を挙げた話を当時社員だった高平哲郎さんのエッセイで読んだ気がする。このビルの建替えと同時に、地下にあった洋食「七條」も蕎麦屋「柳屋」も喫茶店「TOP」も別の場所に移ってしまった。「六法すし」は「さぼうる」の隣にあり、たまに出前を取ったが配達が遅かった。週刊誌時代、上司に「原稿まだか！」と叱られ「はい、ただいま」と答えると「六法の出前じゃねえんだから」といつも言われた。映画「失楽園」では徹夜明けの役所広司がこの路地から白山通りに伸びをしながら出てくるシーンがあるが、見た直後に同じ場所で新潮社のUK氏に出くわし、その落差に本人を前に爆笑したのを思い出す。六法さん、UKさん、失礼しました。そして燭台も、坪内祐三もいなくなってしまった。

浜本茂（本の雑誌社）

①吾輩は猫であるの碑
②麺処 おかじ
③岩波ブックセンター信山社

お茶の水小学校の改築工事が始まったのはコロナ禍の直前だったろうか。気がついたらフェンスで覆われて、新校舎建設の槌音が響いていた。そんなある日、肉天そばを食べに肥後一文字やに向かう途中、ふと思ったのである。「そういえば漱石の碑はどこに行った？」。隣接する錦華公園（リニューアル工事に入る前だった）に移設されたのか、と隅から隅まで探してみるも見当たらず、ゲートの前にいたおじさんに聞いてみたところ、知らないなあ、どっかに持ってったんじゃない？というばかり。以来「吾輩は猫である」と掘られた石碑の行方が気になって仕方がない。第百四回卒業生一同の卒業記念の寄贈とも聞く。漱石と同じ学び舎に通ったのは卒業生たちの誇りでもあったろう。新校舎の竣工にともなって、ぜひとも正門の横に再建されることを願っているのである。神保町界隈には学士会館の「日本野球発祥の地」を始め、数多い記念碑があるが、私のお気に入りはこの「吾輩は猫であるの碑」と九段下にある「滝沢馬琴の硯の井戸跡の碑」だ。

カレーのまんてんのはす向いにあった「おかじ」を覚えている人はどれくらいいるだろう。鶏だんごの入ったおかじつけめんが好きだった。味噌や（ラーメン）、黒須（ラーメン）、柳屋（そば）、キッチンマミー（洋食）とランチに通った飲食店もいつの間にか閉店してしまったが、冨山房、稲垣書店、岩波ブックセンター信山社、そしてお茶の水茗溪堂と新刊書店も次々と姿を消してしまった。三省堂書店神保町本店にはもう一度神保町のランドマークとして、一日も早く戻ってきてほしい。

初出

特集／神保町で遊ぼう！　「本の雑誌」二〇一二年十一月号
「幻影城」島崎博さんと神保町で一日遊ぼう！　「本の雑誌」二〇〇八年十二月号
特集／帰ってきたぜ、神保町！　「本の雑誌」二〇一三年十一月号
特集／本の街の秘境に挑め！　「本の雑誌」二〇一九年六月号
特集／やっぱり神保町が好き！　「本の雑誌」二〇二二年十一月号

ほかはすべて書下ろし、語り下ろしです。

別冊本の雑誌㉒

神保町 本の雑誌

二〇二三年十一月十日　初版第一刷発行
二〇二四年三月三日　初版第三刷発行

編　者　本の雑誌編集部
発行人　浜本 茂
印　刷　中央精版印刷株式会社
発行所　株式会社 本の雑誌社
〒一〇一-〇〇五一
東京都千代田区神田神保町一-三七 友田三和ビル
電話 〇三(三二九五)一〇七一
振替 〇〇一五〇-三-五〇三七八

定価はカバーに表示してあります
ISBN978-4-86011-484-8　C0095